18 PRAKTISCHE FLECHTPROJEKTE

Körbe FLECHTEN

BJ CRAWFORD

Für die deutsche Ausgabe, Übersetzung aus dem amerikanischen Englischen: Ade Team Übersetzungen: Alexandra Linder
Produktmanagement und Lektorat: Eva Schrecklinger
Fotos: Esther Holsen, wenn nicht anders angegeben
Covergestaltung: Danielle Farmer, Eva Hook
Herstellung: Heike Köhl
Druck: DZS Grafik, Slowenien

Die englische Originalausgabe erschien 2019 unter dem Titel „Basketry Basics“ bei Schiffer Publishing, Ltd., 4880 Lower Valley Road, Atglen, PA 19310, USA.

1.Auflage 2023
ISBN 978-3-7358-5154-3 • Best.-Nr. 25154

MIX
Papier | Fördert gute Waldnutzung
FSC® C106600
www.fsc.org

Penguin Random House Verlagsgruppe
FSC® N001967

Für alle meine Schüler,
ehemalige, aktuelle und
zukünftige, die mich so
viel lehren und meine
Inspiration sind.

INHALTSVERZEICHNIS

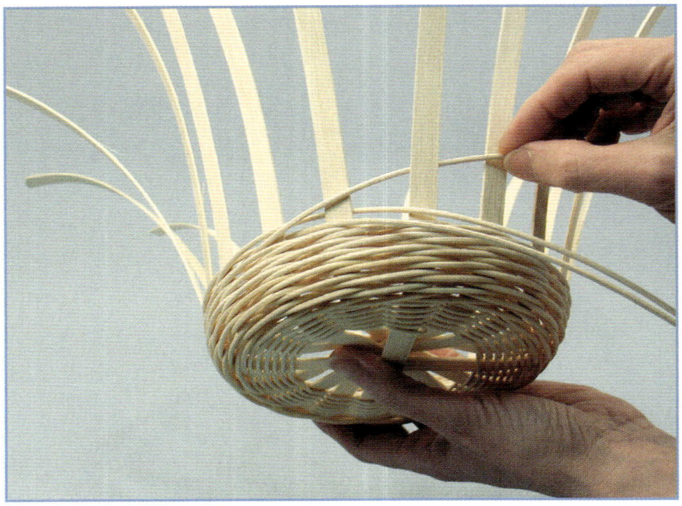

WERKZEUGE, MATERIALIEN UND TECHNIKEN DES KORBFLECHTENS ... 10

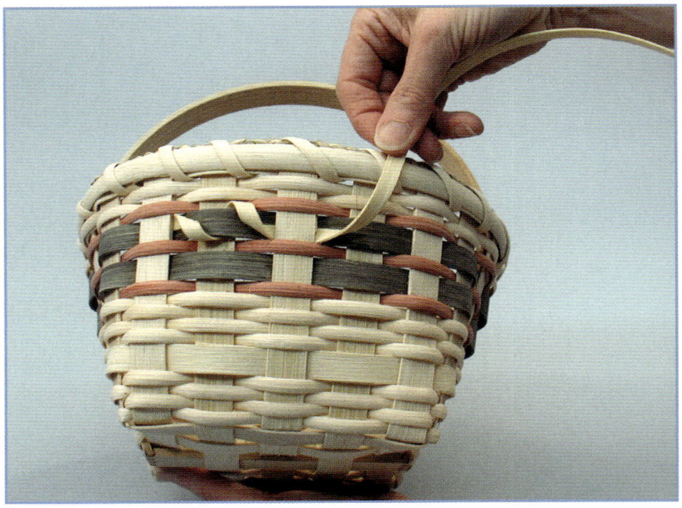

AUSFORMUNG UND VERZIERUNGEN ... 37

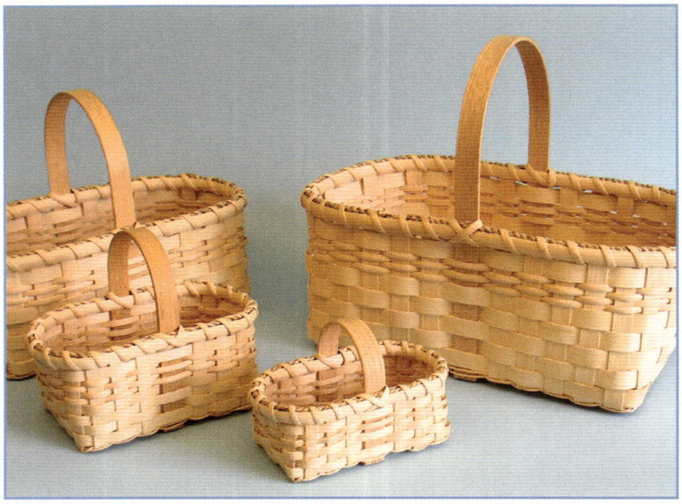

ERSTE SCHRITTE ... 22

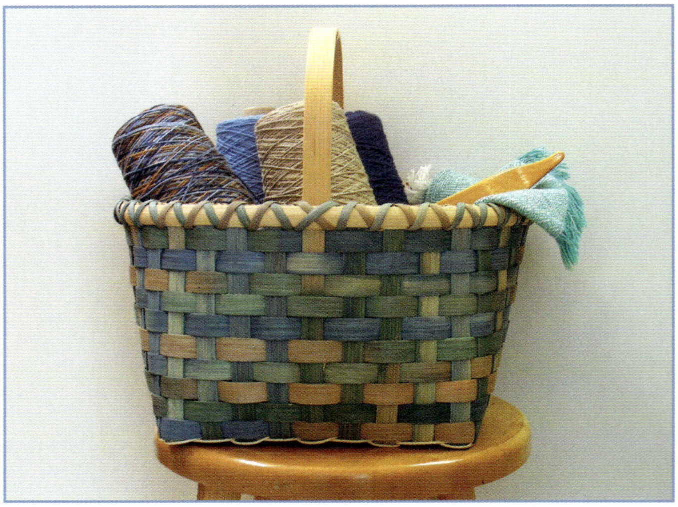

FARBE ... 48

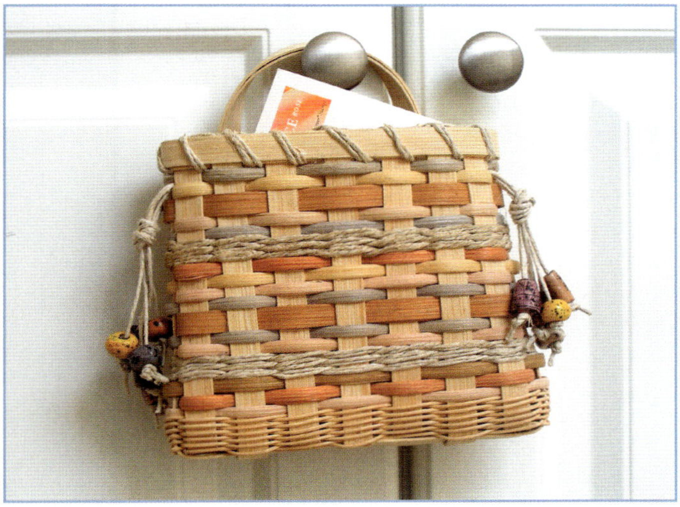

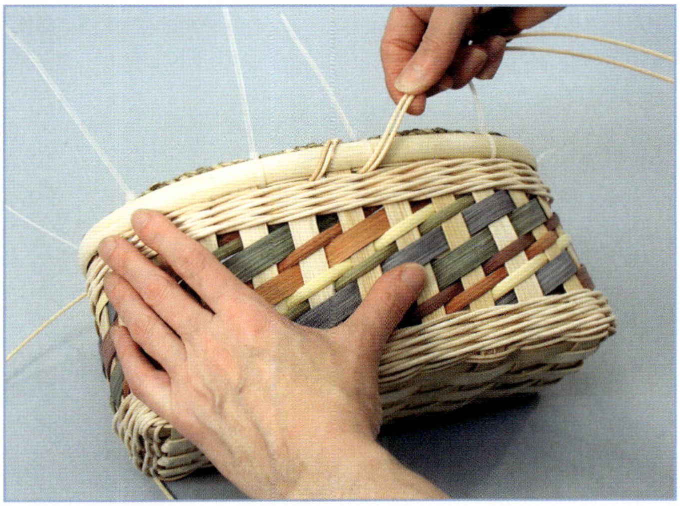

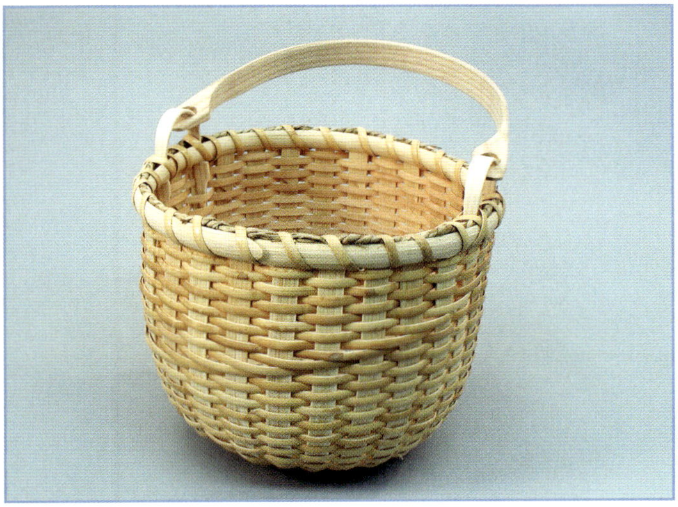

Danksagungen

Als Erstes möchte ich dem Schiffer Verlag Ltd. dafür danken, dass er mir die Möglichkeit gegeben hat, dieses Buch nachzudrucken. Auch möchte ich meiner großen Familie und der Earth Guild-Mannschaft für ihre Unterstützung und ihr Verständnis danken. Ohne den Raum, den sie mir gewährt haben, wäre dies nicht machbar gewesen. Ein besonderer Dank geht an Esther Holsen, die mich zu Fotoshootings geschoben und geschubst hat, die ich gerne auf „nächste Woche" verschieben wollte. Ohne ihren Beistand und ihre Fotografien jedes Stadiums der Körbe, die ich gefertigt habe, wäre es viel schwieriger gewesen, den Lesern alles zu zeigen, was sie über deren Herstellungsprozess sehen sollen. Danke auch an meinen Mann Bud für alles, was er tut, um mein Leben interessanter zu machen. Besonderen Dank schulde ich Rachel Stein, deren wunderbares Haus ich für die meisten Fotos der fertigen Körbe nutzen durfte.

Einführung

Lange, bevor Menschen auf der Erde wandelten, flochten Vögel bereits Körbe, indem sie Fasern willkürlich, aber sorgfältig miteinander verwoben, um die nächste Generation zu behüten und zu schützen. Keine Kultur und keine Region der Welt kann für sich beanspruchen, Körbe erfunden zu haben, aber alle haben Behälter benutzt, um Dinge zu sammeln und zu tragen, und diese aus leicht verfügbaren Materialien hergestellt. Geschickte Finger (und der erstaunlich nützliche Daumen) verwoben und verflochten Pflanzen- und Tierfasern zu nützlichen Formen, je nach Aufgabe. Viele Körbe waren schön (wenige alte Exemplare sind erhalten), doch meistens folgte die Form dem Zweck – die richtige Größe und Form waren entscheidend. Heute erledigen Plastik- und Papiertüten viele dieser Aufgaben und Körbe dienen meistens dekorativen Zwecken. Doch ob als Nutzbehälter oder Deko-Objekt: Der Reiz des Korbflechtens gehört seit Anbeginn der Menschheit dazu. Es ist wahrscheinlich nicht der älteste Beruf, aber man kann die Berufe mit noch älterem Anspruch an ein paar Fingern abzählen.

Die Herstellung von Gegenständen war in meinem Leben immer wichtig. Mit sieben Jahren lernte ich häkeln, mit zwölf das Stricken, mit vierzehn schneiderte ich meine Kleidung selbst. Mit sechzehn schneiderte ich Kostüme für eine Kindertheatertruppe und drei Jahre später war ich für die Garderobe der *Boston Ballet Company* verantwortlich. 1970 gründeten meine weitläufige Familie und ich in *Massachusetts Earth Guild*, ein Handelsgeschäft für Handwerksmaterialien. 1976 zogen wir in die westlichen Berge von North Carolina um, sodass Earth Guild jetzt in der Stadt Asheville beheimatet ist.

1971 begann ich mit dem Korbflechten. Meine ersten Versuche waren grob und eher formlos, meist aus gezwirnten oder verdrehten Fasern; ich nannte sie „organisch" (Anfang der 70er war das so). Es gab nur wenige Bücher über das Korbflechten, kaum Kurse und keine Online-Chatgruppen. Die meisten Bücher waren historische Texte über Indianer (wundervolle Fotos, aber keine Anleitungen) oder Holzbaubücher für Pfadfinder (wenig inspirierend). Ich musste das Rad also neu erfinden, bis 1974 Virginia Harveys Buch *The Techniques of Basketry* veröffentlicht wurde. Es eröffnete mir eine neue Welt. Seitdem fertige ich Körbe aus Rattan, Hartholz-Spänen, Draht, Papier und Fasern.

Mit dem Buch möchte ich auch Ihnen die Welt des Korbflechtens eröffnen. Mit jedem Korb, den Sie herstellen, werden Ihre Fertigkeiten und Ihr Selbstvertrauen wachsen. Außerdem finden Sie die Fotos vieler wunderbarer Körbe, die meine Freunde gefertigt haben, ich hoffe, sie inspirieren und erfreuen Sie ebenso wie mich.

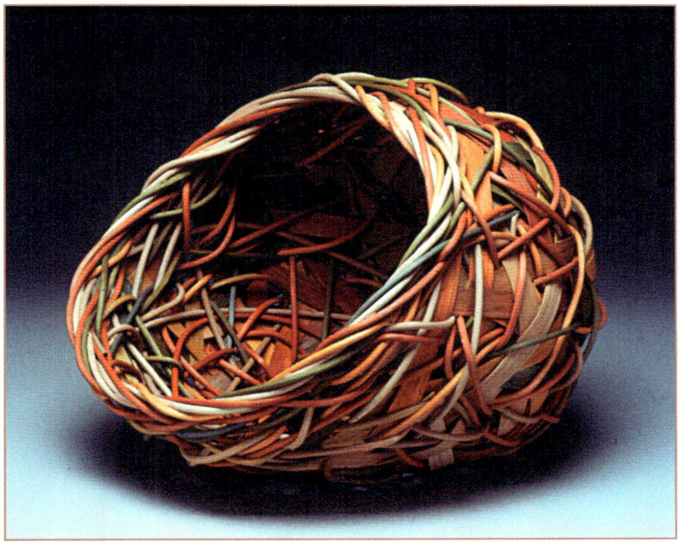

Carla und Greg Filippelli, *Cocoon*, 2014.
46 cm Öffnung x 51 cm x 48 cm.
Handgefärbtes flaches und rundes Rattan, unterschiedliche Flechttechnik.
Foto: Filippelli.

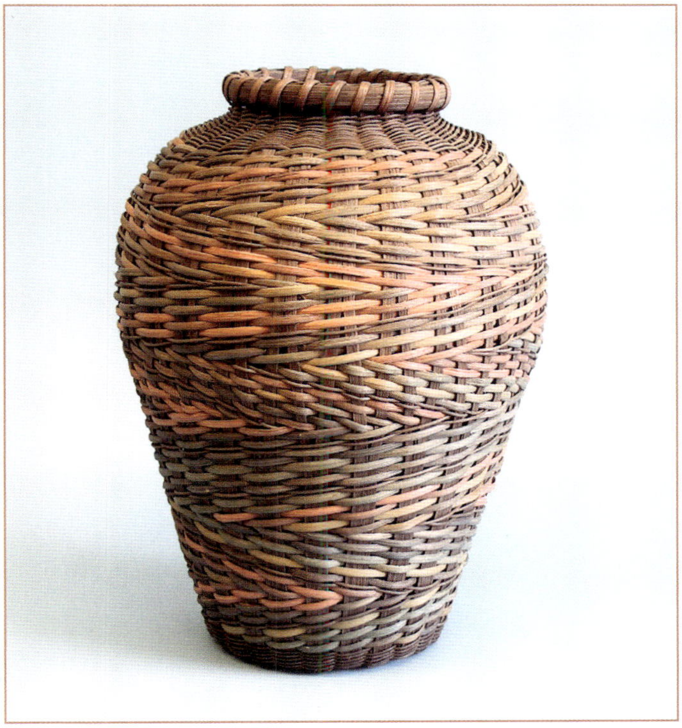

B. J. Crawford, *Tall Urn*, 1996. 23 cm x 23 cm.
Gefärbtes Rattan, flach, flach-oval und rund.
Französisches Seitengeflecht.

WERKZEUGE, MATERIALIEN UND TECHNIKEN DES KORBFLECHTENS

WERKZEUGE

Für das Korbflechten braucht man nur wenige Werkzeuge. Die meisten finden sich in einem normalen Haushalt und keines davon ist teuer. Hier ist alles, was Sie für den Anfang brauchen:

- Scharfe Gartenschere oder Haushaltsschere
- Taschenmesser oder Cuttermesser
- Papierschere
- Verschiedene Stärken Schmirgelpapier zum Glätten
- Ahle oder Riemenahle, um Öffnungen im Geflecht zu erweitern
- Maßband und Bleistift
- Spitzzange zum Knicken und Falten
- Rundzange zum Halten
- Wäscheklammern, Metallklemmen oder Kunststoff-Kabelbinder, um Dinge am Ort zu halten
- Eimer zum Einweichen
- Sprühflasche zum Anfeuchten des Materials beim Verarbeiten

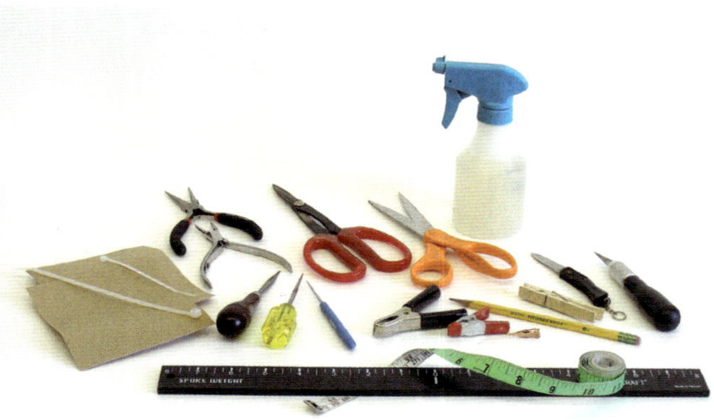

Das einzige Werkzeug, das Sie nicht kennen könnten, ist die Riemenahle. Man verwendet sie in der Lederverarbeitung. Die Spitze ist stumpf, in der Mitte hat die Ahle eine flache Form. Sie ist für das Korbflechten sehr geeignet und eines meiner Lieblingswerkzeuge. Meine Werkzeugkiste wiegt inzwischen mindestens neun Kilogramm, weil ich es wichtig finde, jede Klemme, jeden Haken und jede Klammer, die ich finde, zu verwahren. Tatsächlich aber nutze ich nur einen Bruchteil all der Schätze in meiner Kiste. Jeder Korbmacher hat seine besonderen Werkzeuge. Manche können nicht ohne bestimmte Gewichte arbeiten, andere halten besondere Verdichtungswerkzeuge für wesentlich. Die Entscheidung, welches Ihre Lieblingswerkzeuge sind, gehört zur Handarbeitsfreude dazu.

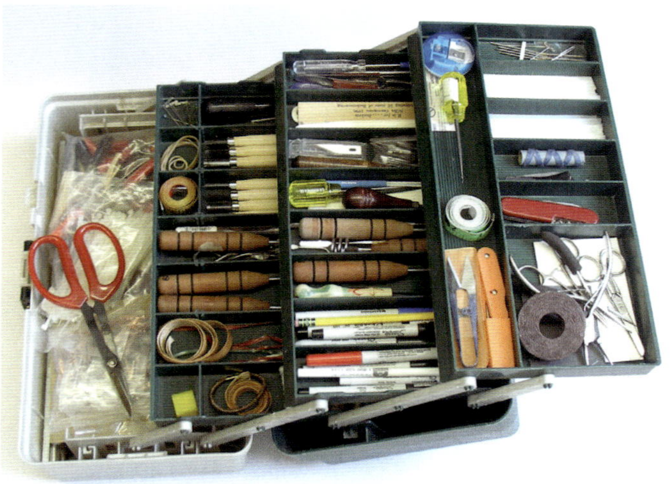

MATERIALIEN

Man kann Körbe aus fast jedem flexiblen Material fertigen, natürlichem und künstlichem, inklusive Hartholz-Späne, Weinranken, Gräser, Garn, Draht und Papier. Die Körbe in diesem

Buch sind vorwiegend aus Peddigrohr gefertigt. Peddigrohr ist das Mark des Rattans, einer Kletterpalme (Calamus) aus Indonesien, die sich am Waldboden entlangschlängelt und als Liane die Bäume umschlingt. Die Ranken werden in Stangen mit 2,5 bis 3,5 Metern Länge und 5 bis 10 cm Durchmesser geschnitten. Ganze Stangen und in der Länge gespaltene Stangen werden für die Herstellung von Rattan-Möbeln verwendet. Das Rattan zum Korbflechten hat eine runde, flache, flach-ovale, oval-ovale oder halbrunde Form.

Rattan ist ein Naturmaterial mit den dazugehörigen Unregelmäßigkeiten. In Ringe oder Bunde gepackt, wird es in Handarbeitsläden verkauft. Es kann in seiner hellbraunen Naturfarbe belassen oder gefärbt werden. Wenn Sie einen Ring verarbeiten, werden Sie feststellen, dass jedes Stück anders ist. Manche sind steif, andere geschmeidig, manche dünner, andere dicker. Steifere Stücke sind als Staken geeignet, die den Korbrahmen bilden, flexible Stücke nimmt man als *Flechtfäden*.

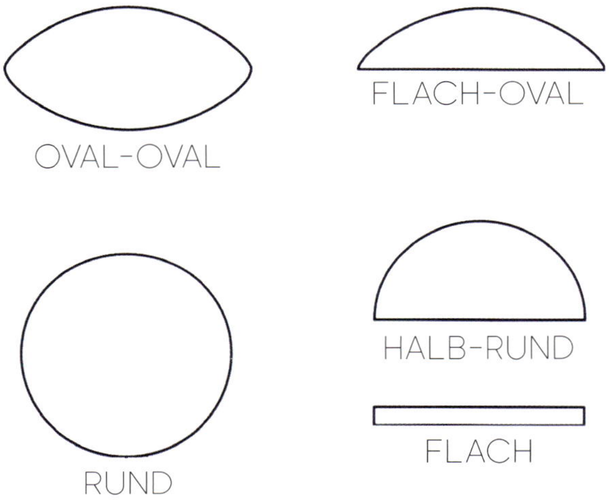

Flaches Peddigrohr hat eine richtige und eine falsche Seite. Die richtige Seite fühlt sich glatt an, die falsche Seite rau (diese findet sich meist an der Innenwand des Korbs). Wenn Sie das Rohr leicht biegen und beugen, stellen sich auf der rauen Seite Härchen auf. So ist es meistens leicht, die Seiten auseinanderzuhalten, manche Stücke aber sind auf beiden Seiten glatt. Je schwerer die Unterscheidung, desto unwichtiger ist sie, aber versuchen Sie immer, die raue Seite innen zu verarbeiten, außer wenn die Vorlage es anders verlangt.

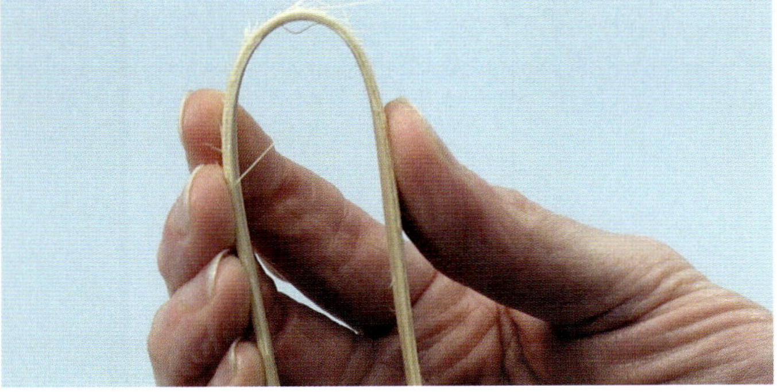

Flach-ovales und halb-rundes Rattan ist auf der einen Seite flach, auf der anderen rund. Normalerweise gehört die flache Seite in die Korbinnenseite. Oval-oval-Rattan hat die Form einer Mandel: gerundete Seiten und scharfe Kanten.

Stuhlflechtrohr und *Wickelrohr* sind ebenfalls Rattan. Es wird aus der äußeren Schicht der Stange geschnitten, zwischen Rinde und Mark. Diese Schicht ist begrenzt verfügbar und deshalb normalerweise teurer, die Außenseite ist glänzend und glatt.

TECHNIKEN ZUR VERARBEITUNG VON PEDDIGROHR

Rattan wird immer nass verarbeitet; normalerweise genügen drei bis fünf Minuten Einweichen (es ist sehr saugfähig). Da Randstücke dicker sind, brauchen sie etwa zehn bis fünfzehn Minuten Einweichzeit. Angefeuchtetes Rattan dehnt sich aus. Verdichten Sie die Fäden sehr eng, denn beim Trocknen vergrößern sich die Zwischenräume. Lassen Sie den Korb trocknen und verdichten Sie das Ganze noch einmal von unten nach oben, bevor Sie den Rand fertigen.

Die Härchen auf dem Rattan sind das Ärgernis jedes Korbflechters. Diese nervenden, dünnen Fasern, die sich überall am Korb aufstellen, sind jedoch genau das, was dem Rohr Flexibilität und gleichzeitig Halt gibt, ideal für das Korbflechten. Wenn das Rattan zu nass oder beim Verarbeiten zu trocken ist, gibt es mehr Härchen. Reiben Stücke aneinander, poppen Härchen auf. Selbst wenn Sie schwer atmen, gibt das Härchen! Aber mit der Zeit lernen Sie, mit ihnen umzugehen.

Die Flamme eines Bunsenbrenners oder einer Kerze versengt die Härchen, kann aber auch den Korb in Brand setzen. Sie mit einer Zange abzuknipsen, ist leicht, aber ermüdend. Schleifen nützt nichts, im Gegenteil. Am besten ist die Vermeidetaktik. Knipsen Sie vor dem Verarbeiten des Rattans so viele Härchen wie möglich ab. Ziehen Sie sie nicht ab, das Rohr könnte beschädigt werden. Versuchen Sie, die Fäden immer gleich beim ersten Mal an die richtige Stelle zu setzen, sodass kein Rohr aneinanderreibt – für Anfänger eine Herausforderung. Mit der Zeit wird das Härchenproblem kleiner.

HANDHABUNG UND LAGERUNG

Rattan kommt normalerweise als Ring gebunden (450 g). Unvorsichtig geöffnet, ergibt dies ein Fadenchaos – vor allem rundes Rohr. Entfernen Sie alle Schnüre außer der, die die Rohrenden hält, lassen Sie den Ring sich langsam zu einem gewellten Bund entfalten und ersetzen Sie die letzte Schnur durch ein Gummi. Wenn Sie ein Stück herausziehen, sollte jemand das zusammengebundene Ende festhalten, während Sie das Stück langsam und ohne Verheddern herausziehen.

Die meisten Körbe werden aus verschiedenen Rohrgrößen gefertigt. Ein Ring mit 1,3 cm breitem, flach-ovalem Rattan kann für sieben Körbe reichen, ein Ring mit 1,6 cm breitem, flachem

Rohr nur für drei. Kurz: Es bleibt immer etwas übrig. Lagern Sie das Rattan in Papiertüten, nie in Plastik (das Rattan wird schimmeln). Zur Übersicht beschrifte ich die Tüten und verwahre das Rattan nach Größen sortiert.

HENKEL

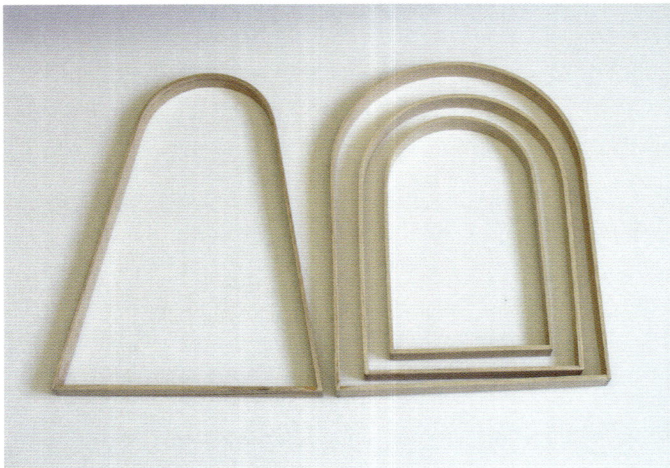

Ein Henkel kann den Charakter des Korbes verändern und seinen Nutzen verbessern. Es gibt drei grundsätzliche Henkelformen: U-Form, D-Form und flexible Henkel. U-Henkel werden in einen fast fertigen Korb eingesetzt, bevor der Rand fertiggestellt wird. Manche haben Kerben, in denen der Korbrand fixiert wird, andere werden durch Wickeln oder Kleben befestigt. D-Henkel werden zu Beginn in den Korbboden eingeflochten und sind Bestandteil des Korbrahmens. Flexible Henkel hängen am Korb herunter, wenn nicht benötigt, und erleichtern das Be- und Entladen des Korbes. Die meisten Henkel müssen vor dem Anbringen leicht geschliffen werden. Sollen sie mit Holzpolitur aufgehübscht werden, dann am besten vor dem Anbringen. Henkeleinsätze in U-Form haben weniger Gewicht und keine Kerben, sie werden meistens bedeckt und umwickelt. Henkel werden nur eingeweicht, wenn man ihre Form verändern will. Manche sind mit wasserlöslichem Kleber behandelt, der sich bei zu langem Einweichen lösen könnte.

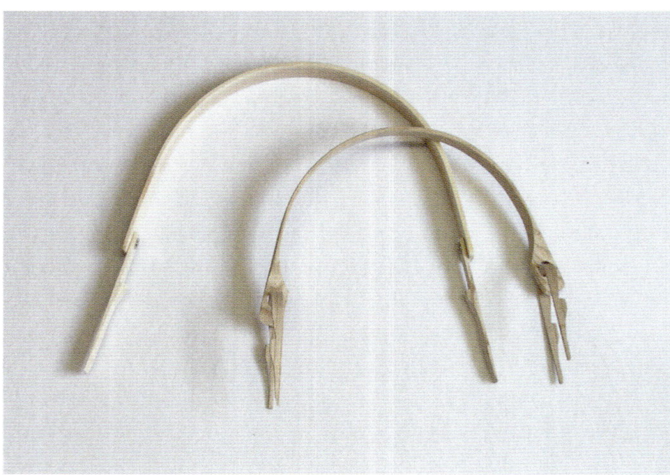

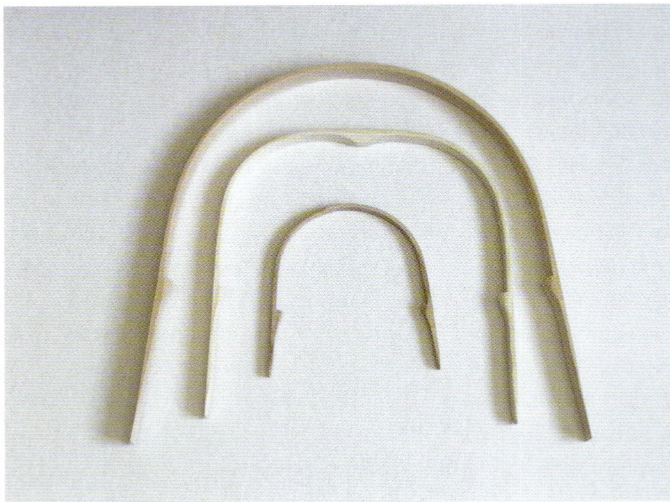

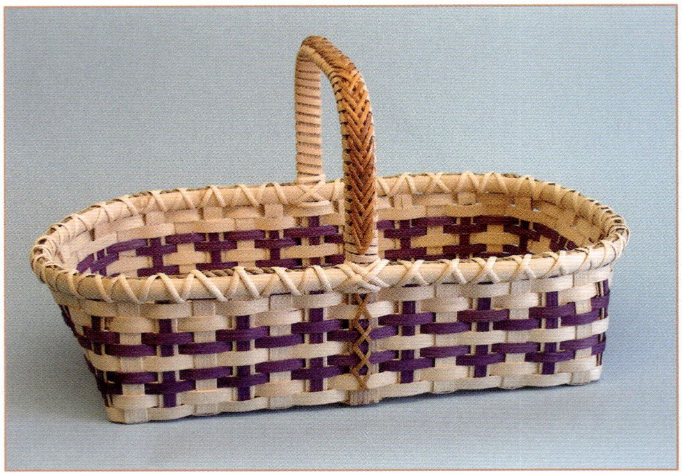

Alma Lambert, *Braided-Handle Market Basket*, 2018.
27 cm x 46 cm x 13 cm.
Gefärbtes und naturfarbenes Peddigrohr und Rattan. Mit Geflecht versehen, wird ein unscheinbarer Henkel zu etwas Besonderem.
Foto: Esther Holsen

STAKEN UND FÄDEN

Staken sind die Stücke, die den Boden eines Korbes bilden und hochgebogen danach den Seitenrahmen formen. *Fäden* sind die Stücke, die durch die Staken geflochten werden. Sie formen gewöhnlich eine S-Kurve durch die Staken, während diese gerade bleiben.

Die Anleitungen sind für Rechtshänder geschrieben, die meistens entgegen dem Uhrzeigersinn flechten. Linkshänder können gerne in umgekehrter Richtung arbeiten. Die Richtung ist immer frei wählbar.

SELBST FÄRBEN

Gefärbtes Rattan kann man auch kaufen, aber es ist leicht und macht Spaß, es selbst zu färben. Rattan kann mit jeder Haushaltsfarbe gefärbt werden, die für Baumwolle geeignet ist. Die Farben verschiedener Hersteller fallen unterschiedlich aus.

Es kann knifflig sein, denselben Farbton zu erzeugen, vor allem bei Mischfarben. Wenn es keine Färbeanleitung gibt, sind folgende Hinweise vielleicht nützlich: Bündeln Sie das Rattan locker und weichen Sie es eine kleine Weile ein. Dann legen Sie das feuchte Rohr locker in einen großen Behälter, sodass es nicht gestaucht wird, und gießen die heiße Farbe darüber. Je heißer, desto intensiver die Färbung. Lassen Sie das Rattan in der Farbe abkühlen. Wenn Sie eine gleichmäßige Färbung wollen, drehen Sie das Rohr mehrfach um. Zum Schluss gut spülen. Achten Sie darauf, dass das Material nicht zu nass ist, sonst rinnt Farbe von einem Stück auf das andere.

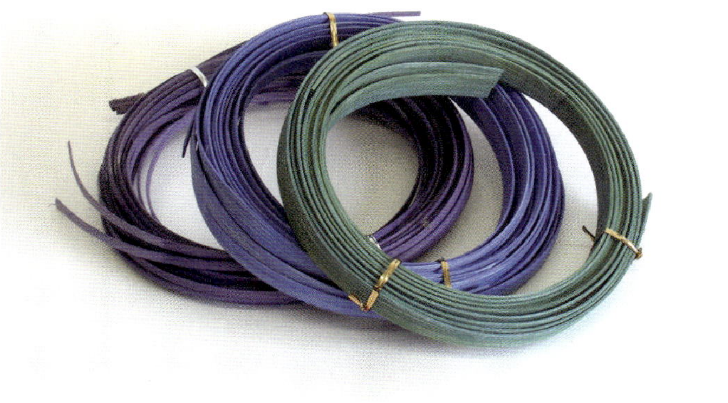

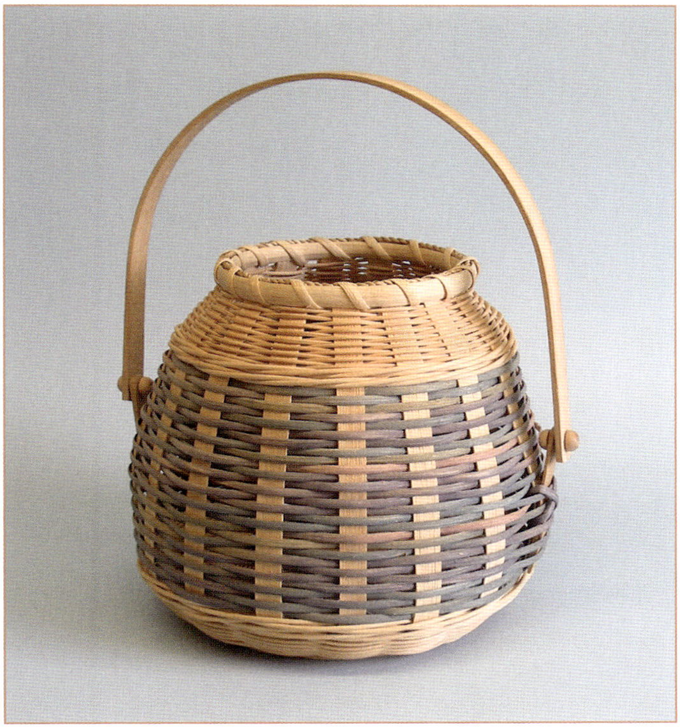

B. J. Crawford, *Pot Bellied Bucket*, 1996. 25 cm x 25 cm.
Gefärbtes und naturbelassenes Rattan. Das eingeflochtene, unterschiedlich gefärbte Peddigrohr bildet interessante Designs.
Foto: Esther Holsen

Sie können auch einen fertigen Korb färben; dazu braucht man einen entsprechend großen Behälter. Wenn geklebte Henkel sich im Wasser lösen, kann man sie wieder ankleben. Das sollte nur schnell geschehen, je länger man wartet, desto mehr kann sich der Henkel verziehen. Die Farben sind nie absolut farbecht und verblassen, vor allem in der Sonne. Rattan selbst dunkelt mit der Zeit nach.

Manche lackieren ihre Körbe oder versiegeln sie mit Politur. Ich glaube, dass Körbe atmen müssen und unversiegelt länger leben, aber das ist Geschmackssache und hängt auch vom Zweck des Korbes ab.

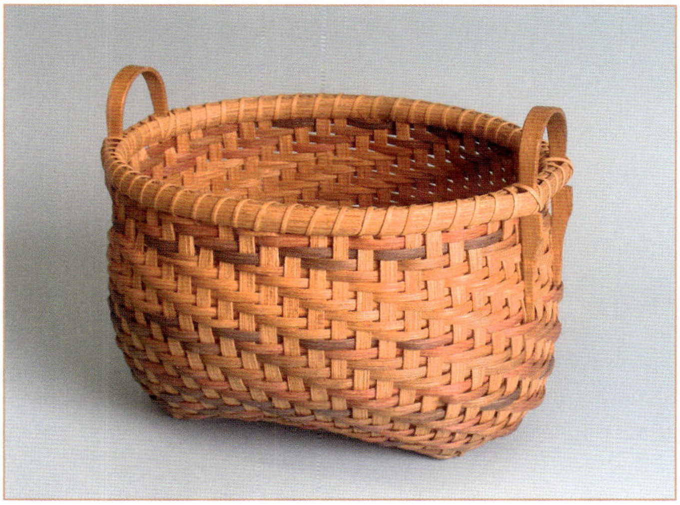

Dianne Kennedy, *Angie's Day*, 2003. 20 cm x 15 cm x 13 cm.
Gefärbtes flaches und flach-ovales Rattan. Dieser Korb wurde mit Korbfarbe gestrichen, um ihm ein weiches Aussehen zu geben.
Foto: Esther Holsen

FLECHTTECHNIKEN

FLECHTSTRUKTUREN

Was jetzt folgt, klingt abstrakt, und Sie werden vielleicht nicht alles beim ersten Mal verstehen. Das ist normal und ändert sich, wenn Sie einen Korb flechten. Lesen Sie alles durch, sehen Sie sich die Fotos an und legen Sie dann mit dem ersten Korb los.

Das *Einergeflecht* wird auch Zäunen genannt. In Flechtanleitungen steht die erste Zahl immer für die Anzahl der Staken, um die der Faden vorneherum geflochten wird, die zweite Zahl für die Anzahl der Staken, hinter die der Faden geflochten wird. Beim Zäunen lautet das 1-1, also vor 1 Stake, hinter 1 Stake, bis die Reihe zu Ende ist. Bei der nächsten Runde machen Sie es bei jeder Stake umgekehrt. Die Fäden laufen S-förmig um die Staken herum, die Staken selbst bleiben gerade. Im Korbboden ist das Geflecht oft etwas lockerer. In den Wänden werden die Fäden eng verdichtet.

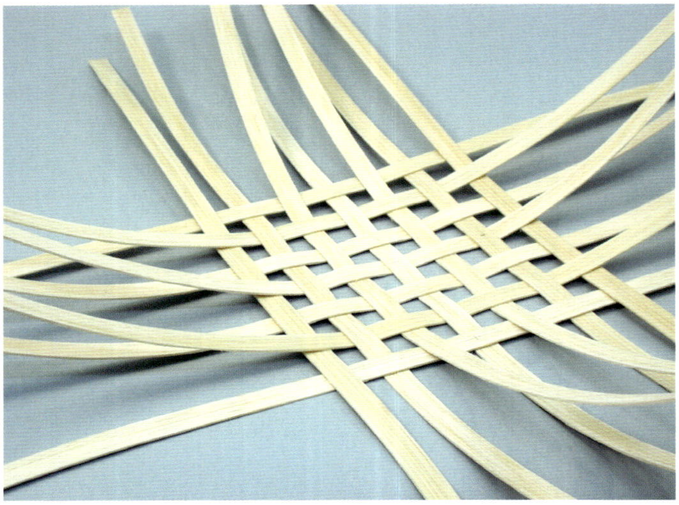

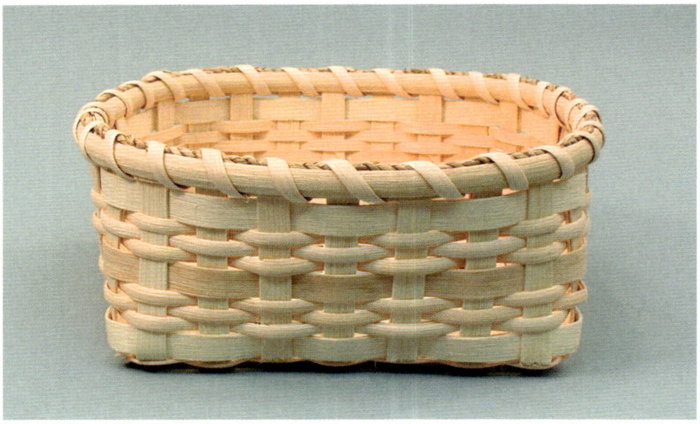

Das *Zweiergeflecht,* auch Fitzen genannt, wird oft zur Stabilisierung der Bodenstaken verwendet und verleiht dem Korb interessante Formen. Zwei Fäden gleichzeitig werden alternierend durch die Staken geführt und kreuzen sich jedes Mal zwischen zwei Staken. Dafür braucht man sehr flexibles Material: Garn, Ranken, Stricke, Grasfasern oder dünne Peddigrohrfäden.

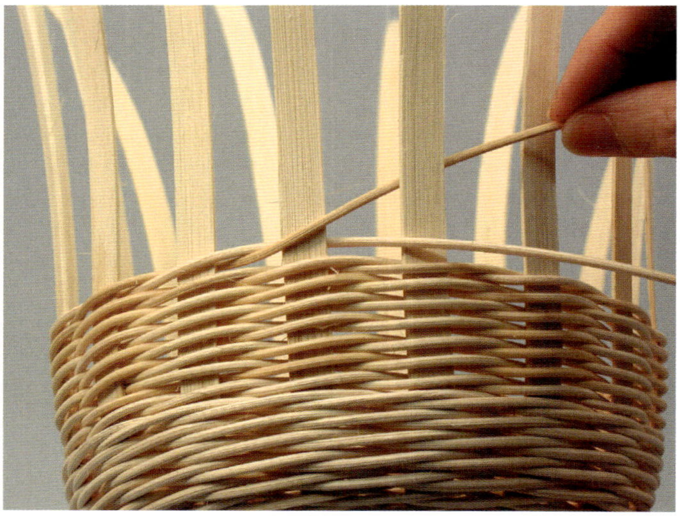

Das *Dreiergeflecht,* das sogenannte Kimmen, ähnelt dem Fitzen, aber man verwendet drei Fäden und flicht vor 2, hinter 1, wobei die Fäden abgewechselt werden und sich ständig kreuzen.

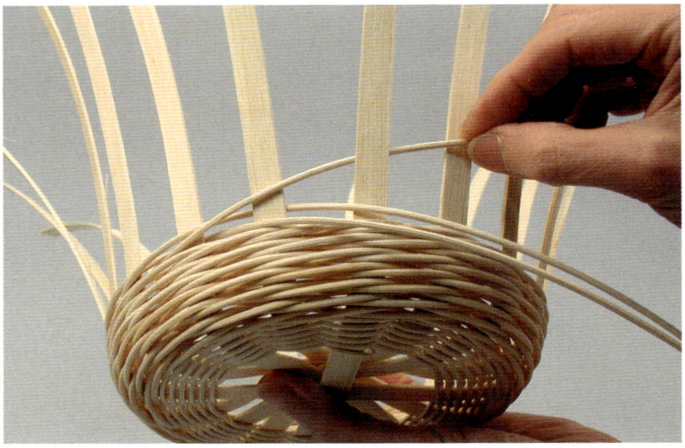

Beim sogenannten *Start-und-Stop-Flechten* beginnt und endet jede Runde an derselben Stelle. Der Anfang des Fadens wird über vier Staken hinweg vom Ende desselben Fadens überlappt. Bei guter Ausführung ist kein Fadenende innen oder außen am Korb sichtbar.

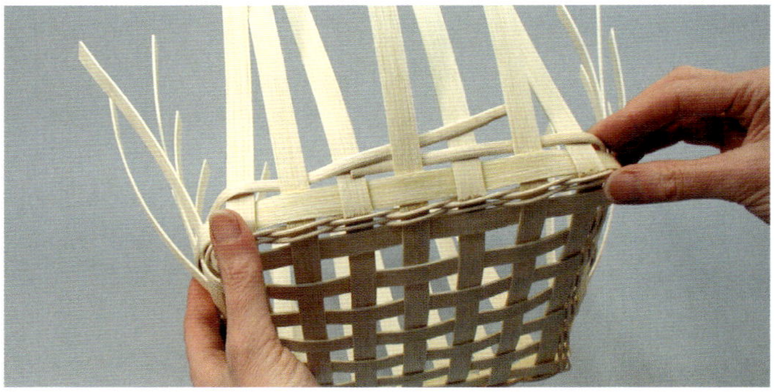

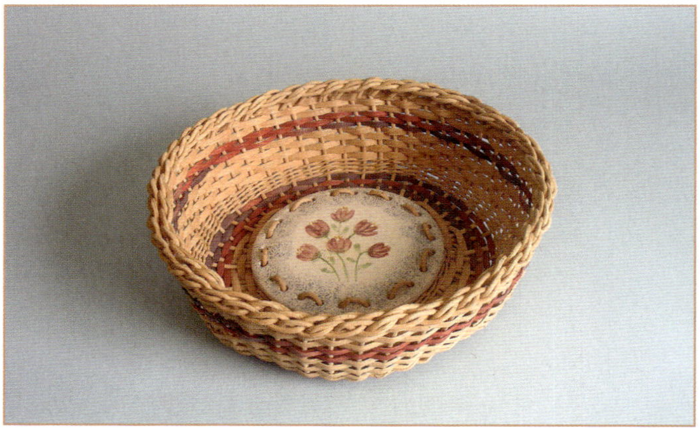

Dianne Kennedy, *Ceramic Base Bread Basket,* 1998. 25 cm x 9 cm. Rundes und flaches Peddigrohr mit Keramikboden. Der Zusatz eines schönen, handbemalten Keramikbodens hebt diesen Korb besonders hervor.
Foto: Esther Holsen

Beim *Schichtgeflecht* „verfolgen“ sich zwei Fäden um den Korb herum, mit gerader Stakenanzahl, lang, aber ohne bestimmte Länge, und mit flachen oder flach-ovalen Fäden. Sie werden zugespitzt, indem ihre Breite verringert wird, damit sie sich ohne spürbaren Absatz ins Korbgeflecht einfügen. Sie beginnen auf derselben Seite des Korbes und arbeiten sich spiralförmig den Korb hinauf, ohne gekreuzt zu werden, wie beim Fitzen. Vorne ist immer der untere Faden, der obere Faden folgt.

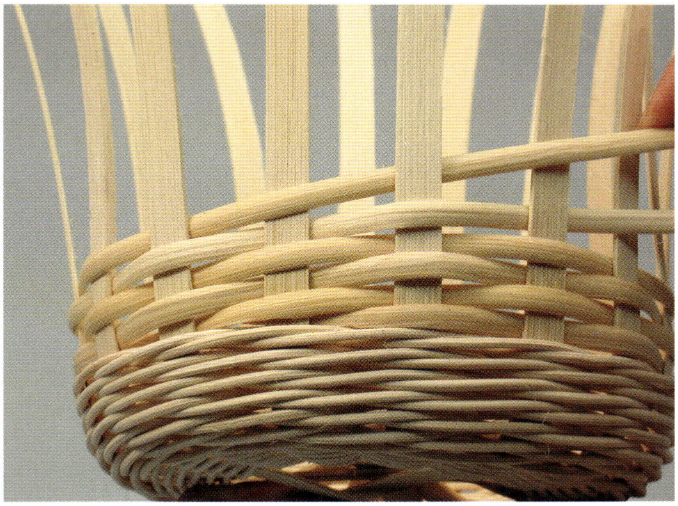

Kontinuierlich flechten bedeutet ebenfalls, eine Spirale zu erzeugen, aber mit nur einem Faden und mit Zäunen. Dazu braucht man eine ungerade Stakenanzahl, um einen Abwechslungseffekt um den Korb herum zu erzielen. Staken kann man auch nachträglich einfügen oder man kann eine Stake der Länge nach aufspalten.

Beim *Köpermuster* flicht man in verschiedenen Variationen um die Staken herum, je nach gewünschtem Muster. Hier werden nicht nur die Reihen abgewechselt. Bei einer 2-2-Variante beginnt man mit vor 2, hinter 2. In der nächsten Reihe jedoch beginnt man eine Stake weiter mit 2-2, sodass sich durch ein diagonales Muster nach oben ein Stufenbild ergibt. Manche Flechter ändern die Neigungsrichtung, was weitere interessante Muster ergibt, zum Beispiel ein Zickzack-Muster.

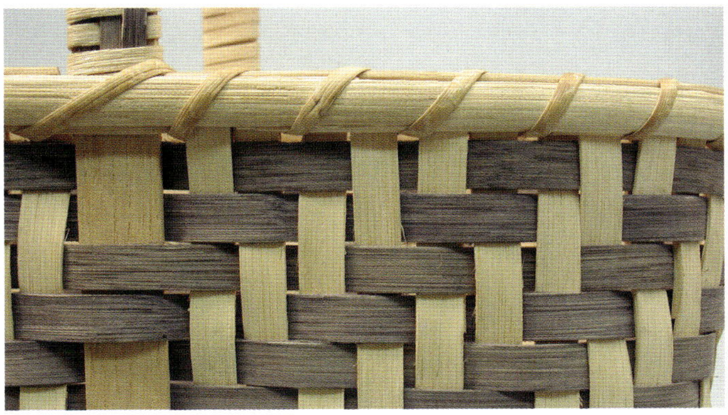

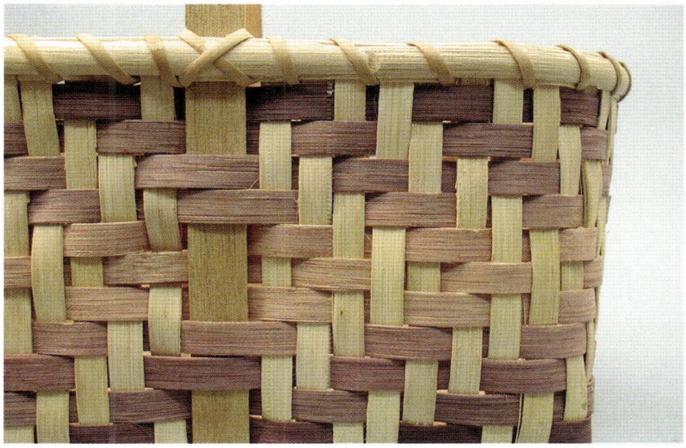

Dieses Muster wird mit Start-und-Stop-Flechten, kontinuierlichem Flechten oder Schichttechnik erstellt. Die Stakenanzahl hängt von der Flechttechnik und dem gewünschten Muster ab.

Ein Köpermuster mit Start-und-Stop-Technik kann sehr kompliziert sein, bringt aber wunderbare Ergebnisse. Unter den Korbwaren der indigenen Cherokee-Kultur in den USA gibt es hinreißende Beispiele dafür, auch in Büchern zu maschinell gefertigten Körben finden sich gute Muster.

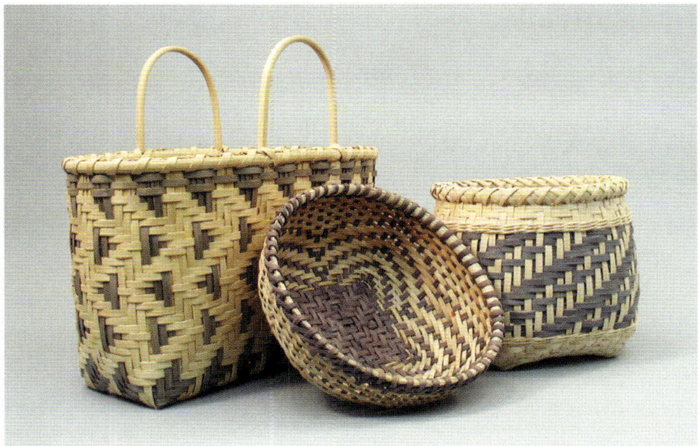

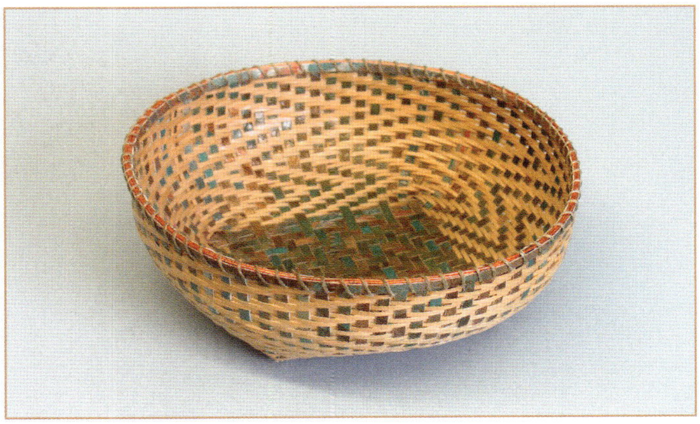

Blair J. Logue, *Twill Bowl*, 2003. 15 cm x 6 cm.
Handgefärbtes Papier, Eschensplint, gewachstes Leinen. Diese flache Schale ist ein wunderschönes Beispiel der Köpertechnik.
Foto: Esther Holsen

Man kann ein *kontinuierliches Köpergeflecht* mit einer geraden oder ungeraden Stakenanzahl flechten, abhängig von der angewandten Technik. Ein regelmäßiges Muster wie 2-2 braucht eine ungerade Stakenanzahl. Ein unregelmäßiges Muster wie 2-1 erfordert bei der Stakenanzahl ein Vielfaches von drei plus 1 oder minus 1. Bei jeder Runde geht man also eine Stake weiter vor oder eine weiter zurück.

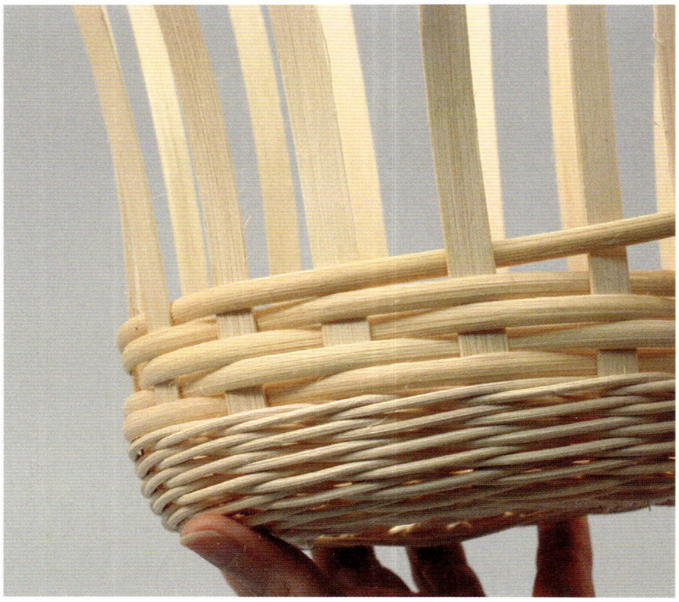

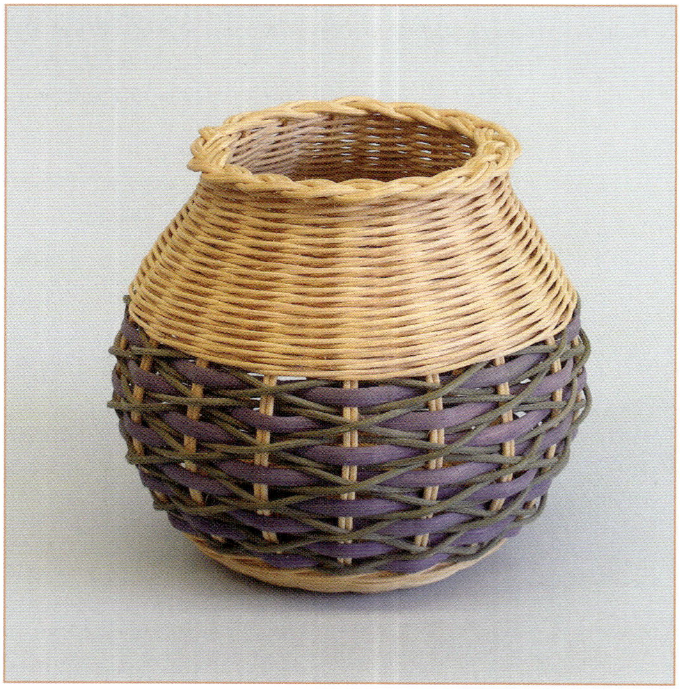

Mary Young Smith, *Morning Glory*, 1999.
17 cm x 17 cm. Rundes und flach-ovales Peddigrohr. Der schöne Korb beinhaltet ein Wellengeflecht.
Foto: Esther Holsen

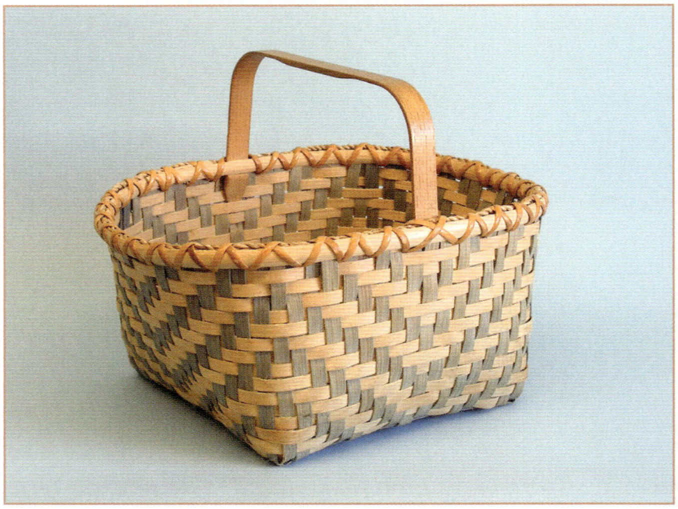

Blair J. Logue, *Blair's Square*, 1999.
25 cm x 25 cm. Gefärbtes und naturbelassenes Peddigrohr, Eschenhenkel. Köpertechnik, traditionelles Vierpass-Shaker-Muster.
Foto: Esther Holsen

FÄDEN ANSCHLIEẞEN

Für ein Spiralgeflecht (Fitzen, Schichtgeflecht oder kontinuierliches Geflecht) müssen gelegentlich neue Fäden angeschlossen werden. Flaches und flach-ovales Peddigrohr schließen Sie mit einer Überlappung von vier Staken an.

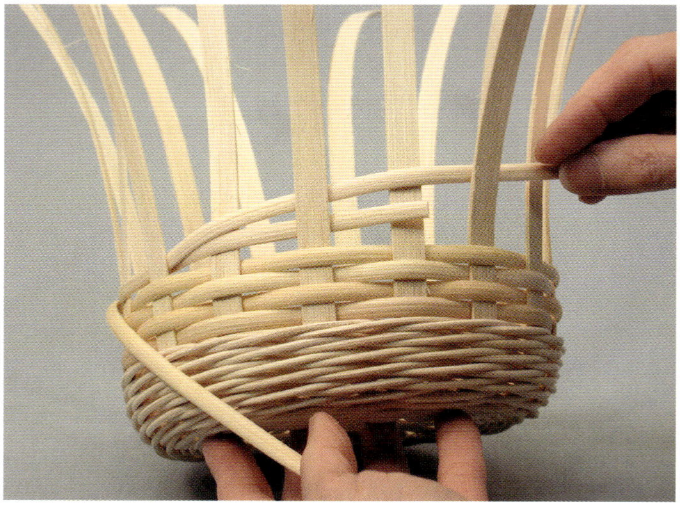

Bei runden Fäden ist das Anschließen etwas komplizierter. Sie können immer hinter derselben Stake beginnen und enden oder die Fäden in der Innenwand des Korbes verstecken. Die erste Methode ist leichter, hinterlässt aber spitze Enden im Korbinneren. Die zweite ist schwieriger, der Korb aber wird ordentlicher. Knicken Sie das Ende eines Fadens links von einer Stake und stecken Sie es nach unten in die kleine Tasche des Geflechts darunter. Machen Sie es genauso beim Anschließen eines neuen Fadens rechts von der vorhergehenden Stake.

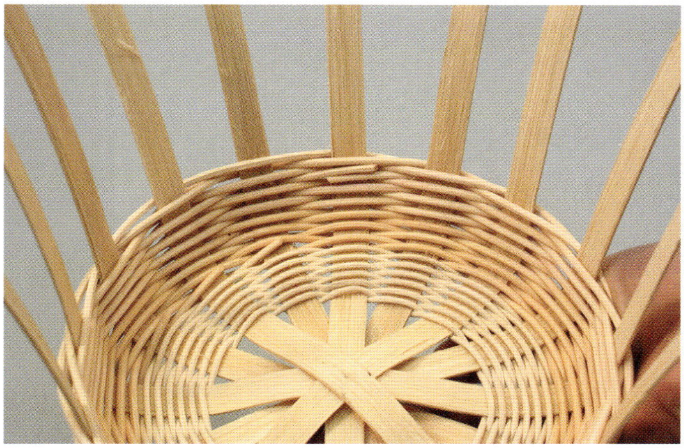

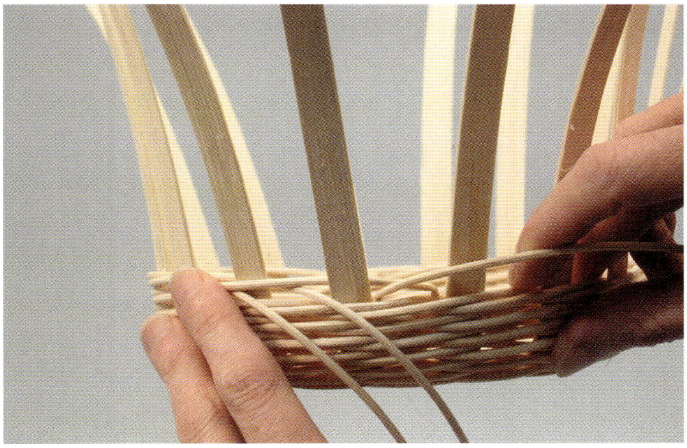

Beim Köpermuster schließen Sie die Fäden genauso an wie beim Zäunen, lassen sie aber etwas mehr überlappen. So können Sie die Enden sicher einfangen.

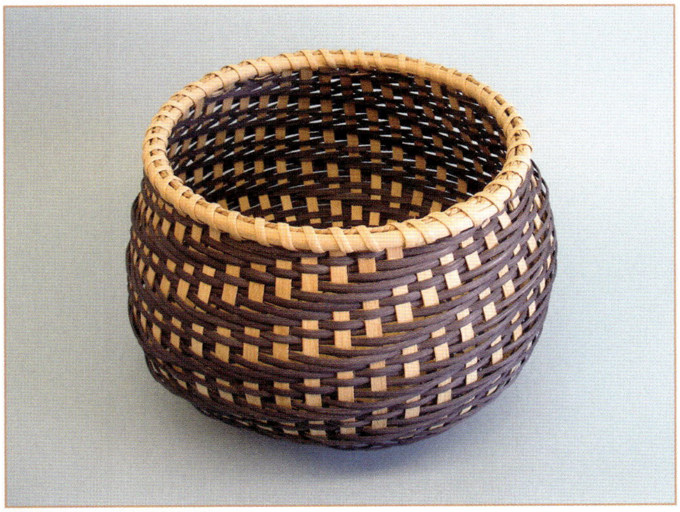

Alma Lambert, *Fibonacci Cathead*, 2006.
30 cm x 24 cm. Naturbelassenes und gefärbtes Peddigrohr, flach und flach-oval. Das Muster basiert auf einer mathematischen Fibonacci-Progression.
Foto: Esther Holsen

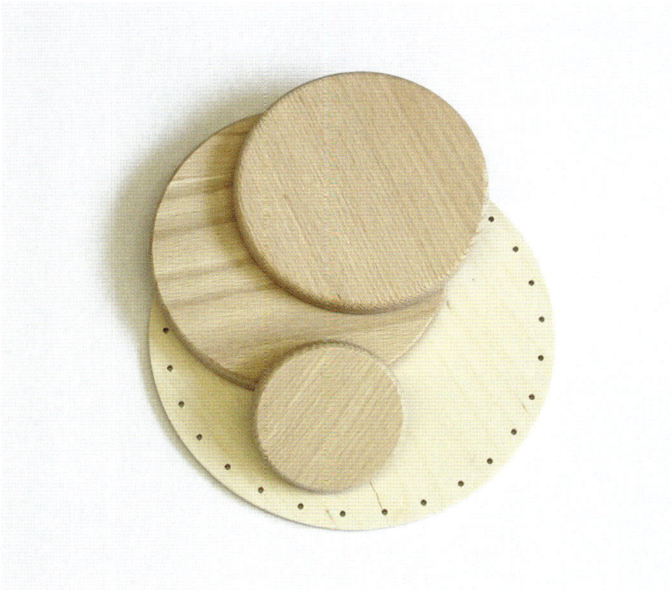

BÖDEN

Böden bilden den Anfang jedes Korbs. Sie können im Einer- oder Zweiergeflecht erstellt werden, strahlenförmig, mit Nantucket-Boden, gefüllt oder mit Lücken geflochten. Einergeflecht-Böden sind recht einfach. Köpergeflecht-Böden haben oft das Muster 2-2 und gehen nach jeder Runde eine Stake weiter. In runden Böden bilden die Staken ein Strahlenmuster. Der Nantucket-Korb (rund, oval oder quadratisch) beginnt mit einem Holzboden, der am Rand eine tiefe Kerbe zum Einstecken der Staken besitzt. Bei einem gefüllten Boden verwendet man Extra-Stücke zum Schließen der Lücken, die eingeflochten werden. Sie sind kein Bestandteil der Seitenwände.

VERDICHTEN

Während des Flechtens der Fäden müssen die Runden jeweils nach unten hin verdichtet werden. Dies ist wichtig und sorgt für einen festen, schönen und gleichmäßigen Korb. Ich verdichte mit den Fingern oder mit Werkzeugen, je nach Korb, aber immer so eng wie möglich. Wenn das feuchte Material trocknet – egal ob Rattan, Esche oder Eiche –, schrumpft es und bildet Lücken. Ich lasse den Korb immer eine Nacht trocknen und verdichte ihn dann noch einmal, bevor ich den Rand fertige.

FORMEN

Sie haben die Wahl der Korbform und die Kontrolle darüber in der Hand – jedenfalls theoretisch. Für Anfänger ist das Formen des Korbes sehr anstrengend. Je mehr Körbe Sie fertigen, desto besser wird es. Versuchen Sie einfach, Ihre Staken und Fäden freundlich und sanft an den richtigen Ort zu bringen. Ohnehin hat jeder Korb eine eigene Persönlichkeit.

Ein wenig kann man noch nach der Fertigstellung nachformen. Wenn der Boden nicht flach ist, legen Sie beim Trocknen ein Gewicht auf den Rand. Wenn er nicht ganz zentriert ist, schieben Sie die Seitenwände zurecht. Und wackelige Körbe kann man immer gegen die Wand lehnen!

Ein Korb nach dem Shaker- oder Nantucket-Feuerschiff-Muster wird um eine Holzscheibe herum geflochten. Sie macht das Formen leichter, gibt die Form aber auch vor. In diesem Buch findet sich dazu ein Beispiel, man kann es aber auch ohne Holzboden fertigen.

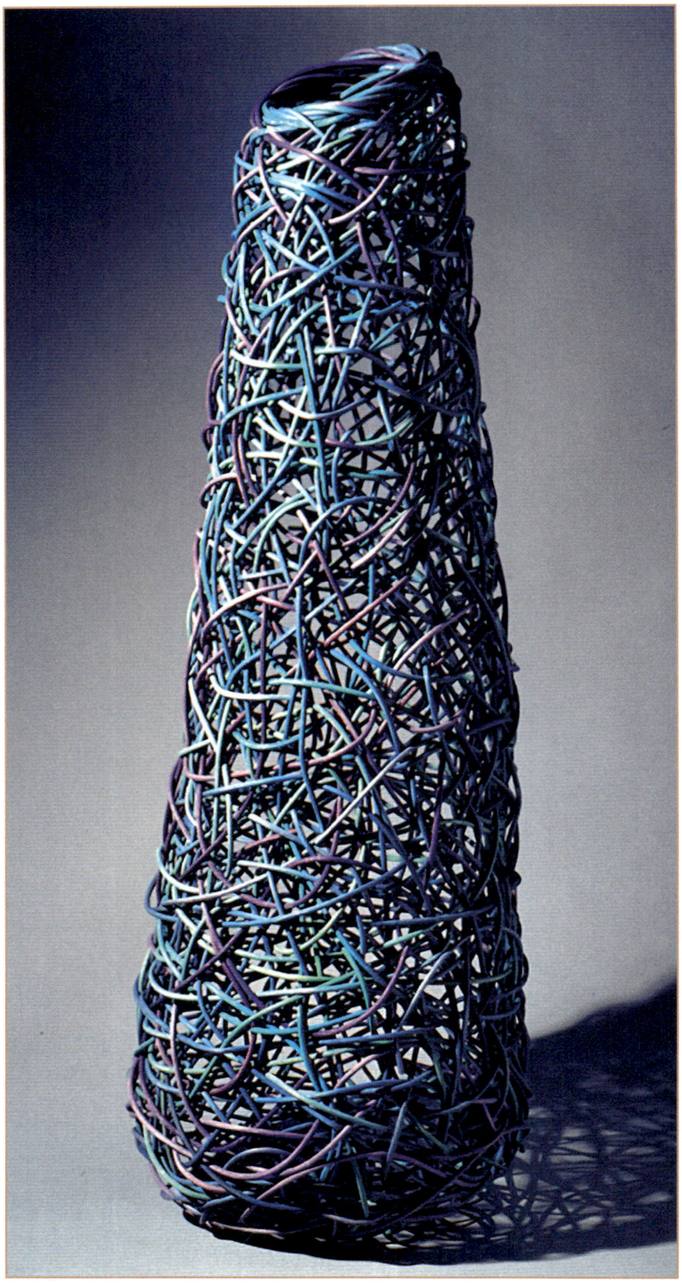

Carla und Greg Filippelli, *Modigliani* Vessel, 2015.
36 cm x 120 cm. Handgefärbtes rundes Peddigrohr, freie Flechttechnik.
Foto: Filippelli.

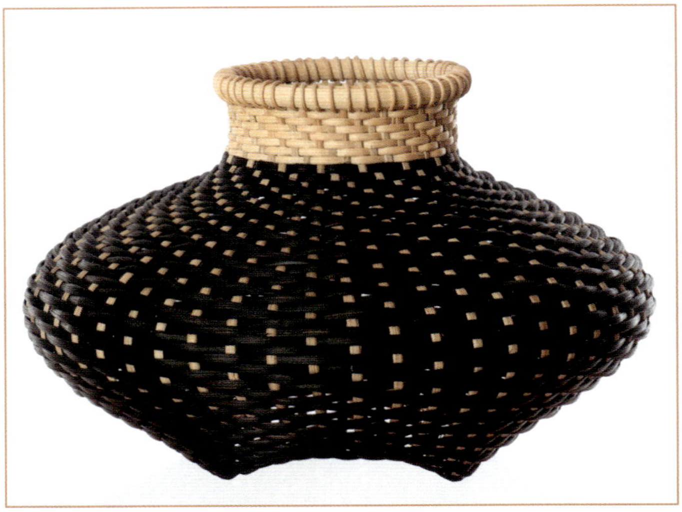

Nuni Yavnai, *unnamed twill basket*, 2014. 33 cm x 41 cm x 41 cm.
Köpertechnik mit Katzenkopf-Boden. Die dynamische Form und die Farbe geben dem Korb eine intensive Wirkung.
Foto: Alon Levite.

RÄNDER

Blair Logue meint, ein Korb ohne Rand sei wie ein Rock ohne Saum. Der Rand gibt dem Korb ein fertiges und sauberes Aussehen. Er ist oft aus dickerem, flach-ovalem oder halb-rundem Peddigrohr und wird aufgenäht oder verschnürt. Hinzu kommt oft ein *Randfüller* als Ausgleich und Ergänzung. Der Füller kann aus rundem Peddigrohr, Seegras, verdrilltem gewachstem Leinen oder einem anderen flexiblen Material bestehen, das sich gut in Lücken und Kurven der Korboberkante einfügt. Viele Korbflechter mögen keine Ränder, weil sie eine erneute Anstrengung darstellen, wenn man gerade einen Korb fertig hat. Ich mache den Rand immer einen Tag nach der Fertigstellung. Dann sind meine Hände wieder munter und ich kann die Korbwände noch einmal verdichten.

Statt Wäscheklammern oder Klemmen verwende ich Kabelbinder, um den Rand beim Verschnüren festzuhalten. Sie verrutschen nicht und sind sehr fest. Der Nachteil ist, dass man sie nur einmal verwenden kann. Wiederverwendbare Kabelbinder halten meistens nicht so gut.

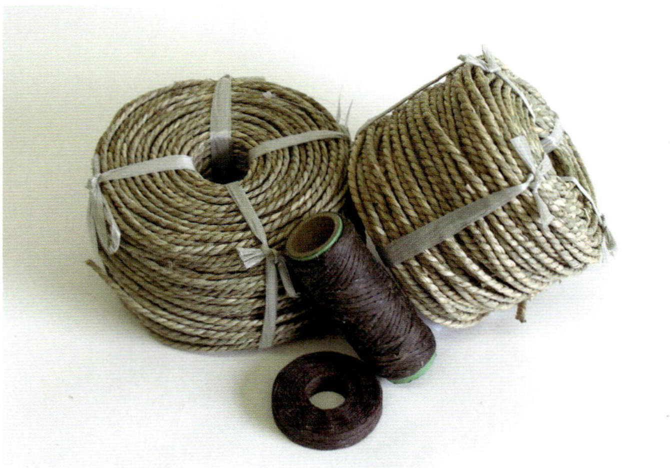

HILFSMITTEL

Beim Einstecken von Staken kann man ein Stück Plastik in Schnabelform zuschneiden und verwenden. Es sollte ungefähr 15 cm lang und etwas breiter als die Staken des Korbes sein.

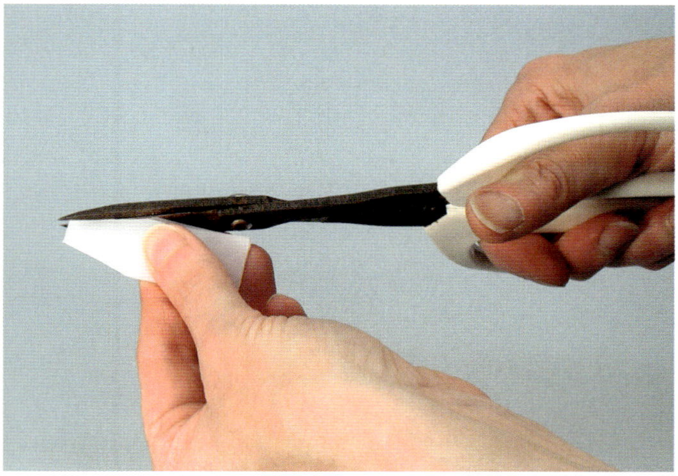

Zur Hälfte falten und die Spitze zuschneiden. Dann steckt man das Plastikteil gefaltet an der Stelle ein, wo die Stake nach dem Umbiegen eingesteckt werden soll. In die gefaltete Spitze schiebt man die Stake. Dann mit der Ahle nacharbeiten und das Plastik herausziehen.

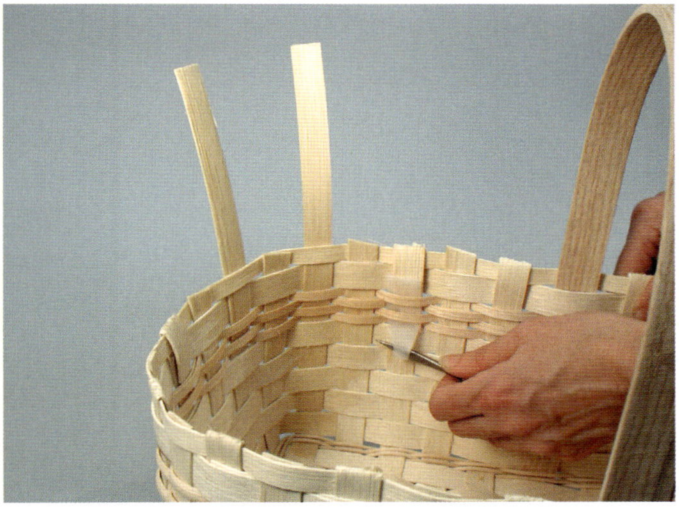

VERSCHNÜRUNG

Das Verschnüren ist sozusagen die Naht, die Randstücke an Ort und Stelle festhält. Dazu kann man alle Materialien verwenden, die flexibel und lang genug sind, auch rundes Peddigrohr, gewachsten Zwirn oder Draht. Normalerweise verwendet man flaches oder flach-ovales Peddigrohr, manchmal auch Rohrgeflecht, das als leicht glänzende Ergänzung gut aussieht.

Spitzen Sie das Ende der Verschnürung immer zu, damit sie leichter durchgeführt werden kann, hilfreich kann auch hier eine Art Plastikschnabel sein, der die Öffnung für die Verschnürung erweitert und das Durchgleiten erleichtert (ca. 9,5 mm breit).

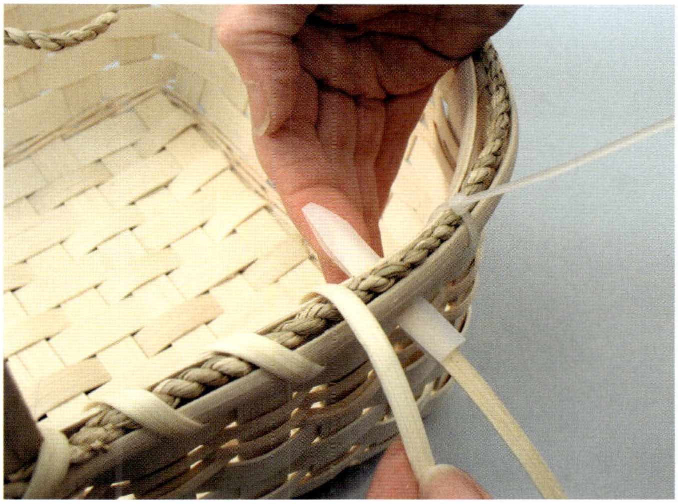

Das Schwierigste ist, die Verschnürung strammzuziehen. Vor dem Verbergen der Enden können Sie mit Hilfe der Ahle oder Riemenahle als Hebel alles rundherum noch einmal festziehen.

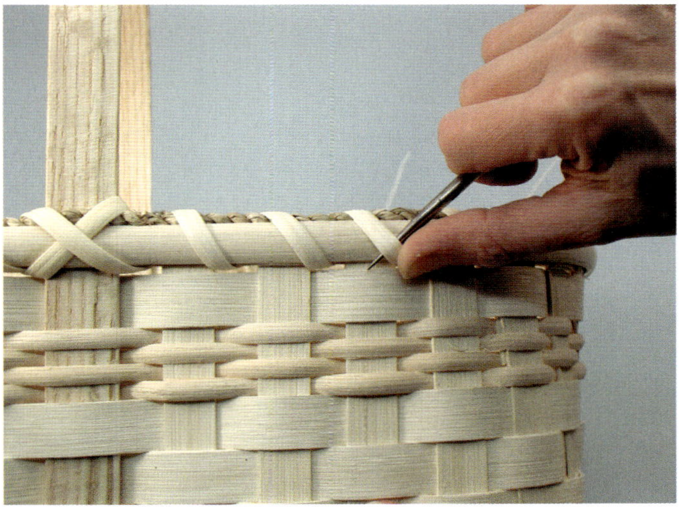

ÜBERZUGSTECHNIKEN

Kreuzstich und Schlaufen sind Techniken nach dem Flechten zum Verschnüren, sie haben mit dem Flechten des Korbes nichts zu tun, sondern verleihen dem Korb nach Fertigstellung eine Struktur und ein Aussehen, das ihn zu einem ausgefallenen Stück macht. Dazu später mehr.

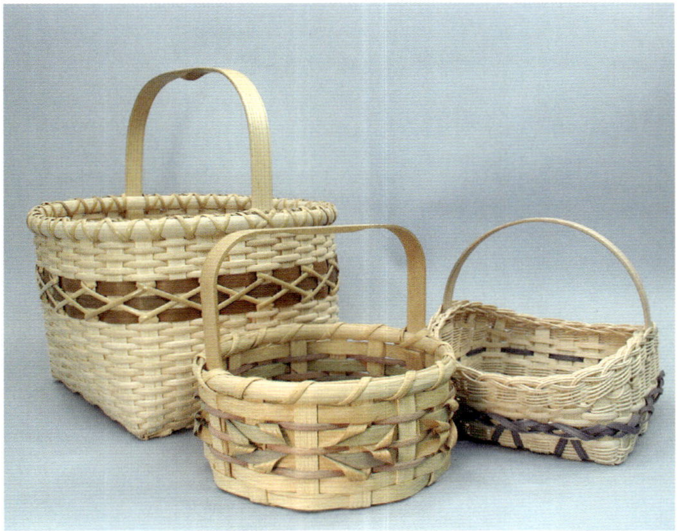

VERZIERUNGEN

Zum Verzieren eines Korbes kann man alles Mögliche verwenden: Perlen, Federn, Glöckchen, Bänder oder Fell, um nur einige Materialien zu nennen. Sie können mit verflochten oder später aufgenäht werden. Auch sie können jeden Korb zum besonderen Unikat machen.

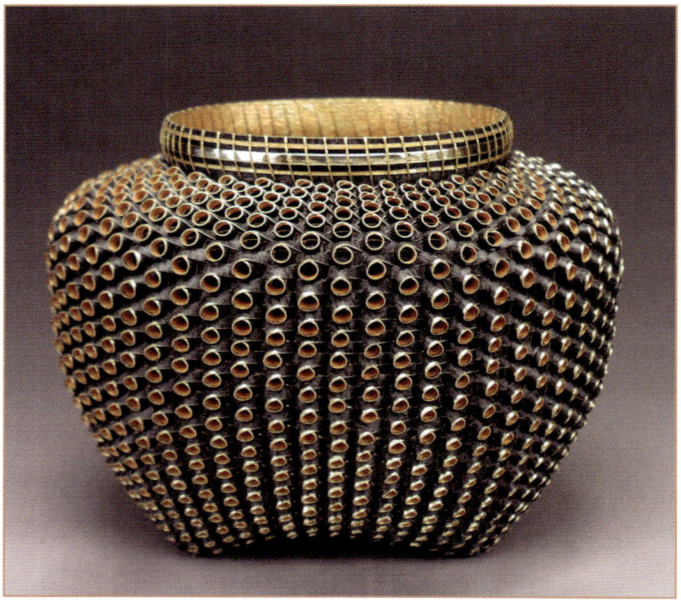

Patti Quinn Hill, *Midas Touch*, 2017.
24 cm x 23 cm. Handbemaltes Archivpapier, Acrylfarbe, Metalleffekt-Garn. Die Schlaufen verleihen dem Korb Struktur und Tiefe.
Foto: Quinn Hill.

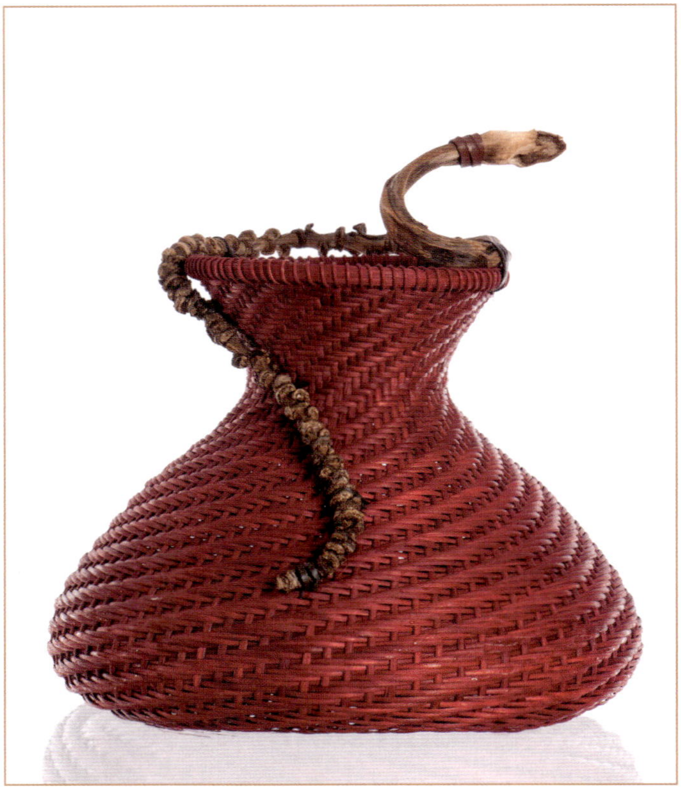

Nuni Yavnai, *unnamed twill basket*, 2016.
37 cm x 46 cm x 46 cm. Köpermuster, Peddigrohr. Auch für sich schon ein hübsches Exemplar; die aus Bananenholz gefertigte Schlange macht einen echten Hingucker daraus.
Foto: Alon Levite.

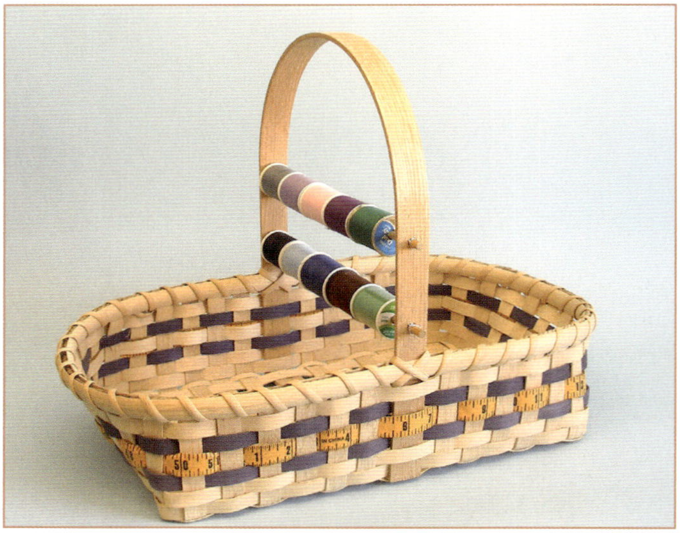

Alma Lambert, *Sammie's Sewing Basket*, 2012.
28 cm x 48 cm x 11 cm. Naturbelassenes und gefärbtes Peddigrohr. Das Einflechten eines Maßbandes in der Mitte ist eine nette Spielerei.
Foto: Esther Holsen

VERWENDUNG ANDERER MATERIALIEN

Alle Anleitungen nennen die Materialien für die Vorlagen, die Größen können Sie oft variieren. Die Staken sollten nie mehr als 3 mm von der Vorgabe abweichen, bei den Fäden können Sie in Stärke und Farbe flexibel agieren. Wenn das Muster eine 6 mm breite Verschnürung vorgibt und Sie noch einen ganzen Ring mit 4,5 mm breitem flach-ovalem Peddigrohr haben, wird das kleinere Material wohl genauso passen. Machen Sie es wie beim Kochen: Beim ersten Mal halten Sie sich an das Rezept, dann können Sie experimentieren.

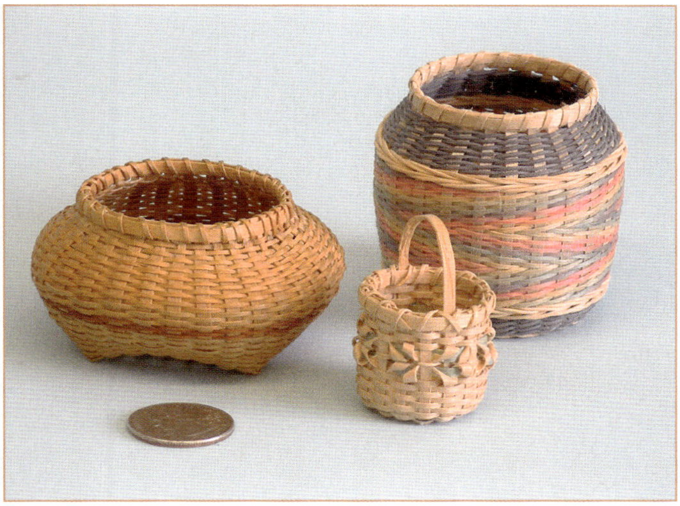

Miniaturen, von links nach rechts:
Blair J. Logue, *Ash Cathead*, 2006. 8 cm x 4 cm.
B. J. Crawford, *Mini Basket With Curls*, 2005. 2,5 cm x 4 cm.
B. J. Crawford, *Ash and Mini-Rainbow Chevron*, 2005. 6 cm x 6 cm.
Das 25-Cent-Stück zeigt, wie klein diese drei Körbe sind.
Foto: Esther Holsen

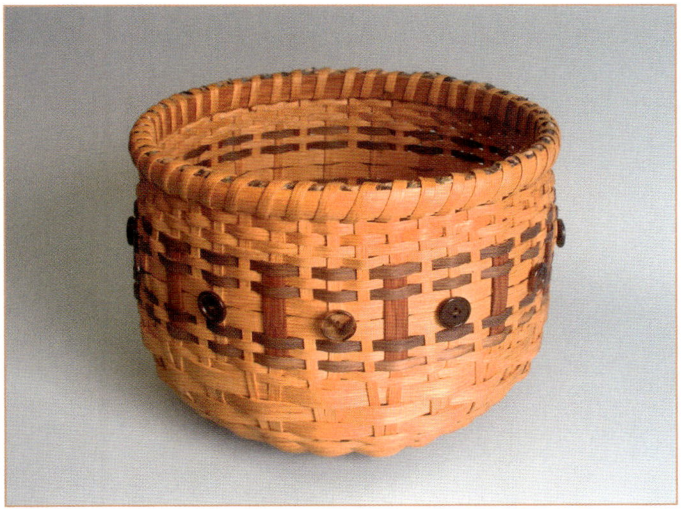

Dianne Kennedy, *Sewing Keeper*, 2005.
30,5 cm x 22 cm. Flaches und flach-ovales Peddigrohr und Knöpfe. Die aufgenähten Knöpfe verleihen dem Korb eine besondere Struktur und Farbe.
Foto: Esther Holsen

ES GIBT NICHTS NEUES UNTER DER SONNE

Die Projekte in diesem Buch sind meine Entwürfe mit von mir gewählten Techniken, Materialien und Maßen. Sicher haben andere Handwerker ähnliche Entwürfe gemacht. Es ist kaum möglich, einen noch nie dagewesenen Korb zu kreieren, denn das Korbflechten gibt es in vielen Kulturen und seit vielen Jahrhunderten. Ich bin mit großartigen Ideen aufgewacht, um dann zu entdecken, dass man vor tausend Jahren in Indien oder China dieselbe Idee hatte. Ein Marktkorb dient letztendlich dem Einkauf auf dem Markt. Was Sie als Künstler tun können, ist, das Puzzle neu zusammenzufügen. Am Ende eines guten Tages haben Sie etwas gefertigt, das Sie erfreut.

WIE MAN DAS BUCH BENUTZT

Das Buch ist für unterschiedliche Verwendung aufgebaut. Als Anfänger starten Sie mit dem Grundmodell, um die Techniken zu lernen. Dann arbeiten Sie sich für weitere Fertigkeiten durch die anderen Korbarten. Wenn Sie der Abenteuertyp sind und schon Erfahrung haben, beginnen Sie einfach, wo Sie wollen. Übersichtliche Verweise leiten Sie zurück zu den grundlegenden Informationen über das Korbflechten.

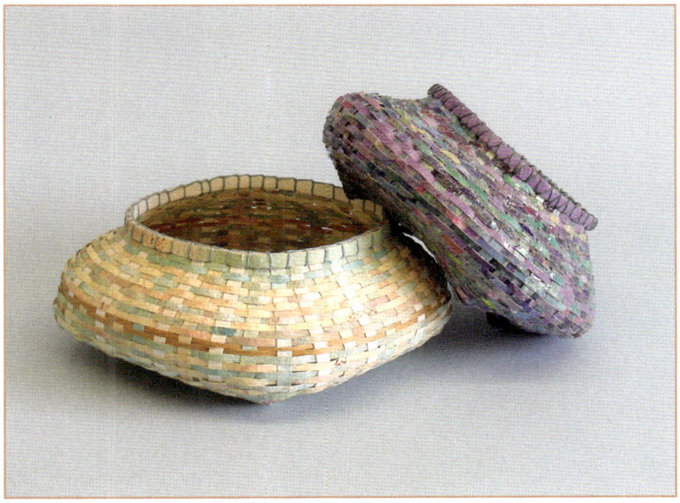

Blair J. Logue, *Two Cathead Baskets*, 2015.
18 cm x 9 cm. Handgefärbtes Archivpapier, Acrylfarbe, gewachstes Leinen.
Foto: Esther Holsen

ERSTE SCHRITTE

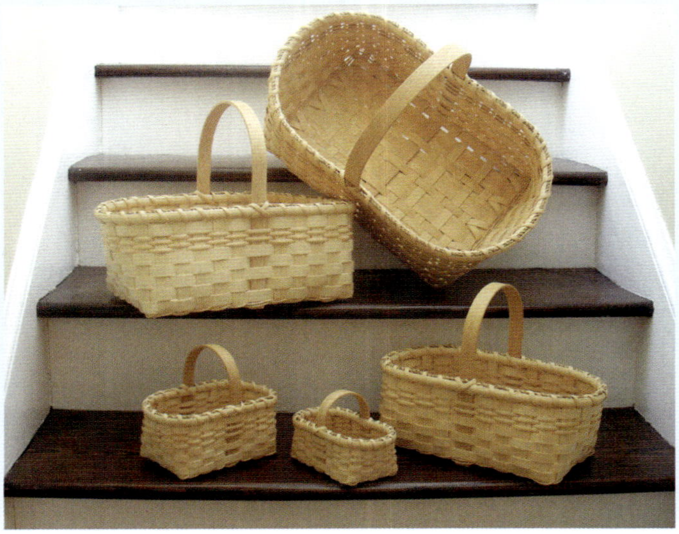

Das Basismodell des Korbes dient als Vorlage für alle weiteren Körbe. Wenn Sie Neuling sind, empfehle ich, diesen Korb zuerst zu fertigen. Die beiden anderen Körbe dieses Kapitels, der Muffinkorb und der Marktkorb, bauen weitere Fertigkeiten für die anderen Körbe dieser Sammlung auf. Natürlich können Sie mit jedem anderen Projekt anfangen, auch den anspruchsvolleren. Dann sollten Sie jeweils zu den Seiten mit den Erklärungen zurückblättern.

B. J. Crawford, Market Baskets, 2003.
Verschiedene Größen. Ein Sortiment aus verschiedenen Größen desselben Marktkorbes.
Foto: Esther Holsen

BASISMODELL

Erlernte Techniken

- Boden anlegen
- Zweiergeflecht
- Staken hochbiegen
- Einergeflecht
- Rand hinzufügen
- Verschnüren

Fertigmaß

- 23 cm x 23 cm x 10 cm

Materialien

Menge	Material/Maß	Länge	Funktion
14	1,3 cm flaches Peddigrohr	51 cm	Staken
1	2 mm ø rundes Peddigrohr	3.6 m	Zweiergeflecht
6	6 mm flach-ovales Peddigrohr	84 cm	Fäden
3	1.3 cm flaches Peddigrohr	84 cm	Fäden
1	9.5 mm flaches Peddigrohr	81 cm	verborgene Fäden
2	9.5 mm flach-ovales Peddigrohr	81 cm	Rand
1	3 mm ø Seegras	81 cm	Randfüller
1	6 mm flach-ovales Peddigrohr	2 m	Verschnürung

Das Basismodell, ein kleiner, quadratischer Korb, soll Anfängern den grundlegenden Ablauf bei der Erstellung eines Flechtkorbes beibringen.

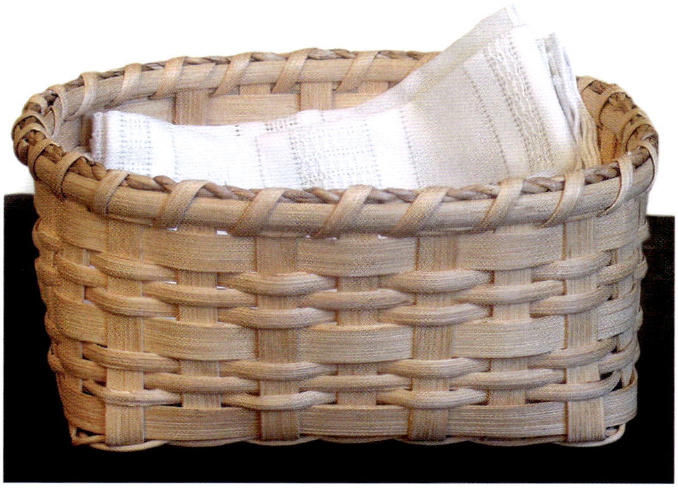

ANLEITUNG

1. Den Boden anlegen und flechten

Ein Boden kann auf vielerlei Weise angelegt werden. Sie können die horizontalen Staken zurechtlegen und mit einem Gewicht unten halten. Dann flechten Sie die vertikalen Teile ein. Ich beginne gern in der Mitte und arbeite dann nach außen. Achten Sie darauf, dass jede Stake zentriert ist und die falsche Seite nach oben zeigt (außer wenn das Muster etwas anderes verlangt).

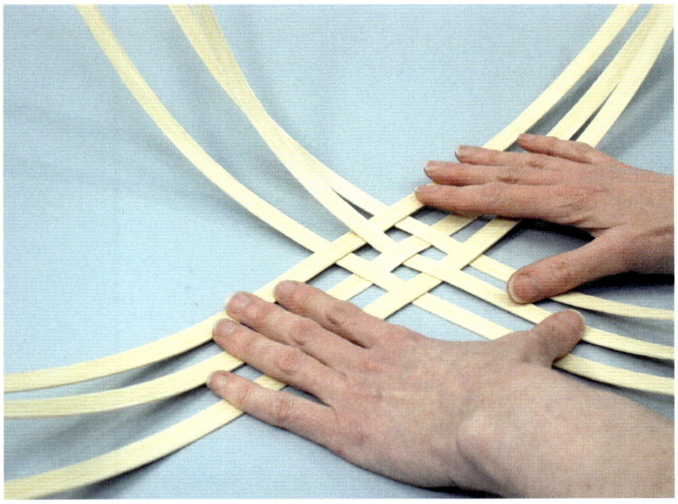

Markieren Sie die Mitte jeder Stake auf der falschen Seite. Weichen Sie die Staken kurz ein. Legen Sie alle Staken (je sieben längs und quer) zurecht, um den Boden im Einergeflecht zu fertigen. Passen Sie die Mittelpunkte an, alle Staken liegen mit der falschen Seite nach oben. Der Boden sollte aussehen wie auf dem Foto.

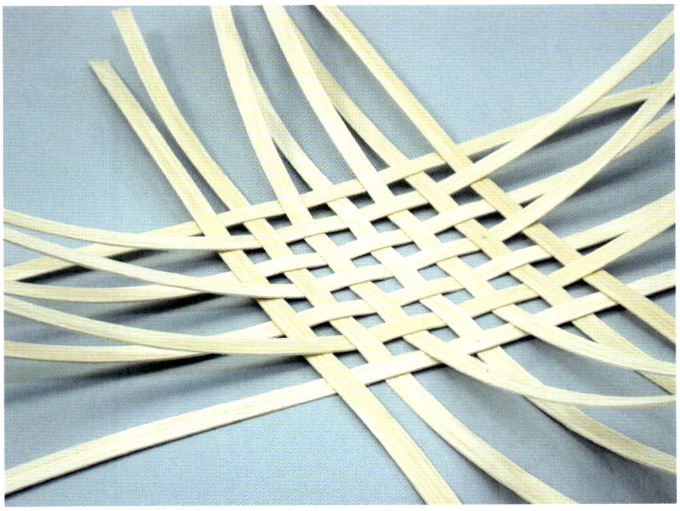

2. Den Boden messen und ausrichten

Passen Sie die Stücke auf ein Quadrat mit je 16 cm Seitenlänge an, mit regelmäßigen Abständen zwischen den Staken. Betrachten Sie den Boden als Ganzes: Prüfen Sie, ob alle Stücke zentriert sind, kein Fehler im Flechtmuster ist und die raue Seite der Staken oben. Und darauf, dass es kein Parallelogramm, sondern ein Quadrat ist, auch in der Diagonale bitte nachmessen. Markieren Sie die Ecken zum Nachjustieren, falls etwas verrutscht.

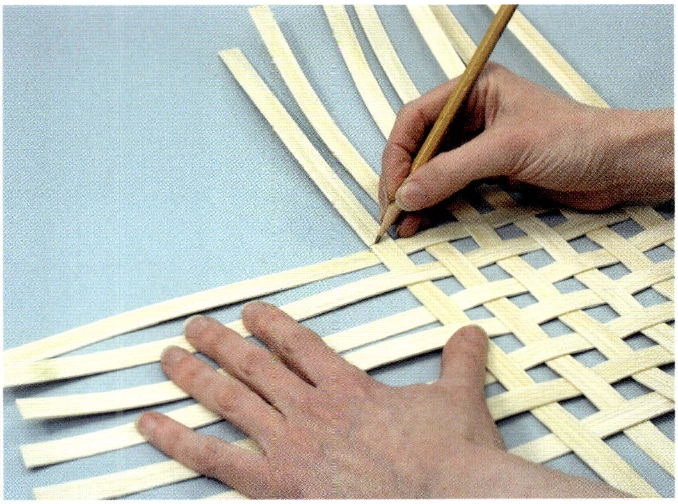

3. Zweiergeflecht flechten

Fitzen Sie zwei Reihen um den Boden. Mit der Rundzange falten Sie einen Faden so, dass ein Ende etwas länger ist. Falls Sie noch einen Faden brauchen, ist der Anschluss dann nicht an der derselben Stelle. Drücken Sie den Faltpunkt zusammen, damit er beim Knicken nicht bricht. Führen Sie die Schlaufe des gefalteten Fadens um eine Stake, die unter einer anderen liegt.

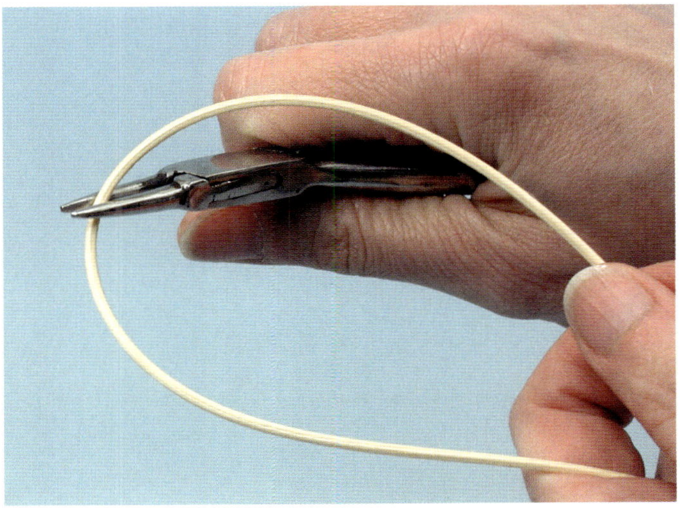

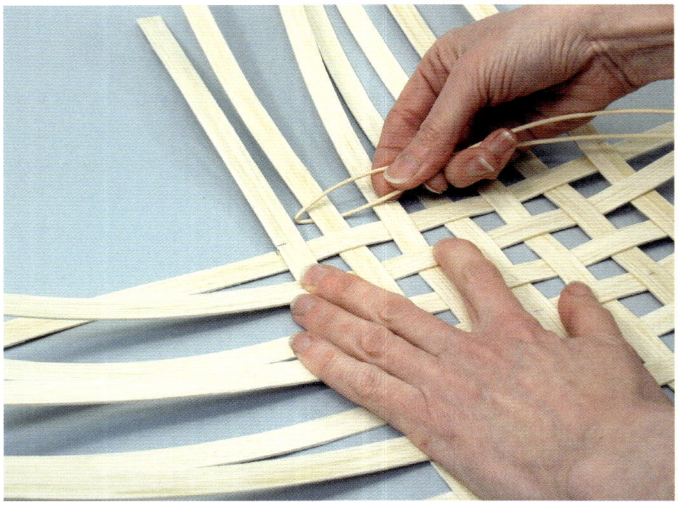

Jetzt haben Sie zwei Fäden zum Flechten. Flechten Sie zuerst den linken Faden über die Anfangsstake und unter der nächsten Stake durch und hoch. Dann nehmen Sie den zweiten Faden und flechten Sie über eins, unter eins. Achten Sie darauf, immer über den führenden Faden zu flechten. So flechten Sie, die Fäden abwechselnd, um den Boden herum und verdichten diesen eng gegen die Staken. Halten Sie die Staken flach und gerade. Die Fäden sollten die Staken festigen und die Form und Abstände halten. Die Fäden kreuzen sich immer zwischen den Staken.

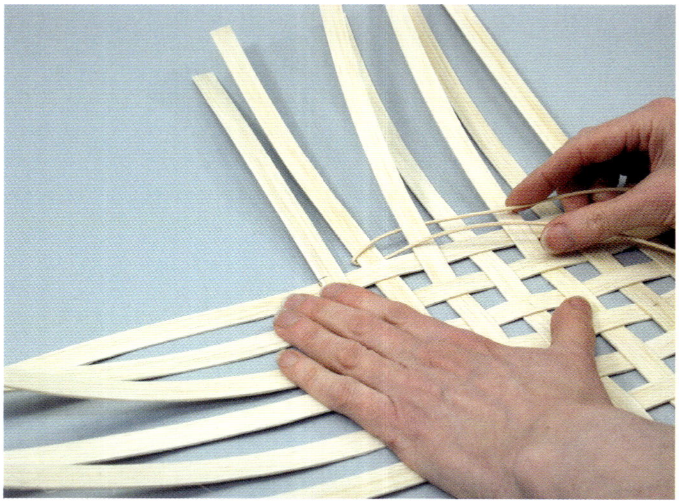

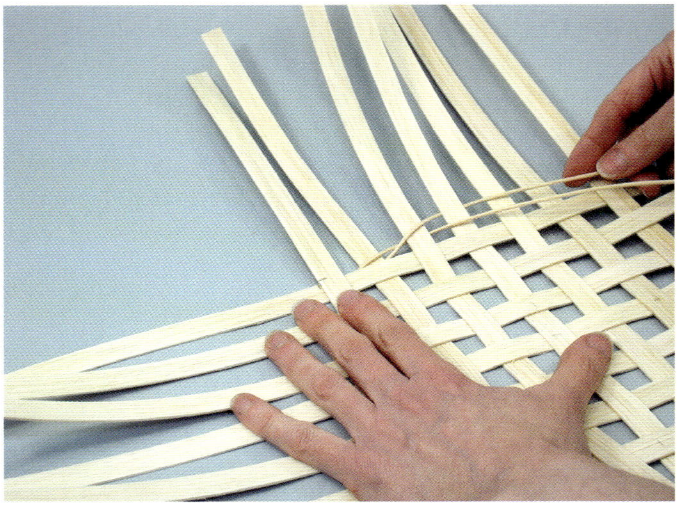

4. Die Ecken formen

Zu Beginn kann das Flechten um die Ecken knifflig sein. Flechten Sie konsequent weiter, die Staken sollten sich nicht verschieben. In den Ecken legen Sie das Geflecht besonders eng an die Kante des Bodens und achten darauf, dass die quadratische Form erhalten bleibt.

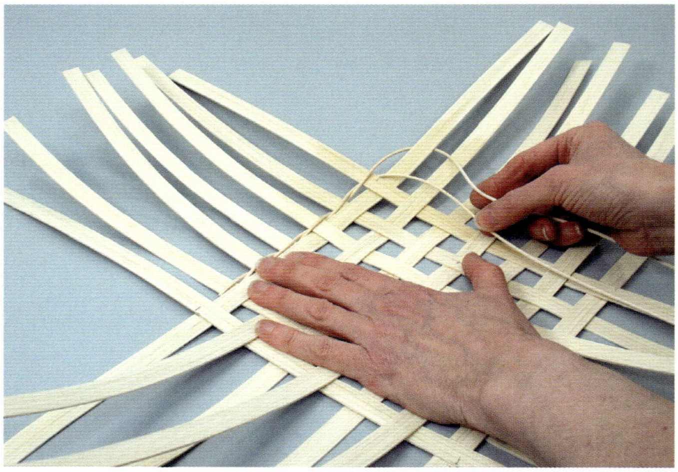

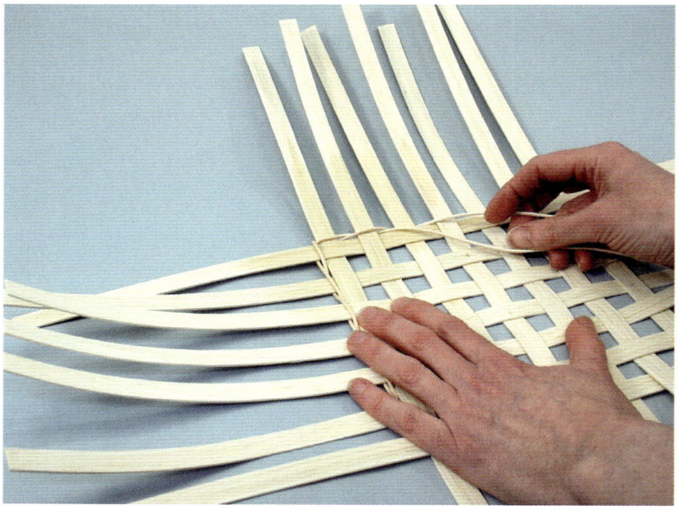

Nach zwei Runden Fitzen führen Sie die Fadenenden unter der Stakenschicht durch und schneiden die Enden so ab, dass sie verborgen sind.

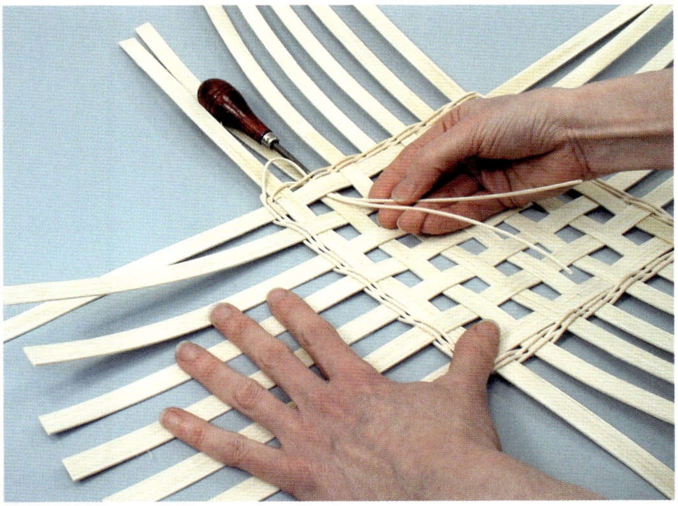

5. Die Staken hochbiegen

Nun biegen Sie die Bodenstaken um, damit sie die Korbwände bilden; mit den ersten Flechtreihen festigen Sie diese Form. Das ist oft die schwierigste Etappe beim Korbflechten.

Der erste Schritt ist einfach: Feuchten Sie den Boden an, damit sich die Staken ohne starkes Knacken biegen. Falten Sie jede Stake vorsichtig an der Bodenkante nach oben. Die Schwierigkeit besteht darin, die Staken aufrechtzuhalten, das mögen sie nicht, es ist aber nötig. Sie können ruhig knacken, solange sie nicht brechen.

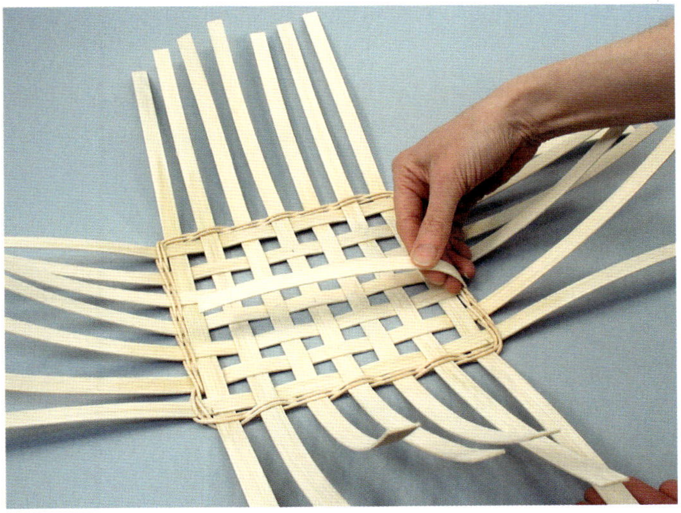

Das weitere Geflecht kann mit vielen Techniken gefertigt werden. Für das Grundmodell verwenden Sie das Start-und-Stop-Flechten.

6. Flechten der Seitenwände (Start-und-Stop-Technik)

Jeder Korb hat einen Frustmoment, in dem Sie denken, es würde eher ein Bündel Anmachholz daraus als ein Korb. Bei Anfängern kommt dieser Moment oft beim Flechten der ersten Seitenwandreihen. Bleiben Sie dran, es wird leichter.

Viele Körbe in diesem Buch werden mit Start-and-Stop-Technik geflochten. Da man zwei bis drei Reihen braucht, bis die Staken aufrecht stehen, nehmen Sie viele Klemmen als Unterstützung. Ich arbeite auch gern mit zwei Fäden und einer Stütze. Das ist ein Peddigrohr-Rest (gern rund), der etwas länger ist als eine Seitenwand des Korbes. Er hält die Staken auf der ersten Korbwand am Ort. Wenn die zweite Flechtrunde dort ankommt, wird dieses Hilfsmittel entfernt.

Die erste Korbwandreihe sollte mit dem Bodengeflecht alternieren. Sie brauchen eine Überlappung von vier Staken, also starten Sie zwei oder drei Staken von der Ecke links von Ihnen aus. So haben Sie keine Doppelschicht Rattan um die Ecken herum. Die Anfangsstake richtet sich danach, von wo an Sie alternieren können. Beginnen Sie an der Außenseite, das macht den Reihenabschluss leichter. Platzieren Sie das Ende des Fadens plan an der linken Stakenseite. Die richtige Fadenseite sollte nach außen zeigen. Arbeiten Sie vor und hinter den Staken weiter.

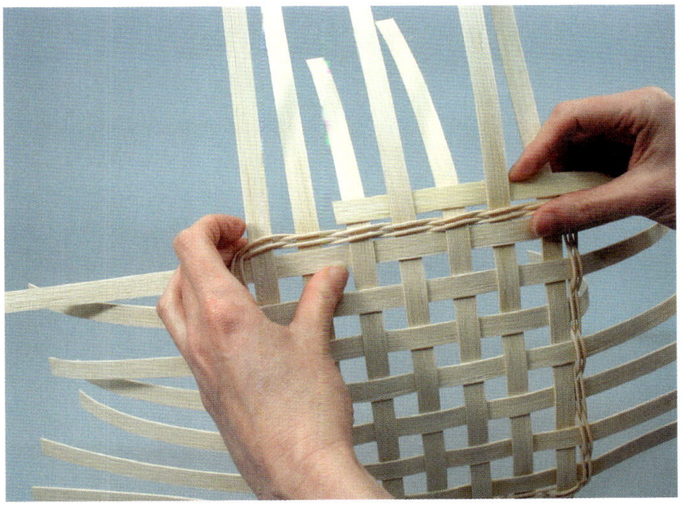

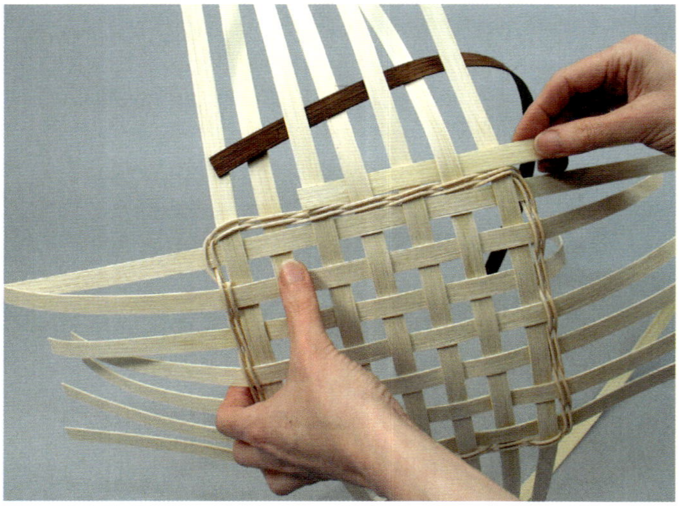

Um die Staken am Ort zu halten, flechten Sie die Stütze über dem Faden ein. Quetschen Sie die Stütze nicht an den Faden, drücken Sie nur so stark wie nötig.

Flechten Sie den ersten Faden um die Ecke und an der zweiten Wand entlang. Dann beginnen Sie mit dem zweiten Faden genau über dem ersten, aber in alternierender Form vor/hinter. Verdichten Sie ihn gut zum ersten Faden. Flechten Sie weiter um den Korb, immer zuerst mit dem ersten, dann mit dem zweiten Faden (wie beim Schichtgeflecht).

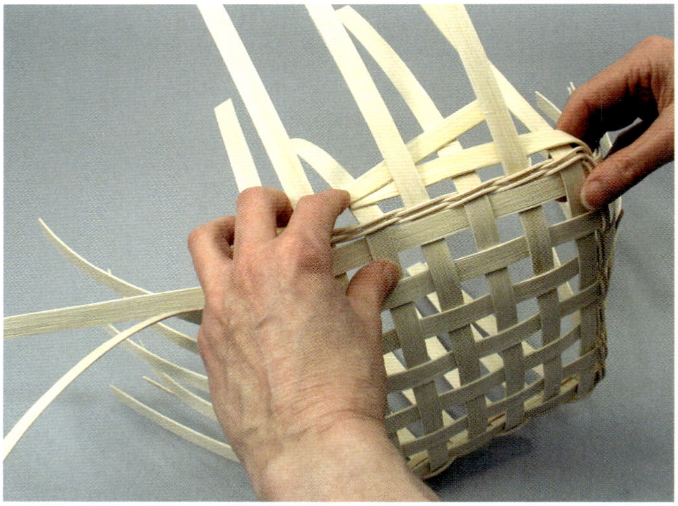

Fahren Sie mit dem zweiten Faden darüber fort und enden Sie mit vier Staken Überlappung auf der Seite, wo er begonnen hat. Verdichten Sie die Stücke eng zum Korbboden. Jetzt haben Sie Ihre Korbwände geformt, die Staken hochgebogen und gesichert – ein magischer Augenblick! Ich erinnere mich an meine Aufregung, als mein erstes Stakengewimmel zu einem Behälter wurde. Ab jetzt macht es Spaß. Sie können so weiterflechten oder kreativ werden und das Geflecht mischen.

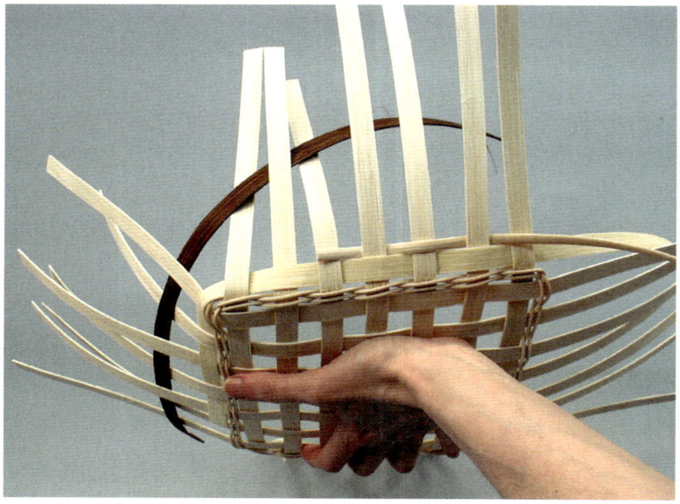

Wenn Sie die erste Wand wieder erreichen, entfernen Sie die Stütze. Fädeln Sie das Fadenende des ersten Fadens außen vor seinem Anfang ein. Hier springt oft einiges auseinander; Klammern helfen dabei. Stutzen Sie den Faden auf eine Länge, die vier Staken überlappt, an der rechten Kante der vierten Stake endend. Wenn die Überlappung korrekt ist, sieht man nirgendwo ein Fadenende.

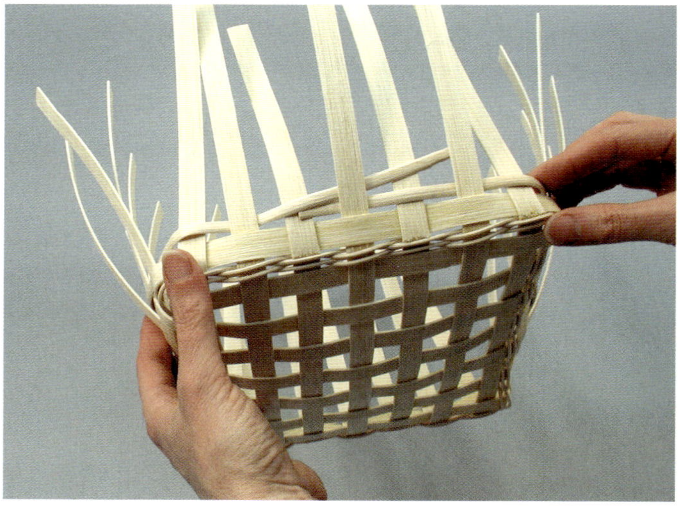

Beginnen Sie jede Runde an einer anderen Korbwand, damit die Dicke gleichmäßig wird. Ich schneide die Fäden immer etwas länger als nötig zu, damit man bei der Formung Spiel hat. Wenn Sie die Fäden nicht vorschneiden, ist es schwerer zu merken, ob man beim Hocharbeiten zu fest oder zu locker flicht, was die Korbwand nach innen neigt oder nach außen wölbt. Wenn Sie das beabsichtigen, sollte es trotzdem kontrolliert geschehen.

7. Den verborgenen (falschen) Faden flechten

Vor dem Anbringen der Randstücke flechten Sie die oberste Randreihe. Manche Korbflechter nennen ihn *falschen Faden*, ich nenne ihn verborgenen Faden, weil er von den äußeren Randstücken verborgen wird und bestimmt nicht falsch ist. Normalerweise flicht man ihn in Start-und-Stop-Geflecht, mit flachem Peddigrohr, etwas schmaler als die flach-ovalen Randstücke. Verdichten Sie alle Fäden eng, auch den verborgenen, sodass die Oberkante des Korbes eben ist.

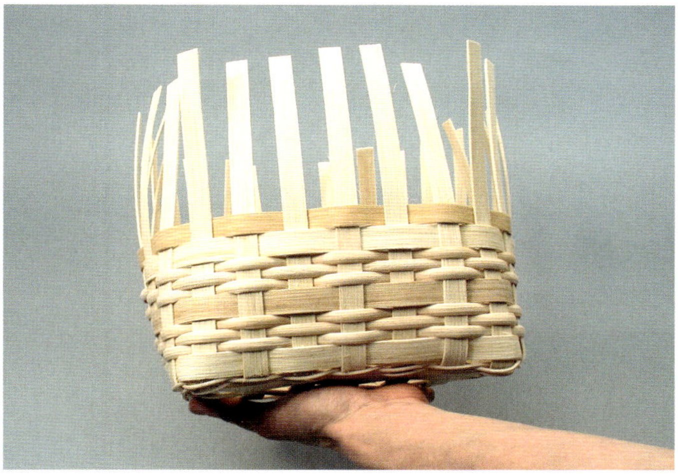

8. Die Staken falten und einstecken

Um den Rand an Ort und Stelle zu halten, müssen Sie einige Staken über den verborgenen Faden falten und in der Innenwand des Korbes einstecken. Wenn Sie alle Staken an der Oberkante abschneiden, könnte sich der Rand lösen. Manche Korbflechter falten alle Staken: die hinter dem verborgenen Faden nach außen, die davor nach innen. Außer in besonderen Fällen falte ich nur die Außen-Staken und schneide die anderen ab.

Beginnen Sie damit, die Staken hinter dem verborgenen Faden grob abzuschneiden. Wenn die anderen Staken gebogen und aus dem Weg sind, können sie plan zur Oberkante nachgeschnitten werden.

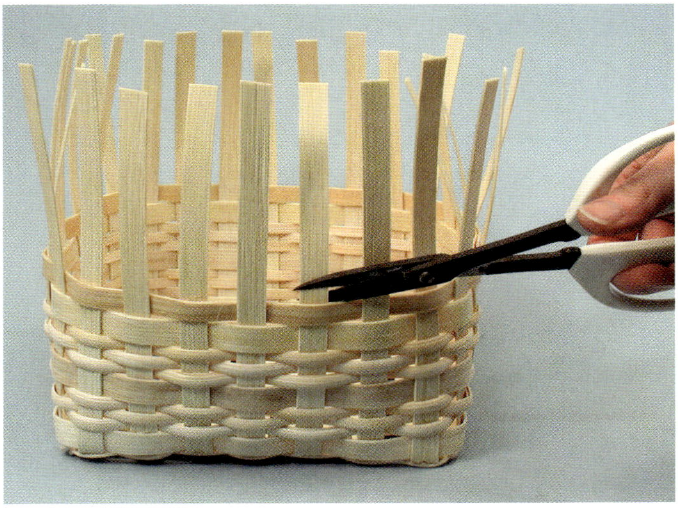

Feuchten Sie die äußeren Staken an und falten Sie sie über den verborgenen Faden. Es ist nicht schlimm, wenn sie knacken und etwas splittern. Der Randfüller kommt darüber und bedeckt sie.

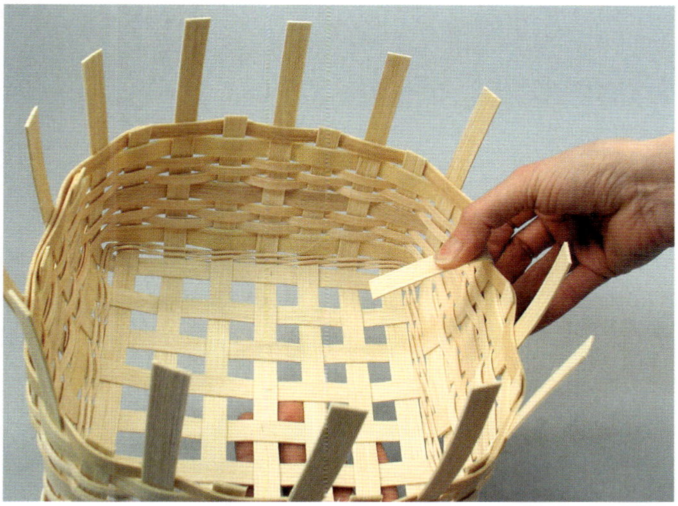

Schneiden Sie die Staken so kurz ab, dass sie unter zwei oder drei Flechtfäden eingesteckt werden können. Stecken Sie das Ende jeder Stake nach unten in die Innenwand, zwischen Stake und Fäden. Nehmen Sie Ihre Ahle oder Riemenahle, um die Lücken zu erweitern. Stecken Sie als Erstes in jeder Wand eine Stake ein, um die Oberkante plan zu halten. Dann stecken Sie alle anderen Staken ein.

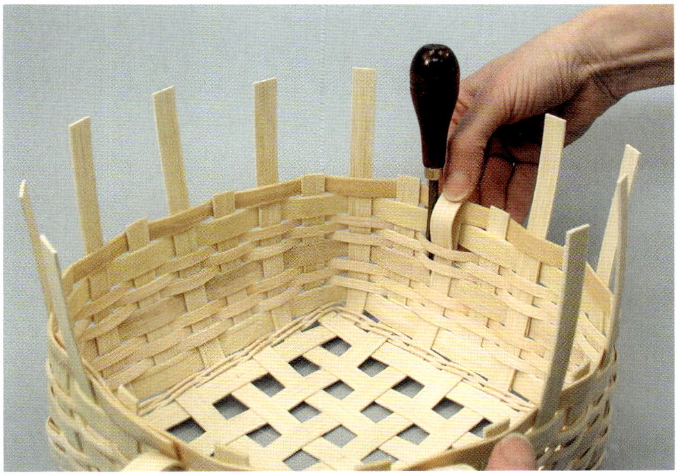

Jetzt sind die Staken aus dem Weg und Sie können die anderen Staken plan zum Rand abschneiden. Wegen des Scherenwinkels ist es leichter, von der Innenseite des Korbes her zu arbeiten.

9. Die Randstücke abschrägen

Der Rand wird aus zwei flach-ovalen Peddigrohrstücken (9,5 mm) gefertigt. Ein Stück kommt an die Innenseite des verborgenen Fadens, eines an die Außenseite, jeweils mit der flachen Seite gegen den Faden. Positionieren Sie den Randfüller zwischen den beiden Stücken entlang der Oberkante. Alle Stücke sollten über die Länge von zwei Staken überlappen. Messen Sie die Länge der Randstücke und schrägen Sie ein Ende mit einem Messer ab, dabei entfernen Sie etwas Masse. Diesen Vorgang nennt man Abschrägen.

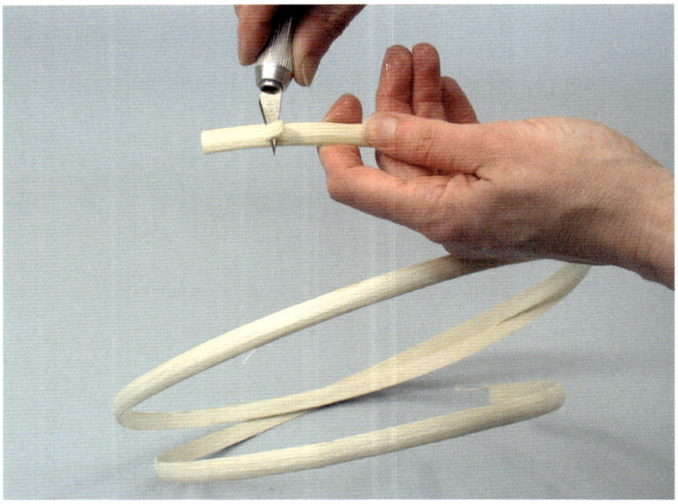

Ich positioniere die drei Überlappungen (Füller, innerer und äußerer flach-ovaler Rand) an verschiedenen Stellen derselben Korbwand. Andere tun dies an je einer anderen Wand. Ich finde es leichter, sie anzupassen, wenn sie aneinandergrenzen, aber nicht an derselben Stelle sind, sonst wird das Ganze zu unförmig. Nehmen Sie Kabelbinder oder Klammern, um die Stücke am Korb zu befestigen.

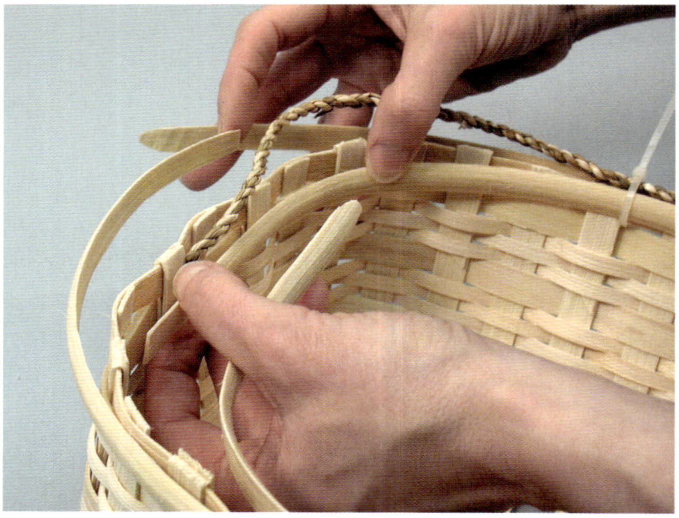

10. Den Rand verschnüren

Die Verschnürung befestigt die Randstücke sicher am Korb. Ich beginne an der Seite, die den Überlappungen gegenüber liegt. Dann arbeite ich mit der einen Hälfte der Verschnürung nach links, mit der anderen nach rechts. Die Enden treffen sich etwa bei den Überlappungen. Das macht es mir leichter, weil ich nur mit einem Faden arbeite, und verschleißt das Stück weniger.

Schneiden Sie zu Beginn die Enden der Verschnürung schräg zu, sodass sie zum Einfädeln eine Spitze haben. Ziehen Sie den Faden durch die Lücke zwischen den Randstücken und der angrenzenden Stake, genau unter dem Rand. Nehmen Sie die Ahle oder Riemenahle zum Erweitern, damit das Stück nicht reißt. Ziehen Sie ein Ende in das Innere des Korbes, bis es ca. 61 cm länger ist als das andere. Die flache (oder raue) Seite der Verschnürung sollte an den Randstücken liegen.

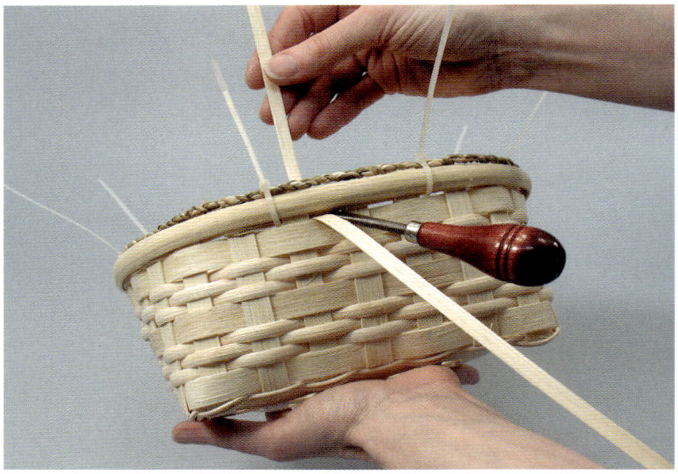

Wickeln Sie das innenliegende Stück um die Randstücke, dann diagonal darüber und ins nächste Loch rechts. Öffnen Sie die Löcher mit der Ahle oder Riemenahle. Achten Sie darauf, dass der Faden sich nicht verdreht. Festziehen, um den Rand wickeln und ins nächste Loch stecken.

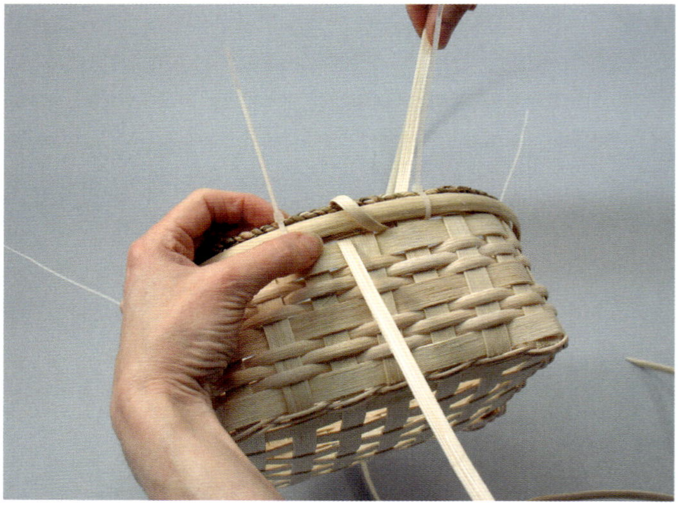

Machen Sie bis zur Überlappungsstelle weiter. Dann beginnen Sie mit dem anderen Fadenende in die andere Richtung. In der einen Richtung arbeiten Sie von innen nach außen, in der anderen von außen nach innen. Wenn sich beide Enden begegnen, ist die Verschnürung fertig.

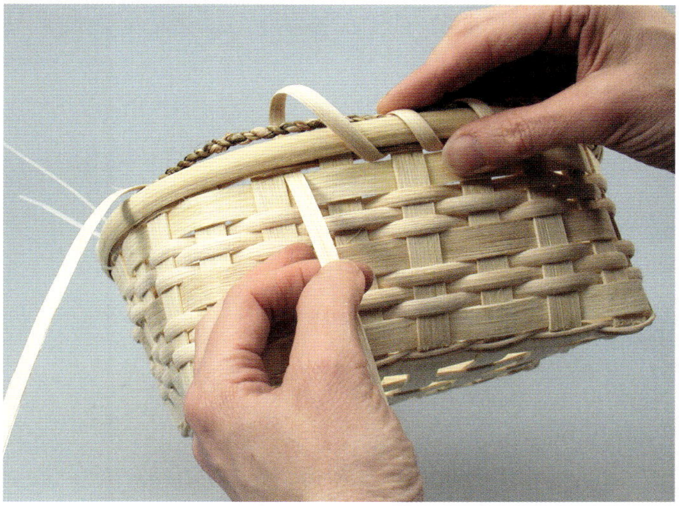

Jetzt schrägen Sie die anderen Enden der Randstücke ab.

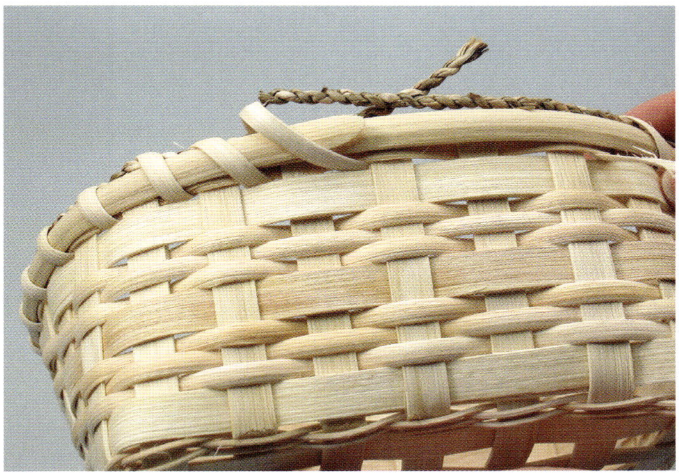

Verspleißen Sie das Seegras in einen sauberen Ring, indem Sie an jedem Ende ein Stück einer Schicht abschneiden und die längeren Fasern miteinander verdrehen.

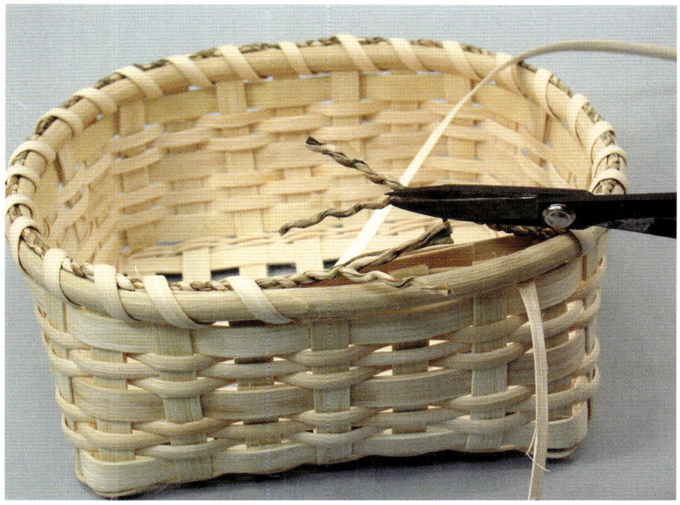

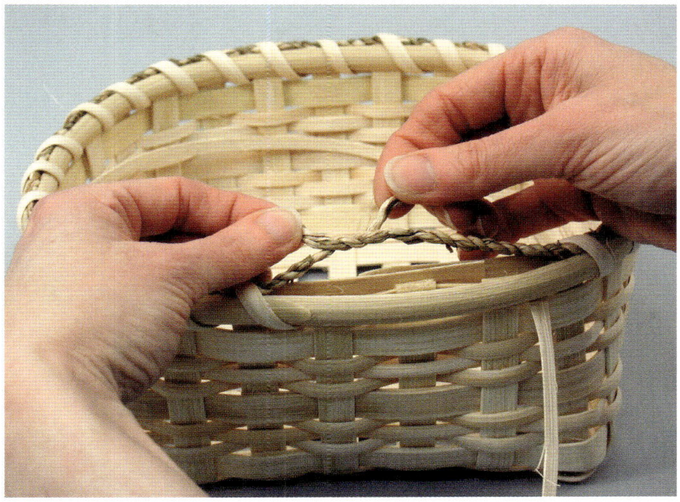

Arbeiten Sie das längere Wickelfadenende um die Überlappungen, bis die beiden Fadenenden durch dieselbe Lücke passen, eins von innen und eins von außen. Wenn Sie sie über die Enden des Seegrases verarbeiten, bohren Sie sie in die Wände des Randes.

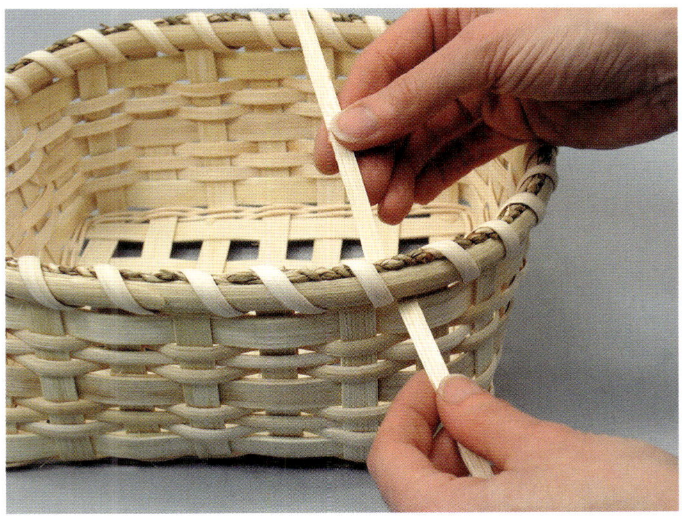

11. Den Korb fertigstellen

Stellen Sie sicher, dass die Verschnürung straff ist. Jetzt verarbeiten Sie die Verschnürungsenden endgültig, indem Sie sie unter den Randstücken befestigen. Das Außenstück geht an der Außenseite des verborgenen Fadens nach oben. Dann gehen Sie innen wieder nach unten. Ja, es geht ins Innere aller Randstücke, inklusive Seegras. Dann schneiden Sie das Ende der Verschnürung ab, die Sie gerade versteckt haben.

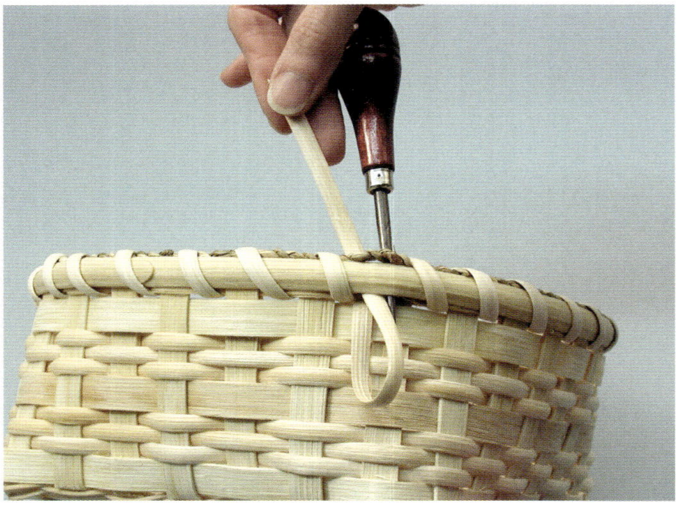

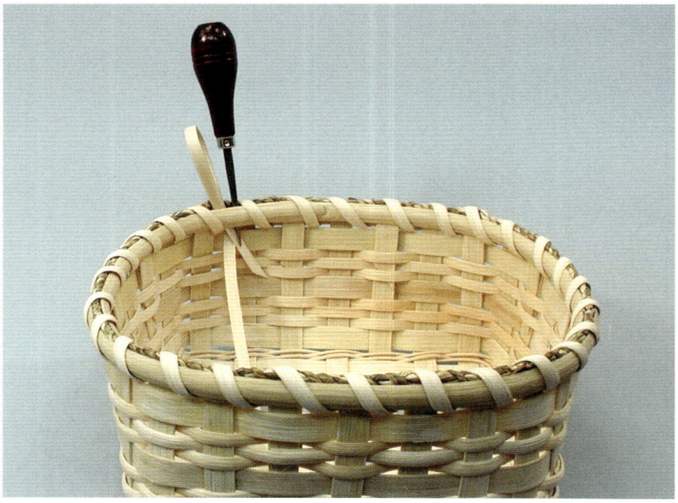

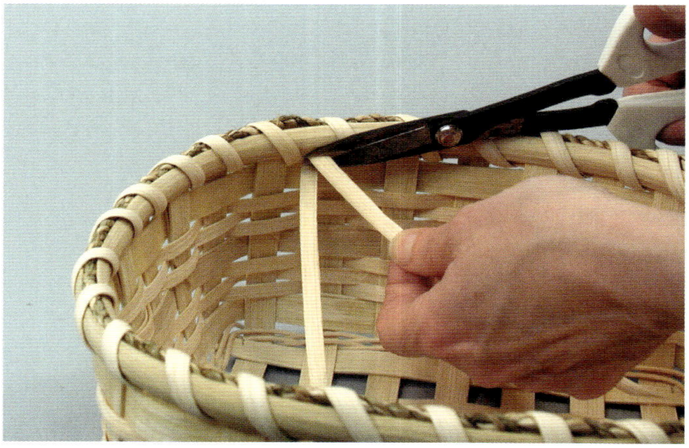

Das Innenstück der Verschnürung wird ähnlich verarbeitet, aber geht innen nach oben und außen nach unten. Dann schneiden Sie das lose Ende des zweiten Stückes unten am Rand ab. Ihr Basismodell ist fertig. Hey, Sie sind Korbflechter!

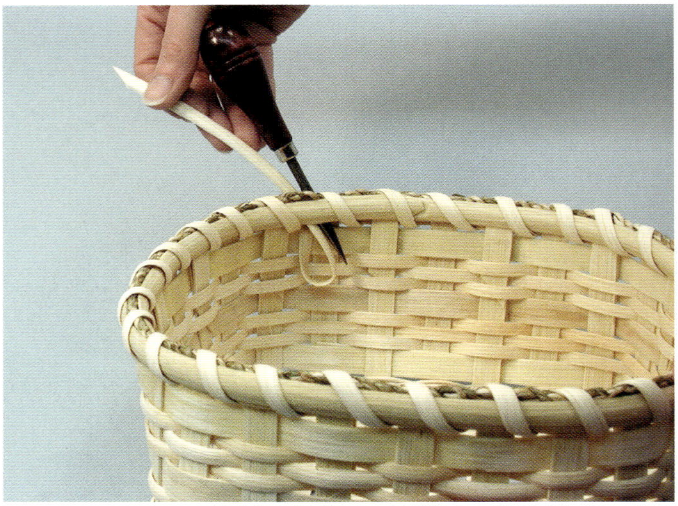

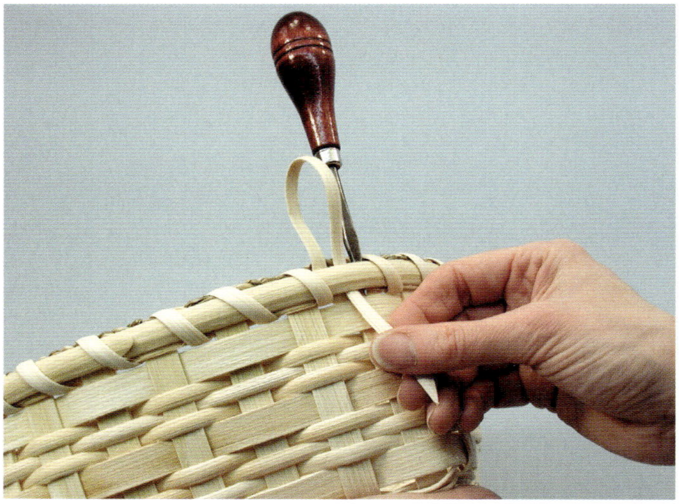

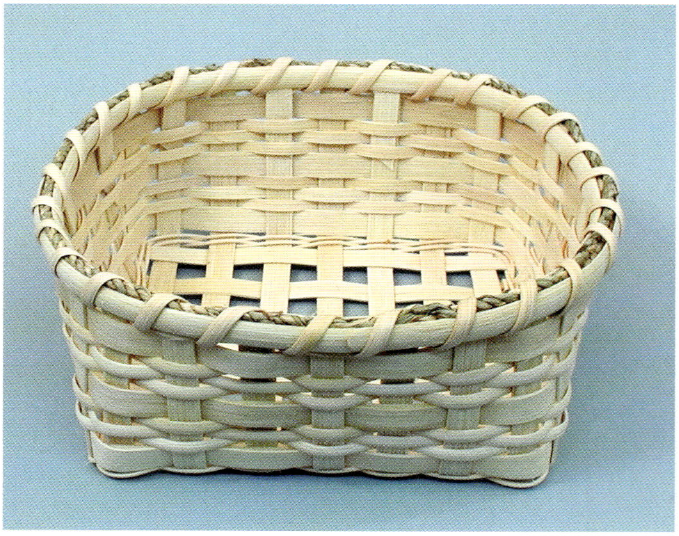

Muffinkorb

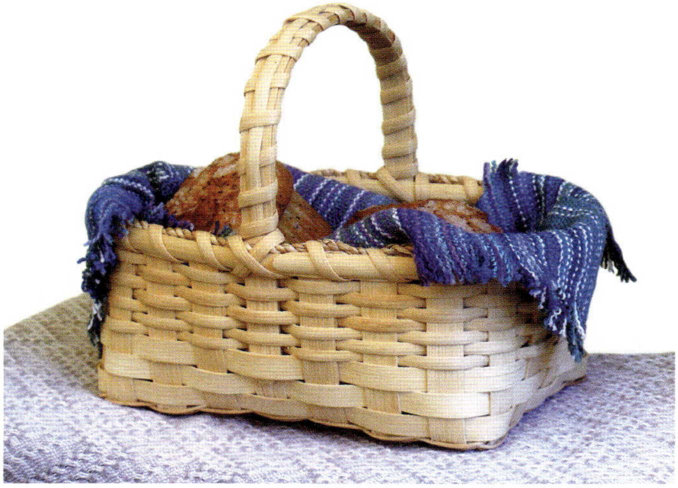

Mit diesem praktischen Korb lernen Sie, wie man Staken verschiedener Länge verarbeitet und einen Henkel einsetzt und umwickelt. Wegen des Henkels ist auch die Verschnürung etwas anders.

Benötigte Techniken

- Boden anlegen, Seite 23
- Zweiergeflecht, Seite 23
- Staken hochbiegen, Seite 25
- Start-und-Stop-Einergeflecht, Seite 25
- Rand hinzufügen, Seite 28
- Verschnüren, Seite 28

Neu erlernte Techniken

- Henkel hinzufügen
- Henkel umwickeln

Fertigmaß

- 18 cm x 25 cm x 10 cm ohne Henkel

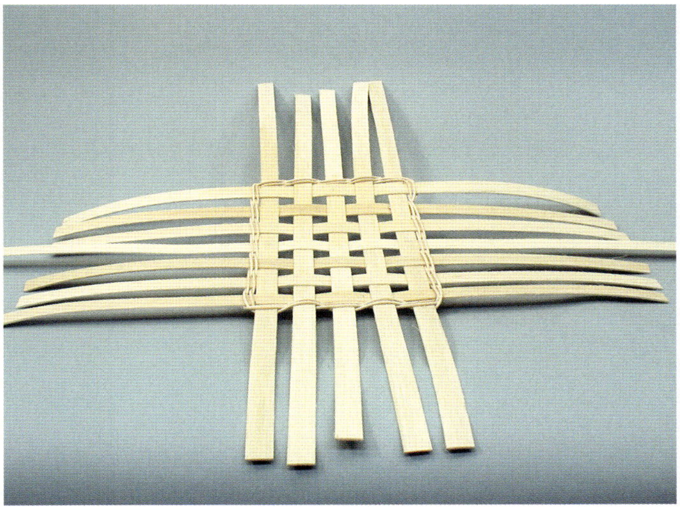

Materials

Menge	Material/Maß	Länge	Funktion
5	1,6 cm flaches Peddigrohr	53 cm	Staken
6	1,6 cm flaches Peddigrohr	48 cm	Staken
1	1,6 cm flaches Peddigrohr	112 cm	Henkel-Staken
1	2 mm ø rundes Peddigrohr	3 m	Zweiergeflecht
3	1,6 cm flaches Peddigrohr	76 cm	Fäden
7	6 mm flach-ovales Peddigrohr	76 cm	Fäden
1	9,5 mm flaches Peddigrohr	76 cm	verborgener Faden
1	1,9 cm Henkeleinsatz	43 cm	Henkel
1	6 mm flach-ovales Peddigrohr	46 cm	Henkel-Überzug
1	6 mm flach-ovales Peddigrohr	2 m	Henkel-Verschnürung
2	1,3 cm flach-ovales Peddigrohr	76 cm	Rand
1	3 mm ø Seegras	76 cm	Randfüller
1	6 mm flach-ovales Peddigrohr	2 m	Verschnürung

Anleitung

1. Markieren Sie die Stakenmitte auf der falschen (rauen) Seite, auch, damit Sie die Längen unterscheiden können. Weichen Sie die Staken ein, bis sie biegbar sind. Legen Sie den Korbboden im Einergeflecht an. Die fünf Staken (53 cm) gehen in eine Richtung, die sechs Staken (48 cm) und die längere Henkelstake in die andere, alle mit der rauen Seite nach oben. Positionieren Sie die Henkelstake quer unter der mittleren der fünf Staken und längs in der Mitte der sechs Staken, auf jeder Seite davon drei Staken. Richten Sie alles ordentlich aus und passen Sie den Boden auf 14 cm x 19 cm an. Markieren Sie die Ecken. Mit dem Peddigrohr (2 mm ø) fitzen Sie zwei Runden um den Boden. Stecken Sie die Enden genauso ein wie beim Basismodell.

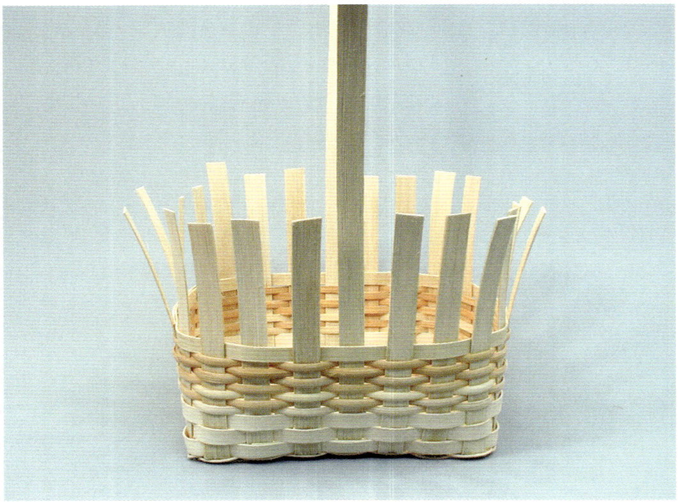

2. Jetzt bringen Sie die Staken in Start-und-Stop-Technik nach oben. Knicken Sie die Staken an der Kante des Bodens und drücken Sie sie nach oben, dann flechten Sie mit dem 1,6 cm flachen und dem 6 mm flach-ovalen Peddigrohr die Wände nach oben, die glatte Seite außen. Die Reihenfolge ist Ihnen überlassen. Ich flechte die breiten Fäden unten und die schmaleren oben. Die Form des Korbs ist schlicht; flechten Sie die Wände möglichst gerade. Für den verborgenen Faden nehmen Sie das (9,5 mm) flache Peddigrohr. Passen Sie die Seiten an, damit alles gleichmäßig ist.

3. Knicken Sie die äußeren Staken und stecken Sie sie an der Innenwand ein. Schneiden Sie die inneren Staken ab, außer der Henkelstake. Für die Fertigung des Henkels schieben Sie ein Ende der Henkelstake in die entgegengesetzte Korbwand, so können Sie auch die Henkelhöhe bestimmen. Spitzen Sie die Enden des Henkeleinsatzes an und schieben Sie sie dicht an der eingesteckten Stake entlang hinein. Dann knicken Sie das andere Ende der Henkelstake dicht von oben über dem Henkeleinsatz und stecken es auf der anderen Seite ein. Bringen Sie alle drei Stücke auf dieselbe Höhe. Für ein interessanteres Aussehen befestigen Sie den Henkel-Überzug (6 mm) an der Oberseite des Henkels. Er verläuft dann von einer Basis des verborgenen Fadens über den Henkel zur anderen Basis.

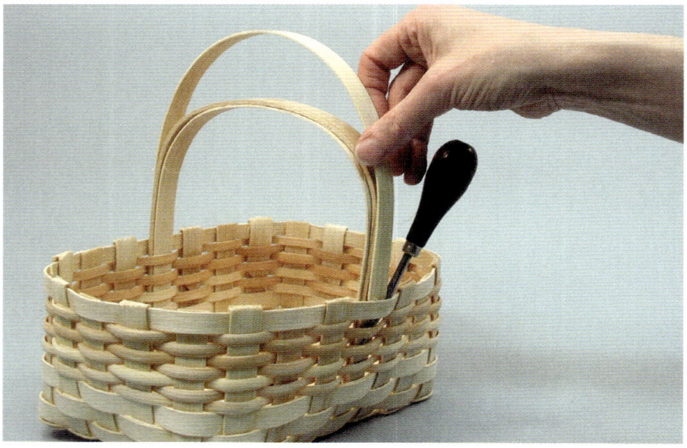

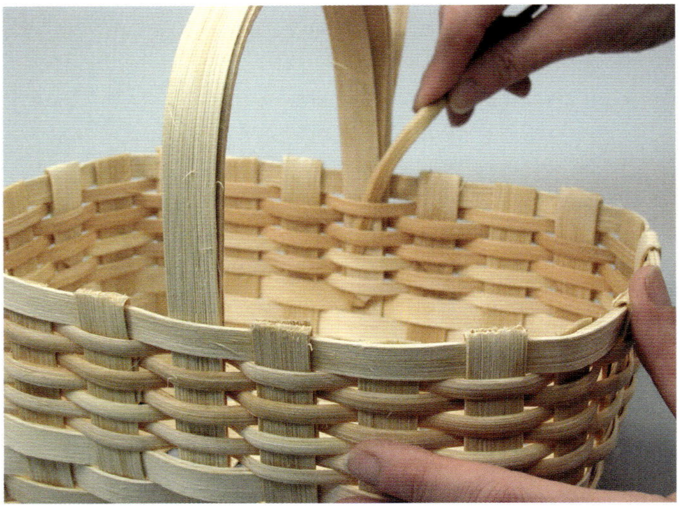

4. Stecken Sie das Ende der Henkel-Verschnürung in die Innenwand hinter den Henkel. Die flache Seite liegt am Henkel an.

5. Wickeln Sie die 6 mm-Verschnürung um den Henkel, indem Sie alle Henkelstücke umwickeln. Die Gestaltung ist Ihnen überlassen. Wenn Sie den verborgenen Faden auf der anderen Henkelseite erreichen, stecken Sie das Fadenende in die Innenwand und schneiden den Rest des Überzugs sauber ab.

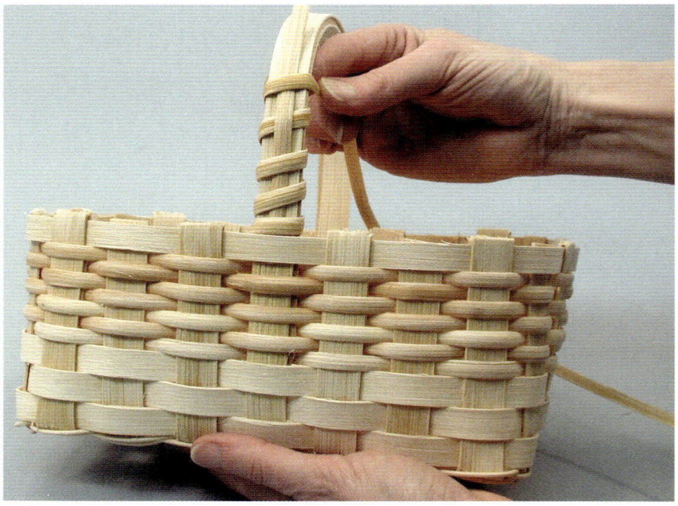

6. Jetzt kreieren Sie den Rand wie beim Basismodell, aber mit X-Form um den Henkel. Nehmen Sie für den Rand die beiden Stücke 1,3 cm flach-ovales Rohr plus Seegras-Füller, alle an die obere Korbkante angepasst und mit Kabelbindern befestigt. Ich setze die Überlappungen neben den Henkel, nicht darauf, beide auf derselben Korbseite. Das Seegras wird außen vor dem Henkel platziert, damit man ihn auf derselben Seite wie die Überlappungen verspleißen kann. Weichen Sie das Peddigrohr (6 mm) eine Minute ein. Beginnen Sie mit der Verschnürung beim Henkel auf der Korbseite, wo keine Überlappungen sind. Fädeln Sie die Verschnürung in das Loch direkt unter dem Rand links vom Henkel ein und ziehen Sie sie durch, bis das Ende im Korb 61 cm länger ist als das an der Außenseite. Führen Sie die Innenverschnürung diagonal hinter den Henkel und nach rechts oben, die runde Seite des Rohrs nach außen. Dann nehmen Sie das Ende, das jetzt rechts vom Henkel ist, kreuzen es über der Vorderseite des Randes und fädeln es an derselben Stelle ein, wo Sie begonnen haben, direkt unter dem Rand links vom Henkel.

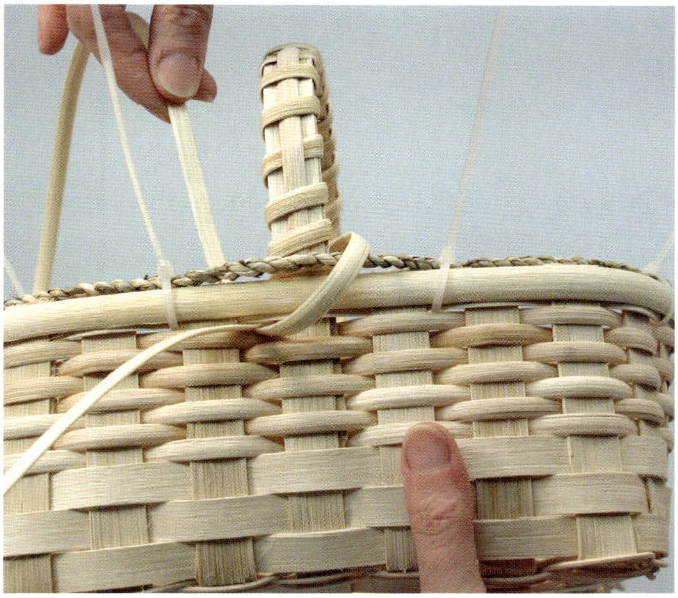

7. Dann führen Sie dasselbe Ende links vom Henkel zur Vorderseite hoch, kreuzen den anderen Faden und stecken es in das Loch unter dem Rand rechts vom Henkel. Jetzt haben Sie eine X-Form über den Rand am Henkel gefertigt.

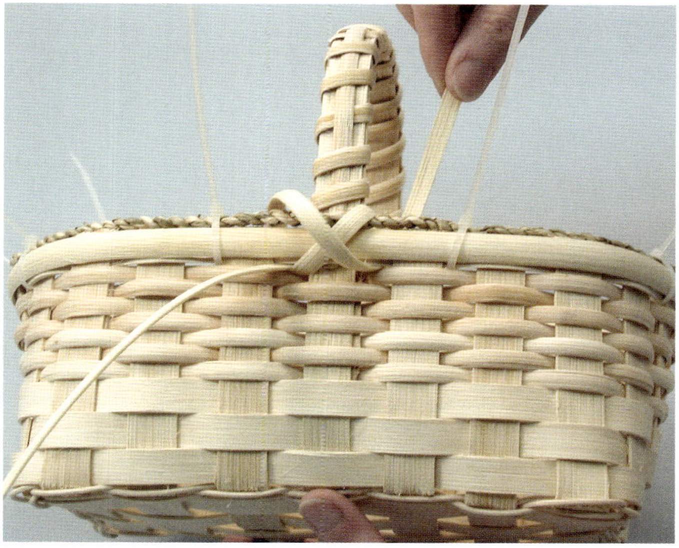

8. Mit dem Verschnürungsende auf der rechten Henkelseite wickeln Sie bis zu den Überlappungen auf der entgegengesetzten Seite weiter und ziehen alles straff. Enden Sie vor den Überlappungen und halten Sie die Verschnürung mit einer Klammer fest.

9. Jetzt nehmen Sie das andere Verschnürungsende und wickeln in die andere Richtung. Enden Sie wiederum vor den Überlappungen und halten Sie das Ende mit einer Klammer fest.

10. Schrägen Sie den Rand ab und formen Sie ihn so, dass er leicht überlappt. Nehmen Sie das längere Verschnürungsende, um über die Überlappungen zu arbeiten. Formen Sie auf dieser Henkelseite dasselbe X wie auf der anderen Seite. Wickeln Sie weiter, bis sich die Enden begegnen. Verarbeiten Sie die Enden der Verschnürung.

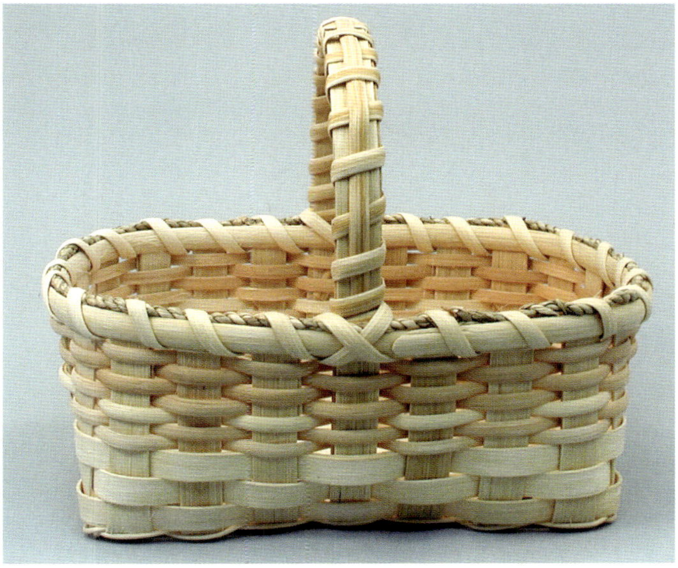

Kleiner Marktkorb

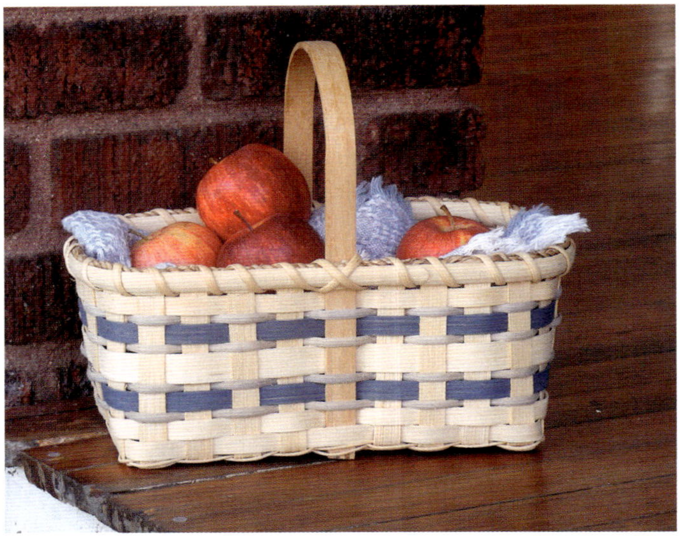

Dieser Korb heißt wegen seiner Form und der Einbindung des Henkels in den Boden so, denn dies macht den Korb stabil und zum Einkaufen geeignet. Das Projekt ist dem Muffinkorb-Modell sehr ähnlich, aber Sie integrieren den Henkel in den Boden, was die Sache etwas erschwert – besonders, wenn Sie das Zweiergeflecht um den Boden fertigen. Der Korb wird mit gefärbtem Rattan dekoriert, das Sie kaufen oder selbst färben können.

Benötigte Techniken

- Boden anlegen, Seite 23
- Zweiergeflecht, Seite 23
- Staken hochbiegen, Seite 25
- Start-und-Stop-Einergeflecht, Seite 25
- Rand hinzufügen, Seite 28
- Verschnüren, Seite 28

Fertigmaß

- 15 cm x 31 cm x 13 cm ohne Henkelhöhe

Weitere Materialien

- Hell- und dunkelblaue Korbfarbe (oder andere Farben Ihrer Wahl)

Neu erlernte Techniken

- Einen D-Henkel hinzufügen

Materialien

Menge	Material/Maß	Länge	Funktion
5	1,6 cm flaches Peddigrohr	66 cm	Staken
8	1,6 cm flaches Peddigrohr	53 cm	Staken
1	D-Henkel, 15 x 25 cm		Henkel
1	2 mm ø rundes Peddigrohr	3,6 m	Zweiergeflecht
5	1,3 cm flaches Peddigrohr	97 cm	Fäden*
4	6 mm flach-ovales Peddigrohr	97 cm	Fäden**
1	1,9 cm flaches Peddigrohr	97 cm	Faden
1	9,5 mm flaches Peddigrohr	97 cm	verbogener Faden
2	1,3 cm flach-ovales Peddigrohr	97 cm	Rand
1	3 mm ø Seegras	97 cm	Randfüller
1	5 mm flach-ovales Peddigrohr	3 m	Verschnürung

*2 von 5 Fäden sind gefärbt.
** Alle Fäden sind gefärbt.

Anleitung

1. Markieren Sie die Mitte der dreizehn Staken auf der falschen (rauen) Seite. Feuchten Sie die Materialien an. Legen Sie den Korbboden im Einergeflecht an, mit den fünf Staken in eine Richtung und den acht Staken plus Henkel in die andere. Der Henkel sollte genau in der Mitte sein, alle Staken mit der rauen Seite nach oben. Die zentrale der fünf kreuzenden Staken sollte über dem Henkel liegen. Die erste Flechtboden-Runde läuft an der Außenseite des Griffs entlang. Flechten Sie alle Staken ein und passen Sie den Boden auf 14 cm x 24 cm an. Achten Sie darauf, dass er rechteckig ist und alle Staken zentriert sind. Markieren Sie die Ecken.

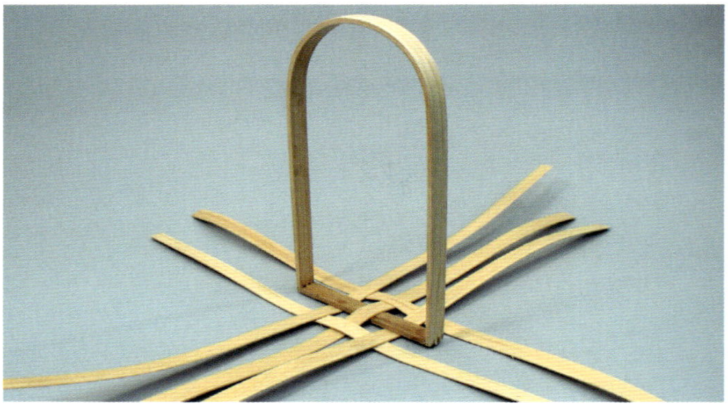

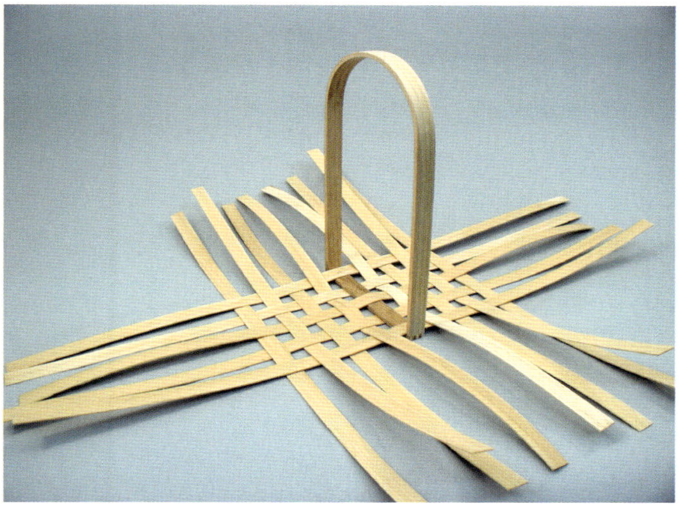

2. Fitzen Sie zwei Reihen um den Boden. Wenn Sie den Henkel erreichen, behandeln Sie ihn wie eine Stake. Der Boden sollte aussehen wie auf dem Foto.

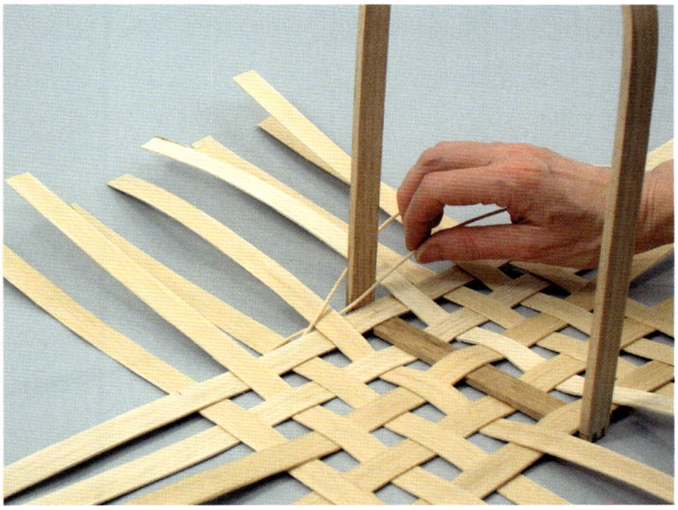

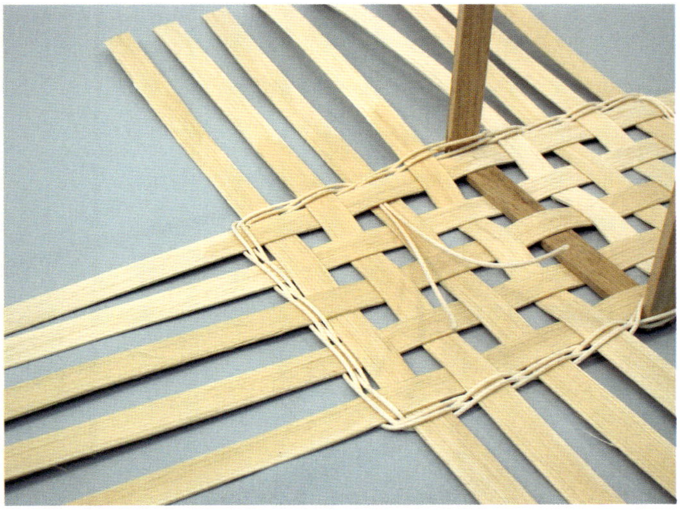

3. Feuchten Sie die Staken an. Knicken Sie die Staken an der Kante des Korbbodens, biegen Sie sie hoch und flechten Sie Start-und-Stop, um sie aufrecht zu halten.

4. Zum Hochflechten der Korbwände Sie das flache Peddigrohr (1,3 cm), das flach-ovale Peddigrohr (6 mm) und das flache Peddigrohr (2 cm). Die Reihenfolge wählen Sie selbst. Ich verflechte das 2 cm-Stück in der Mitte.

5. Die letzte Korbreihe flechten Sie mit dem flachen Peddigrohr (9,5 mm). Gleichen Sie die Wände an, verdichten Sie sie gut und gleichmäßig.

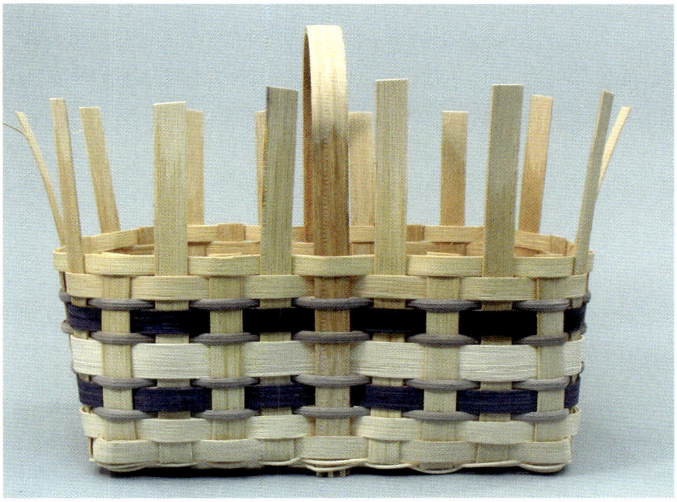

6. Knicken Sie die Außenstaken nach innen, stecken Sie sie ein und schneiden Sie die inneren Staken ab.

7. Bringen Sie den Rand genauso an wie beim Muffinkorb (Seite 33), mit je einem X am Henkel. Verarbeiten Sie die Enden der Verschnürung.

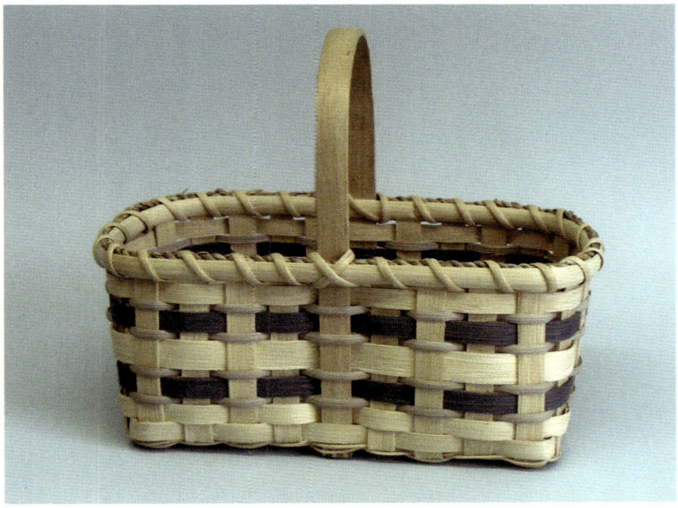

Kreieren Sie Ihren eigenen Marktkorb

Möchten Sie einen Marktkorb in einer anderen Größe? Dann hilft Ihnen die folgende Tabelle. Sie gibt Anhaltspunkte für verschiedene Maße – Breite, Länge und Anzahl der Staken in jede Richtung sowie die ungefähren Fertigmaße und -höhen. Da nichts frustrierender ist, als mittendrin kein Material mehr zu haben, sind die Fäden, das Zweiergeflecht und die Verschnürung großzügig bemessen. Bei Bedarf nachschneiden. Wenn Sie eine ausgefeiltere Verschnürung als mit einem Faden möchten, rechnen Sie Länge dazu.

Die Maßangaben sind eine Richtlinie für das Design Ihrer eigenen Körbe. Ihr Korb kann auch höher oder kürzer sein. Denken Sie daran, dass die Innenbreite eines Henkels die Breite des Bodens bestimmt, unabhängig von Maßangaben. Flechten Sie die Wände in freigewählter Kombination von Fäden (Fadenlängen sind länger, als Sie brauchen). Wenn Sie nicht genug Material für das Zweiergeflecht größerer Körbe haben, beginnen Sie mit zwei Stücken, statt ein längeres Stück zu knicken. Wenn Sie möchten, verschnüren Sie die Randstücke, wobei Sie die Enden unter dem Rand verbergen (Seite 30).

Korbboden	Henkelmaß	Staken-breite	Staken	Länge	Staken	Länge	Zweier-geflecht	Höhe	Fäden	Ver-schnürung	Rand*
8 x 12 cm	8 x 10 cm	9.5 mm	5	38 cm	6	33 cm	2 m ø 1 rund	6 cm	58 cm	2 m 4.25 mm flach-oval	9.5 mm flach-oval
10 x 15 cm	10 x 15 cm	1.3 cm	5	43 cm	6	38 cm	2.5 m ø 2 rund	9 cm	67 cm	2 m 5 mm flach-oval	9.5 mm flach-oval
15 x 25 cm	15 x 25 cm	1.6 cm	5	64 cm	8	53 cm	3.6 m ø 2 rund	13 cm	104 cm	3 m 6 mm flach-oval	1.3 cm flach-oval
20 x 31 cm	20 x 31 cm	1.6 cm	7	76 cm	10	66 cm	4.5 m ø 3 rund	15 cm	124 cm	3.5 m 6 mm flach-oval	1.3 cm flach-oval
25 x 38 cm	25 x 36 cm	1.6 cm	9	89 cm	12	79 cm	6 m ø 3 rund	18 cm	1,5 m	4.5 m 7mm flach-oval	1.6 cm flach-oval
31 x 46 cm	31 x 36 cm	1.9 cm	9	102 cm	14	86 cm	7 m ø 3 rund	20 cm	1.8 m	5 m 7mm flach-oval	1.6 cm flach-oval

*Ihre verborgenen Fäden sollten etwas schmaler sein als das Randmaterial. Als Randfüller können Sie alles nehmen, was den Raum zwischen den Randstücken füllt.

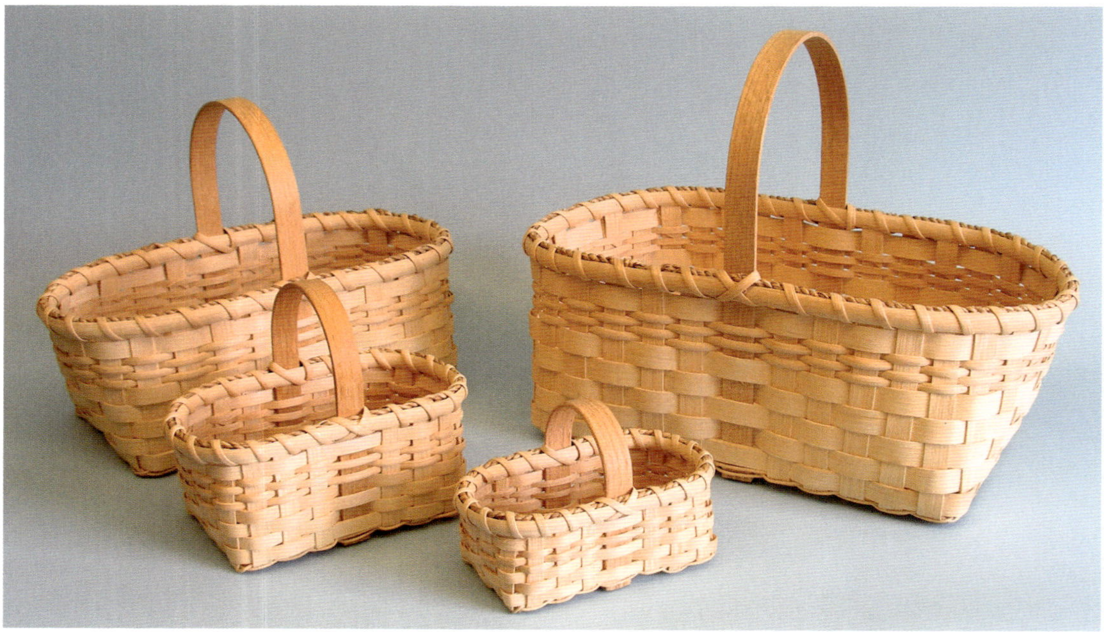

AUSFORMUNG UND VERZIERUNGEN

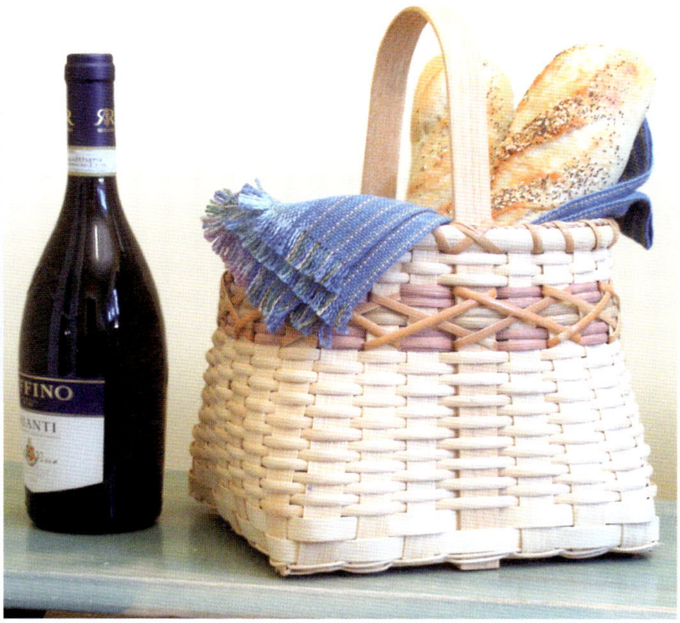

Die folgenden drei Körbe legen besonderen Wert auf die Ausformung und ihre Wände sind schräg statt gerade. Im Kochrezept würde hier stehen: „Würzen Sie nach Ihrem Geschmack." Das heißt, dass die Körbe optionale Überzugakzente beinhalten, um ein wenig Würze hineinzubringen. Wenn Sie es eilig haben, lassen Sie den Überzug weg. Bei diesen Modellen können Sie alle bisher erlernten Techniken verwenden und Sie lernen Kreuzstich, Schlaufen und Wellengeflecht.

Korb mit Rauten und hohem D-Henkel

Der Neigung des Henkels folgend, der eine spitzwinklige D-Form hat, neigt sich der Korb nach innen und wird nach oben hin kleiner, indem jede Runde die Seiten etwas mehr nach innen zieht. Außerdem verflechten Sie oben zwei farbige Fäden, um den Kreuzstich zu verschönern.

Benötigte Techniken

- Boden anlegen, Seite 23
- Zweiergeflecht, Seite 23
- Staken hochbiegen, Seite 25
- Start-und-Stop-Einergeflecht, Seite 25
- Rand hinzufügen, Seite 28
- Verschnüren, Seite 28

Neu erlernte Techniken

- Kreuzstich-Überzug
- Korb mit hohem D-Henkel formen

Fertigmaß

- 23 cm x 23 cm x 20 cm ohne Henkelhöhe

Weitere Materialien

- Braune und olivgrüne Korbfarbe (oder Farben Ihrer Wahl)

Materials

Menge	Material/Maß	Länge	Funktion
13	2 cm flaches Peddigrohr	76 cm	Staken
1	hoher Henkel in D-Form	20 cm x 31 cm	Henkel
1	2 mm ø rundes Peddigrohr	3,3 m	Zweiergeflecht
2	1,3 cm flaches Peddigrohr	97 cm	Fäden
24	6 mm flach-ovales Peddigrohr	97 cm	Fäden*
1	9,5 mm flaches Peddigrohr	82 mm	verborgener Faden
2	1,3 cm flach-ovales Peddigrohr	82 cm	Rand
1	3 mm ø Seegras	82 cm	Randfüller
1.	5 mm Wickelrohr	2,4 m	Verschnürung
2	5 mm Wickelrohr	1,8 m	Kreuzstich

*Färben Sie vier Stücke braun und zwei Stücke oliv.

Anleitung

1. Markieren Sie die Mitte der dreizehn Staken auf der falschen Seite. Legen Sie den Korbboden in Einergeflecht an, falsche Seite oben, mit sieben Staken in eine Richtung, sechs Staken plus Henkel in der Mitte in die andere. Materialien gut anfeuchten. Platzieren Sie den Henkel über der zentralen Stake, die er überlappend kreuzt.

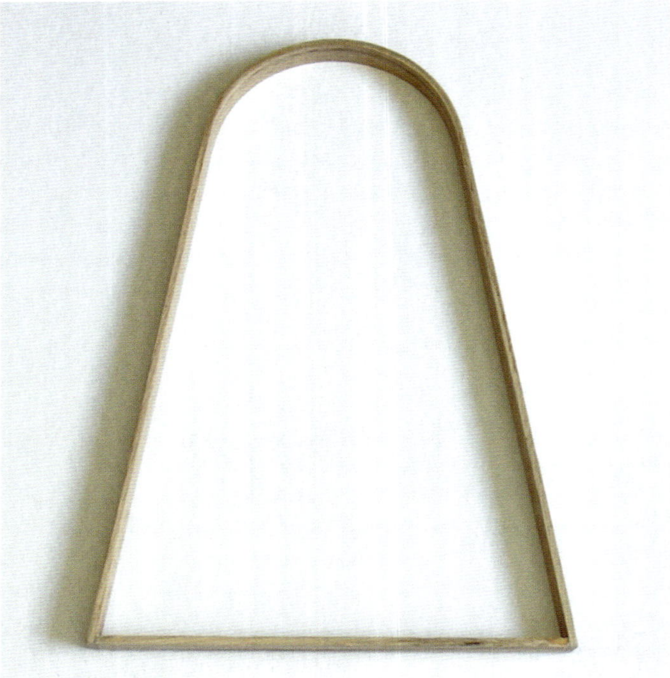

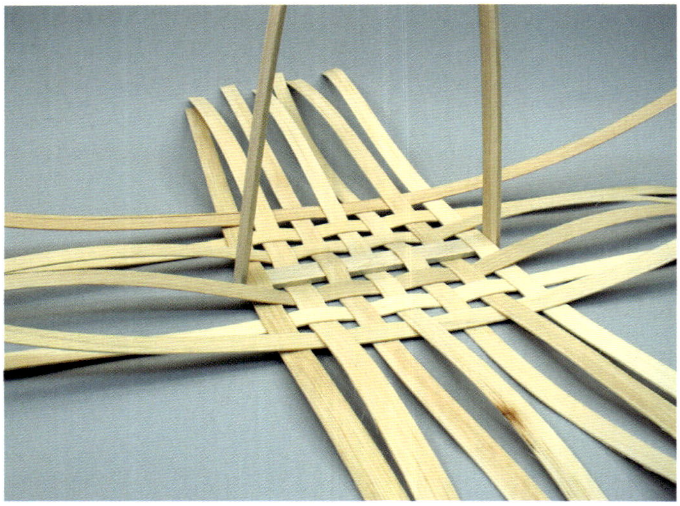

2. Passen Sie den Boden auf 20 cm x 20 cm an, in quadratischer Form. Markieren Sie die Ecken, um späteres Verrutschen zu korrigieren.

3. Fitzen Sie mit dem Peddigrohr (ø 2 mm) zwei Runden um den Boden.

4. Biegen Sie die Staken hoch, indem Sie die zwei Stücke (1,3 cm) flaches Peddigrohr nutzen, um die Wände aufrecht zu bekommen. Flechten Sie in Start-und-Stop-Technik. Alle Fäden sollten die richtige Seite außen haben.

5. Die zugespitzte Korbform kann etwas knifflig sein, weil sie genau der Schräge des Henkels folgt. Jede Reihe muss ein wenig fester gezogen werden als die Reihe darunter. Ziehen Sie nicht die ersten beiden Reihen nach innen, sonst falten sich die Ecken. Ziehen Sie die nächsten fünfzehn Reihen des ungefärbten, flachovalen Rattans (6 mm) nach innen. Das Vorschneiden der Fäden auf eine bestimmte Länge kann helfen zu bestimmen, wie weit die Wände nach innen gezogen werden. Für jede Reihe ein wenig mehr Faden abschneiden. Das genaue Maß variiert, abhängig von der Fadenbreite und der Form Ihres Korbes.

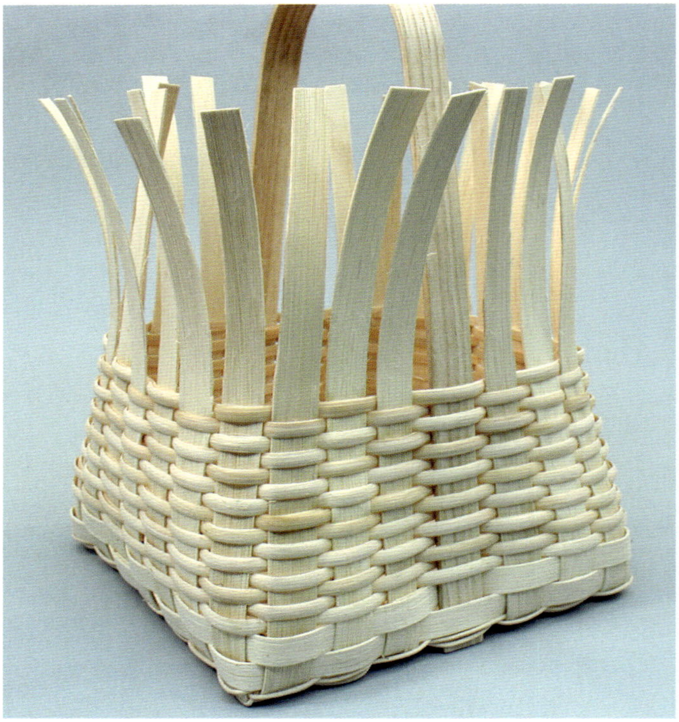

6. Beim Formen des Korbes und Hineinziehen geraten die Staken so nah aneinander, dass es für die Fäden schwer wird, zwischen ihnen zu laufen. Spitzen Sie die Staken zu, dann passen die Fäden wieder. Schneiden Sie mit einer Schere an jeder Stakenseite etwas ab, sodass deren Breite von 1,9 cm schrittweise auf 1,3 cm reduziert wird. Papierscheren sind hier vorteilhaft. Ziehen Sie die Wände nicht zu sehr ein, ein zu geringer Umfang kreiert oben eher eine Fußballform als einen Kreis. Ich habe lieber eine obere Öffnung, die etwas lockerer ist als ein Kreis, so kann man leichter Sachen hinein- und herausbringen.

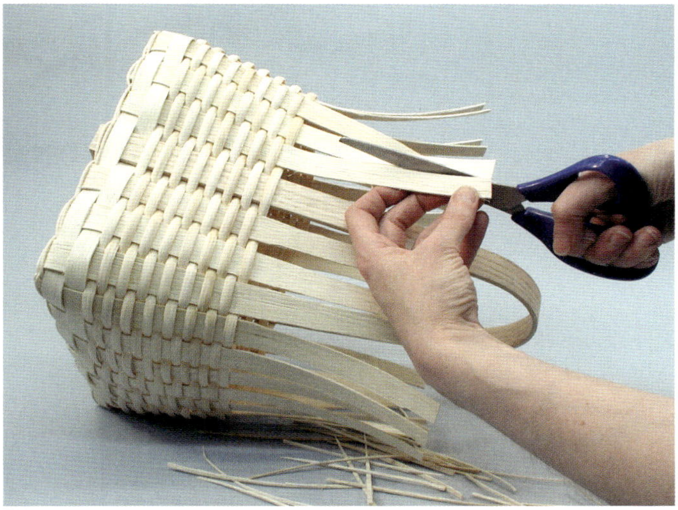

7. Verflechten Sie das gefärbte flach-ovale Rohr (6 mm). Denken Sie daran, dass in jeder Reihe zwei Stücke zusammen verarbeitet werden, eines über dem anderen im selben vor-hinter-Muster, sodass es fast aussieht wie ein Fehler. Der Kreuzstich sieht über 1,3 cm-Fäden besser aus, aber die Neigung der Wände macht es schwer, einen breiten Faden anzuschließen. Die paarweise Verarbeitung schmaler Fäden löst das Problem und bildet eine interessante Struktur.

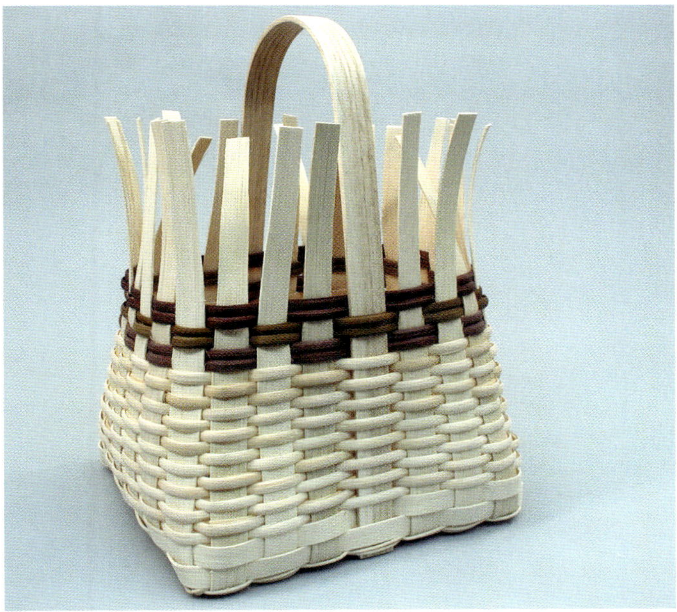

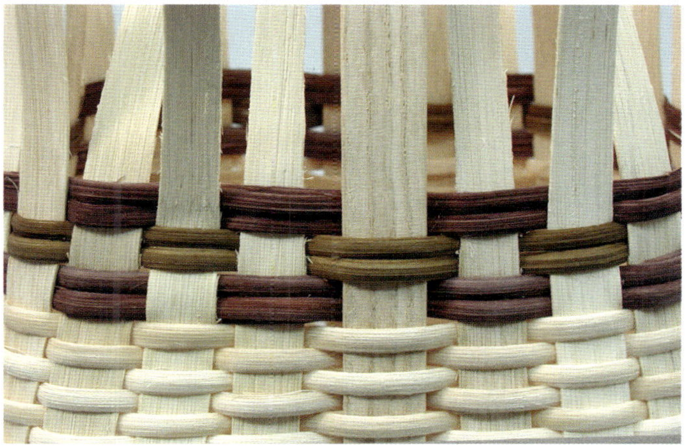

8. Flechten Sie drei Reihen naturfarbenen flach-ovalen Faden (6 mm) über den gefärbten Fäden, um die Wände fertigzustellen.

9. Flechten Sie den verborgenen Faden (9,5 mm). Knicken Sie die Außenstaken und stecken Sie sie innen fest, schneiden Sie die Innenstaken ab. Dann fügen Sie den Rand hinzu. Zum Verschnüren nehmen Sie Wickelrohr (5 mm) und Seegras als Füller. Formen Sie ein X bei den Henkelbügeln (Muffinkorb, Seite 33). Wickelrohr braucht länger zum Anfeuchten als Peddigrohr; die richtige Seite glänzt und sollte nach außen zeigen.

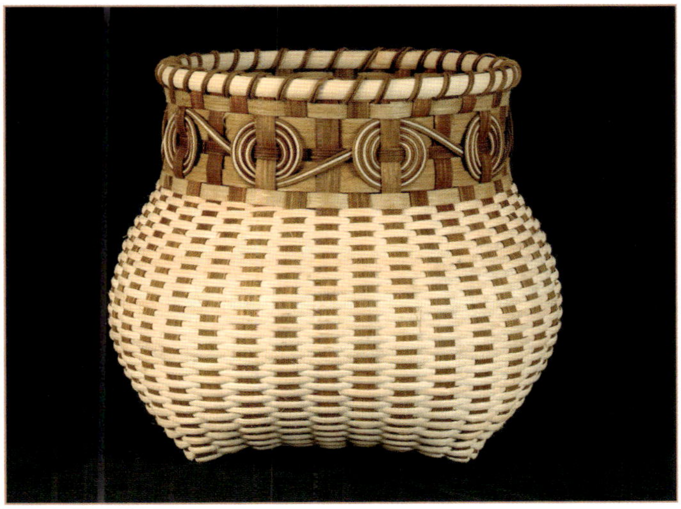

Nuni Yavnai, *unnamed reed basket*, 2014.
33 cm x 40 cm x 40 cm. Gefärbtes und naturfarbenes flach-ovales Rattan. Die Cherokee-Räder aus Rohr am Hals dieses Korbes sind eine traditionelle Cherokee-Verzierung.
Foto: Alon Levite.

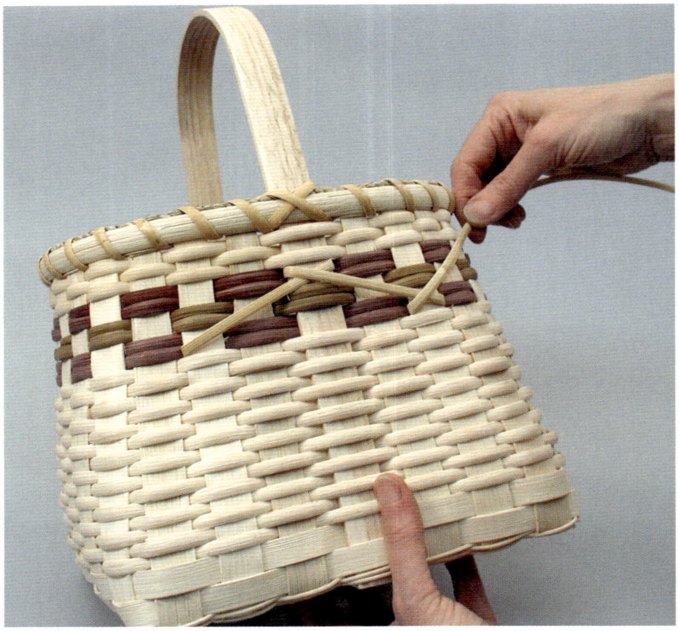

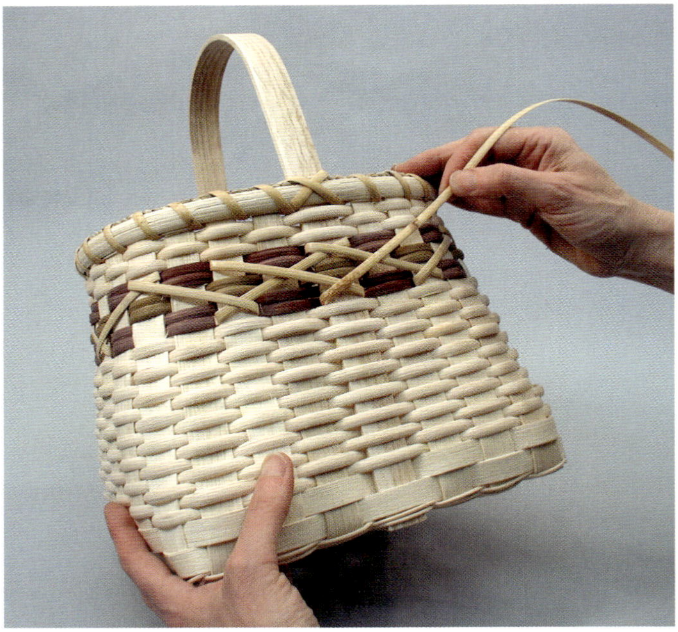

10. Der Kreuzstich ist ein interessantes Zusatzdetail und wird mit dem Wickelrohr in zwei Etappen gefertigt. Nehmen Sie das gleichmäßigste, geschmeidigste Stück, das Sie finden. Stecken Sie ein Ende außen hinter irgendeine Stake der untersten Doppelreihe aus gefärbtem Peddigrohr. Die falsche Rohrseite zeigt nach oben, das Ende zur rechten Stakenseite. Falten Sie das lange Ende über diese Stake (jetzt zeigt die richtige Seite nach außen) und ziehen Sie, nach rechts arbeitend, das Rohr diagonal hoch zur nächsten Außenstake in der obersten Reihe des gefärbten Rohrs. Führen Sie das Ende von rechts nach links durch die Lücke zwischen dieser Stake und dem gefärbten Rohr, wobei das Wickelrohr sich nicht verdreht und flach an der Korbwand anliegt. Wenn das Rohr durchgefädelt wird, zeigt die falsche Seite nach außen, das ändert sich wieder, wenn Sie es quer über die Stake zurückziehen. Gehen Sie im Zickzack, hoch und runter, um die Staken herum. Wenn Sie die Anfangsstake erreichen, führen Sie den Faden dahinter. Bitte Vorsicht, damit sich der Anfang des Wickelrohrs nicht wieder löst. Stutzen Sie die Enden, sodass man sie nicht sehen kann.

11. Wiederholen Sie Schritt 10 mit dem zweiten Rohrstück, aber flechten Sie es durch die bisher nicht genutzten Lücken zwischen den Staken und dem gefärbten Rohr. Es kreuzt die erste Reihe und bildet so Rauten. Beenden Sie den Vorgang wie beim ersten Rohrstück.

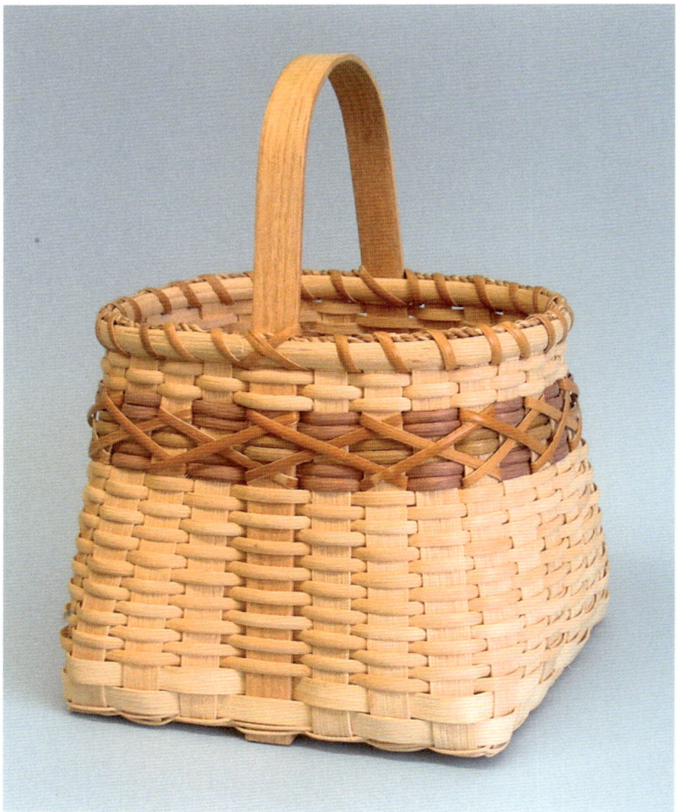

Williamsburg-Korb mit Schlaufen

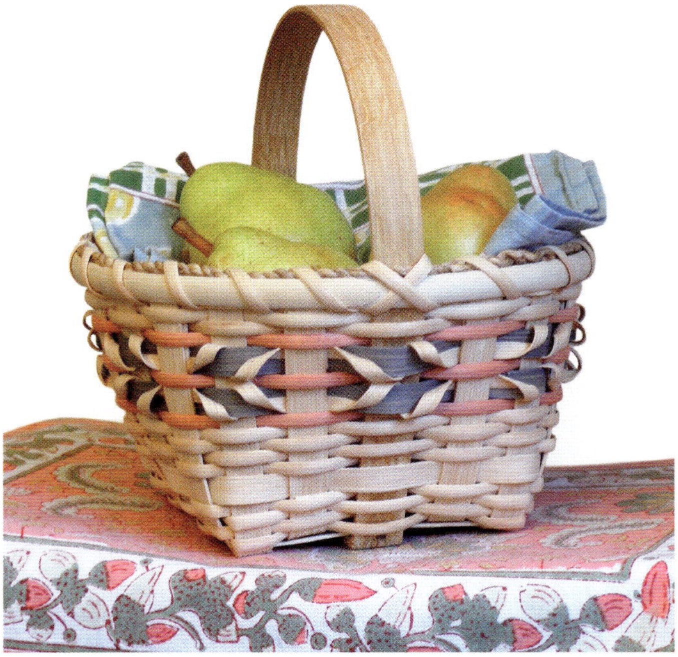

Am Boden sehr schmal, weitet sich dieser Korb an den Wänden, der Form des Williamsburg-Henkels folgend. Er hat kein Zweiergeflecht um den Boden, was das Hochbiegen der Staken zu einer größeren Herausforderung macht, weil die Staken nicht fixiert sind. Für ein dekoratives Aussehen fügen Sie einen Schlaufenüberzug hinzu.

Benötigte Techniken

- Boden anlegen, Seite 23
- Staken hochbiegen, Seite 25
- Start-und-Stop-Einergeflecht, Seite 25
- Rand hinzufügen, Seite 28
- Verschnüren, Seite 28

Fertigmaß

- 22 cm x 22 cm x 13 cm ohne Henkelhöhe

Weitere Materialien

- Dunkelgrüne und pfirsichfarbene Korbfarbe (oder Farben Ihrer Wahl)

Neu erlernte Techniken

- Schlaufen-Überzug hinzufügen
- Korb mit Williamsburg-Henkel formen
- Staken ohne Zweiergeflecht hochbiegen

Materialien

Menge	Material/Maß	Länge	Funktion
9	1.6 cm flaches Peddigrohr	58 cm	Staken
1	Williamsburg Henkel	14 × 18 cm	Henkel
3	1.3 cm flaches Peddigrohr	86 cm	Fäden*
13	6 mm flach-oval Peddigrohr	86 cm	Fäden**
1	9.5 mm flaches Peddigrohr	86 cm	verborgener Faden
2	1.3 cm flach-ovales Peddigrohr	86 cm	Rand
1	3 cm ø Seegras	86 cm	Randfüller
1	6 mm flach-ovales Peddigrohr	4.2 m	Verschnürung

*Färben Sie zwei Stücke dunkelgrün.
**Färben Sie drei Stücke leicht in mittlerer Pfirsichfarbe.

Anleitung

1. Markieren Sie die Mitte der neun Staken auf der falschen Seite. Weichen Sie alle Materialien ein. Legen Sie den Korbboden im Einergeflecht aus, falsche Seite nach oben. Richten Sie fünf Staken in eine Richtung und vier Staken plus Henkel in die andere Richtung aus. Der Henkel sollte in der Mitte der vier Staken und unter der zentralen Stake liegen, die ihn kreuzt. Zentrieren Sie alles, passen Sie den Boden auf 14 cm x 14 cm an. Markieren Sie die Ecken.

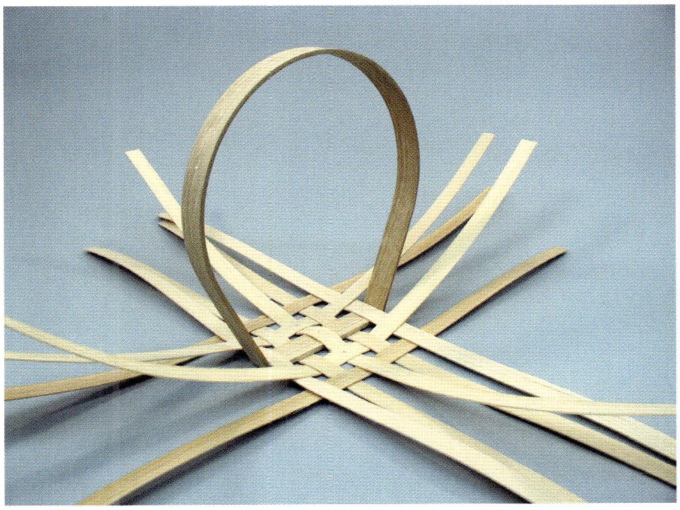

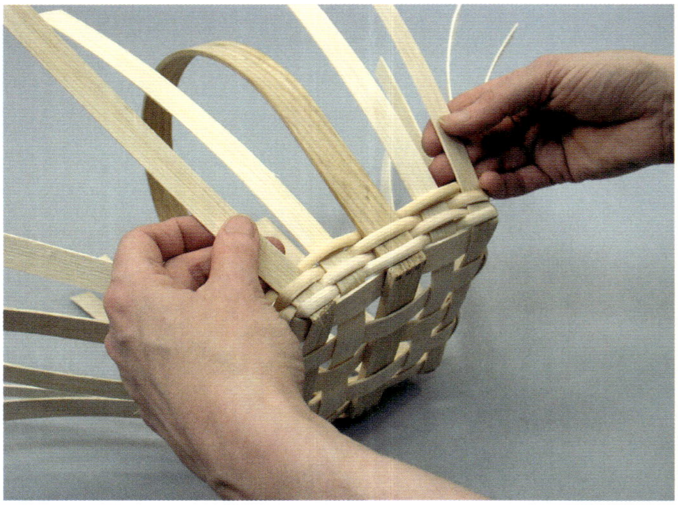

2. Staken Sie den Korb auf. Nehmen Sie das (6 mm) flach-ovale Rohr und flechten Sie die ersten vier Reihen mit der richtigen Seite nach außen in Start-und-Stop-Technik (das schmalere Rohr ist zum Flechten um den kleinen Boden geeigneter). Die Fäden sind lang genug für den breitesten Punkt des Korbes. Bei den ersten Reihen müssen Sie viel abschneiden, danach immer weniger.

3. Die Formung dieses Korbes ist eine Herausforderung. Er sollte sich beim Flechten der Wände aufblähen, sonst wird er oval statt rund. Die Wandform folgt der Henkelform. Nach zwei Flechtreihen ziehen Sie die Staken nach außen, um die Ecken zu weiten. Drücken Sie die Staken vor jeder Flechtreihe nach außen. Wenn Sie über den ersten vier Reihen das flache Rohr (1,3 cm) nehmen, hilft das dabei, die Staken offen zu formen.

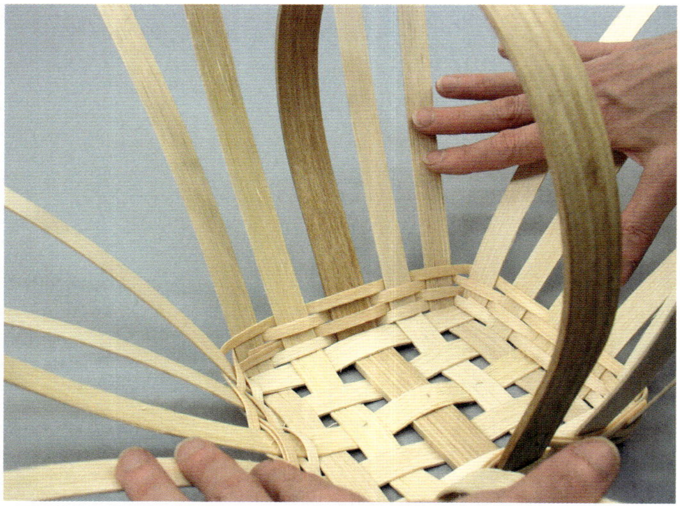

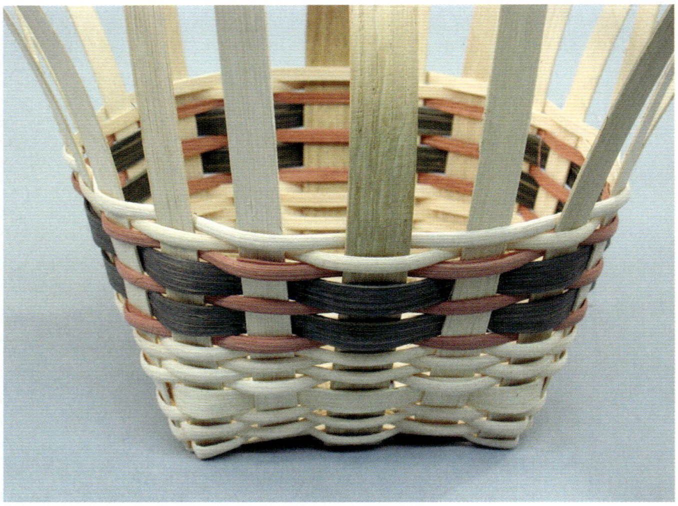

4. Mit den restlichen Fäden flechten Sie die Korbwände fertig, mit dem gefärbten Peddigrohr, in der Reihenfolge wie auf dem Foto. Beenden Sie die Wände mit zwei Reihen naturbelassenem, flach-ovalem Faden.

5. Flechten Sie den verborgenen Faden. Verdichten Sie die Wände und gleichen Sie sie aus. Schneiden Sie die inneren Staken ab, knicken und stecken Sie die äußeren Staken ein. Dann fertigen Sie den Rand und verschnüren ihn (Seite 33). Formen Sie am Henkel je ein X, verbergen Sie die Enden zwischen den Randschichten. Die Schlaufen müssen Sie nicht unbedingt hinzuzufügen, es macht aber mehr Spaß.

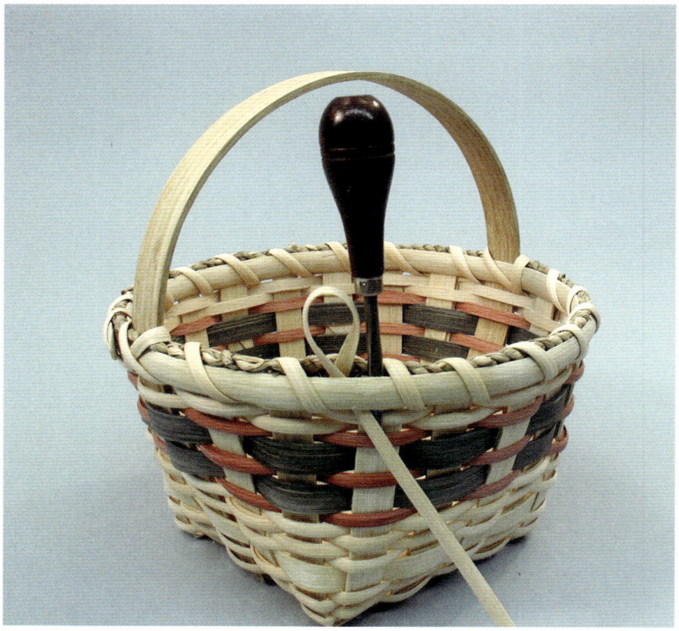

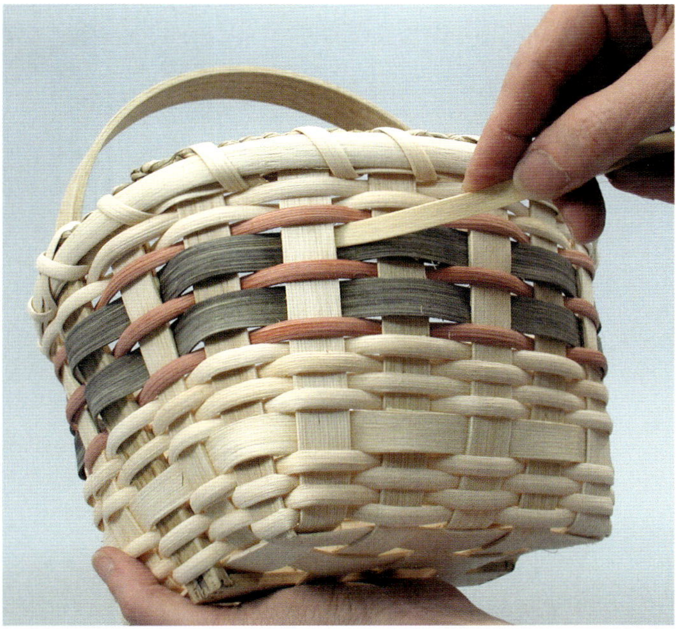

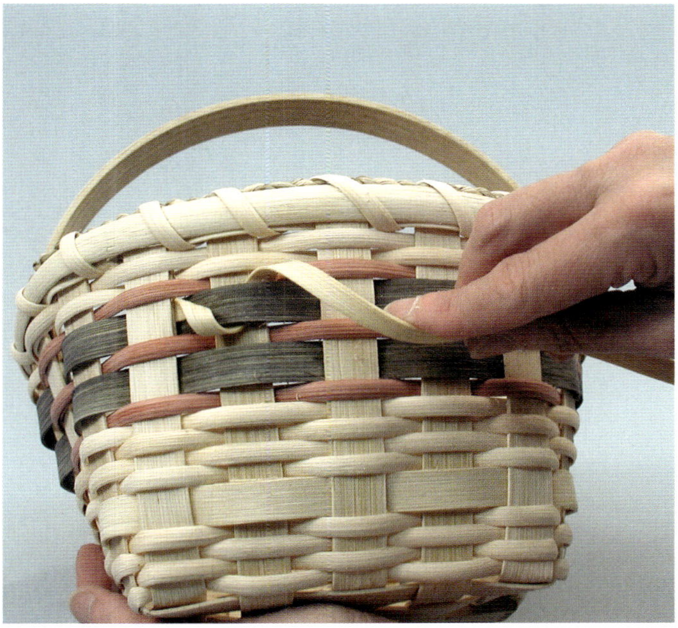

6. Schlaufen kann man horizontal, vertikal oder diagonal verarbeiten, man macht sie wie den Kreuzstich (Seite 40), aber statt flach an der Korbfläche anzuliegen, hat der Faden eine Verdrehung. Sie kann geknickt und dicht gegen die Korbwand gedrückt oder lockerer gelassen werden, für eine tiefere Struktur. Der Faden muss von höchster Qualität sein, sehr flexibel und immer angefeuchtet; man braucht viel davon und er neigt zum Brechen.

Die erste Reihe arbeiten Sie um den höchsten gefärbten flachen Faden (1,3 cm) herum. Stecken Sie ein Ende zwischen eine äußere Stake und den Faden, die falsche Seite nach oben. Die Verdrehrichtung ist wichtig, halten Sie sich genau an die Zeichnung. Spitzen Sie das Ende des Fadens an (zum Einfädeln), dann fädeln Sie ihn von unten hinter dem gefärbten Faden nach oben ein, vor der Stake rechts vom Einfädelpunkt. Drehen Sie ihn wieder um und fädeln Sie den Faden hinter der nächsten Stake rechts ein. Wieder verdrehen und hinter dem gefärbten Rohr nach unten fädeln. Dann noch eine Drehung und hinter die nächste äußere Stake setzen. Jetzt haben Sie ein fertiges Muster, das sich wiederholt. Nach Umrundung des Korbes stecken Sie das Ende hinter die Stake, wo Sie begonnen haben. Beim Verarbeiten richten Sie die Schlaufen aus.

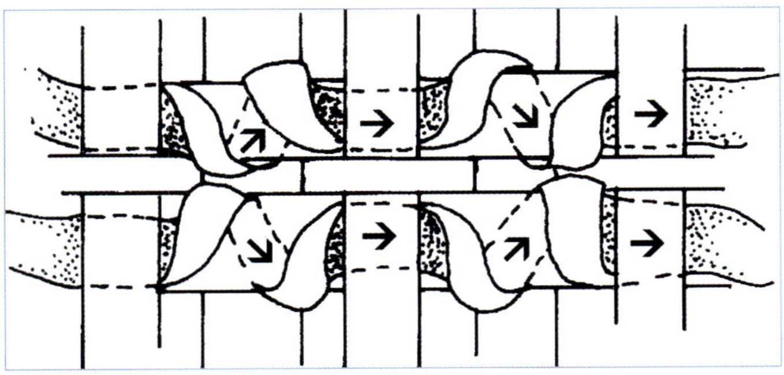

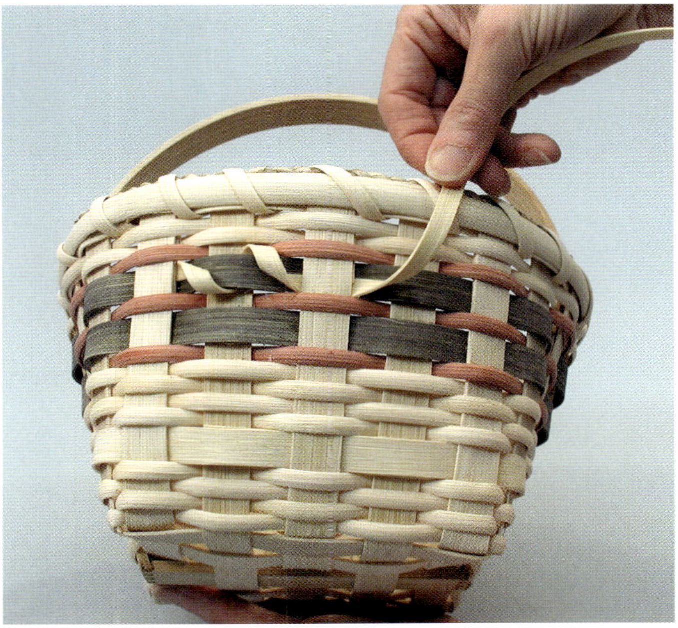

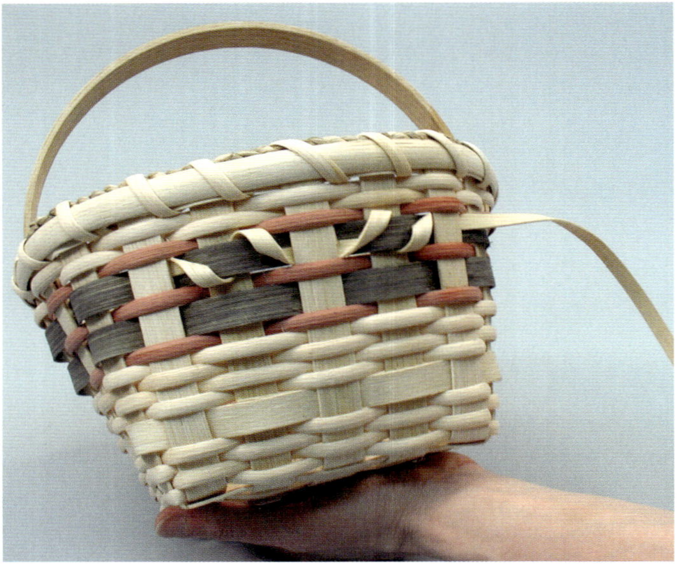

7. Fertigen Sie genauso eine zweite Schlaufenreihe um die untere gefärbte Flechtreihe, in umgekehrte Richtung.

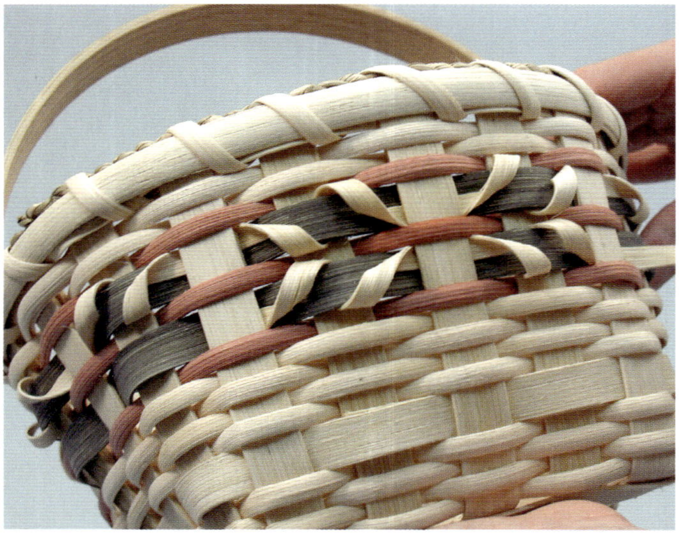

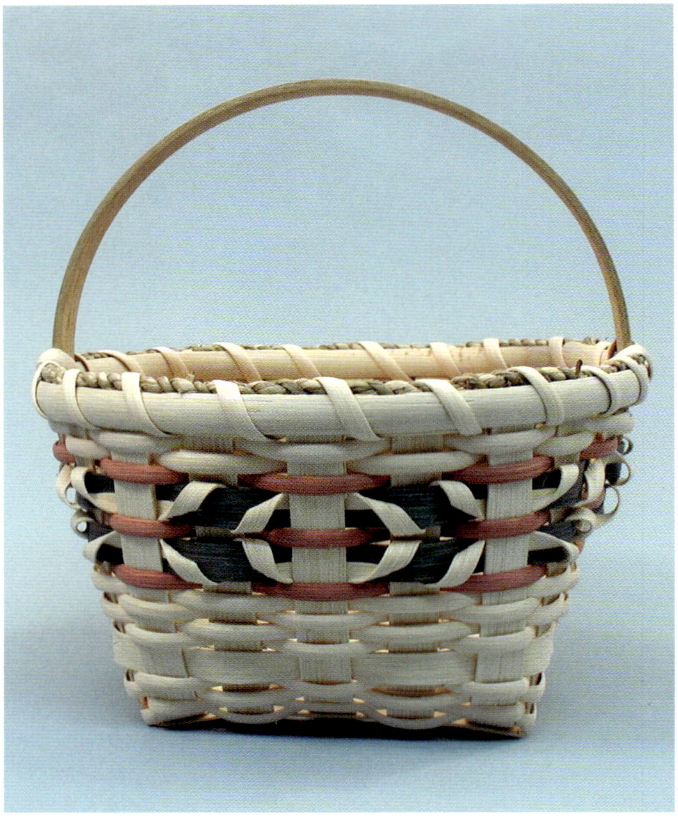

Krimskrams-Korb

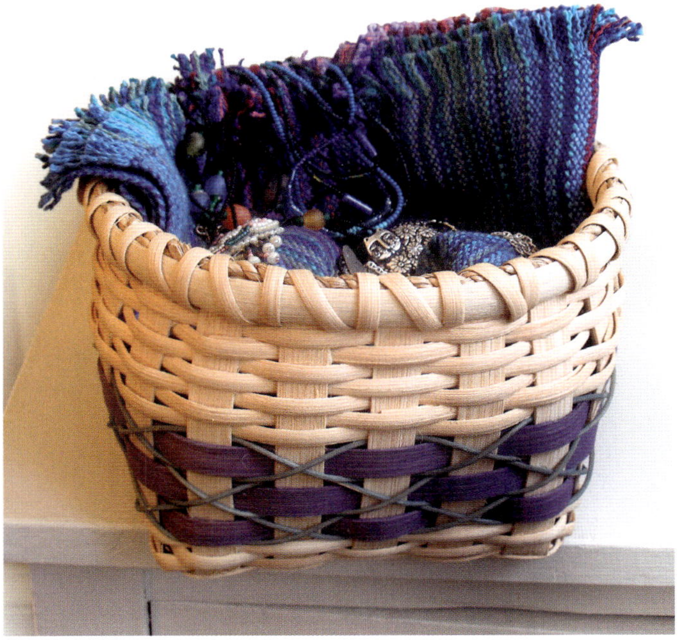

Da dieser Korb keinen Henkel hat, können Sie ihn formen, wie Sie möchten. Einen besonderen Akzent erhält er durch ein Rautenmuster-Geflecht aus rundem Peddigrohr. Die Bezeichnung Geflecht trifft es nicht ganz; es kann dem fertigen Korb zugefügt werden, aber es ist beim Flechten der Wände leichter zu machen.

Benötigte Techniken

- Boden anlegen, Seite 23
- Zweiergeflecht, Seite 23
- Staken hochbiegen, Seite 25
- Start-und-Stop-Einergeflecht, Seite 25
- Rand hinzufügen, Seite 28
- Verschnüren, Seite 28

Fertigmaß

- 15 cm x 15 cm x 13 cm

Weitere Materialien

- Violette und grüne Korbfarbe (oder Farben Ihrer Wahl)

Neu erlernte Techniken

- Wellen-Geflecht
- Doppel-Stich-Verschnürung

Materialien

Menge	Material/Maß	Länge	Funktion
10	1,6 cm flaches Peddigrohr	51 cm	Staken
1	2 mm ø rundes Peddigrohr	2,4 m	Zweiergeflecht
10	6 mm flach-ovales Peddigrohr	74 cm	Fäden
3	2 mm ø rundes Peddigrohr	74 cm	Fäden*
1	2 mm ø rundes Peddigrohr	3,6 m	Wellen-Geflecht**
1	9,5 mm flaches Peddigrohr	74 cm	verborgener Faden
2	1,3 cm flach-ovales Peddigrohr	74 cm	Rand
1	3 mm ø Seegras	74 cm	Randfüller
1	6 mm flach-ovales Peddigrohr	2,7 m	Verschnürung

*Alle violett färben.
**Alle grün färben.

Anleitung

1. Markieren Sie die Mitte der Staken auf der rauen Seite. Zäunen Sie den Korbboden, raue Seite oben, fünf Staken in jede Richtung. Zentrieren Sie alle Stücke. Passen Sie den Boden auf 13 cm x 13 cm an. Markieren Sie die Ecken. Denken Sie an das Einweichen der Materialien.

2. Mit dem ungefärbten runden Peddigrohr fitzen Sie zwei Reihen um den Korbboden.

3. Staken Sie den Korb auf, indem Sie für die ersten drei Reihen das flach-ovale Peddigrohr (6 mm) nehmen. Nutzen Sie die Start-und-Stop-Technik mit einer Überlappung von vier Staken in jeder Reihe. Beginnen Sie jede neue Reihe an einer anderen Korbseite.

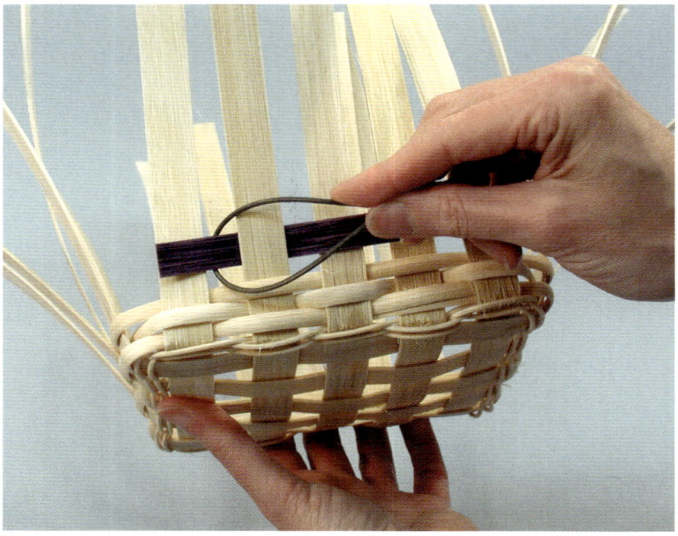

4. Falten Sie das runde, gefärbte Peddigrohr sanft in der Mitte, ohne es zu quetschen. Beginnen Sie mit einem flachen, gefärbten Faden (1,3 cm) vor einer geeigneten Stake und schlingen Sie die gefaltete Schlaufe darum.

5. Formen Sie mit dem runden Peddigrohr ein X. Flechten Sie den flachen Faden weiter und verflechten Sie den runden Faden wellenförmig darüber und darunter, sich immer vor den äußeren Staken kreuzend. Am Ende einer Reihe lassen Sie das flache Peddigrohr über zwei Staken überlappen. Einfach zwischen Startpunkt und der nächsten äußeren Stake einstecken. Das runde Peddigrohr nicht abschneiden.

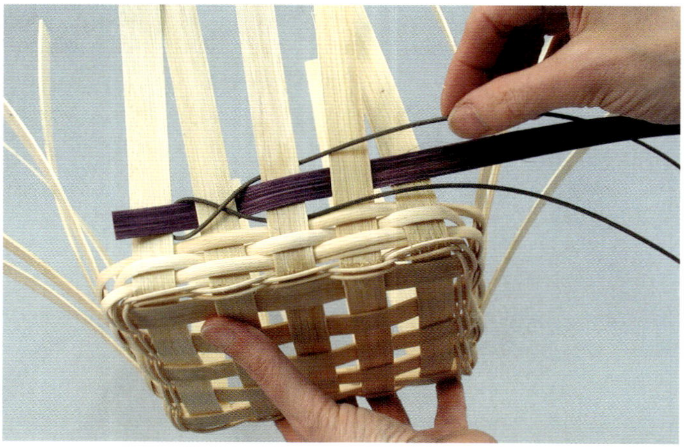

6. Beginnen Sie mit dem nächsten flachen Faden auf derselben Korbseite, eine Stake weiter, wo der runde Faden an der Korbinnenwand zwei Staken überspringen kann. Bringen Sie den runden Faden an die Korbaußenseite, über und unter dem zweiten Faden. Weiterflechten und mit Zwei-Staken-Überlappung enden, bereit für den dritten Faden.

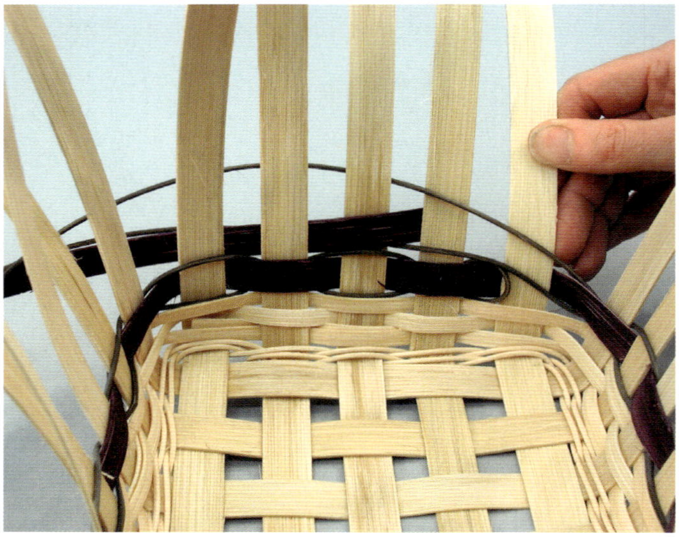

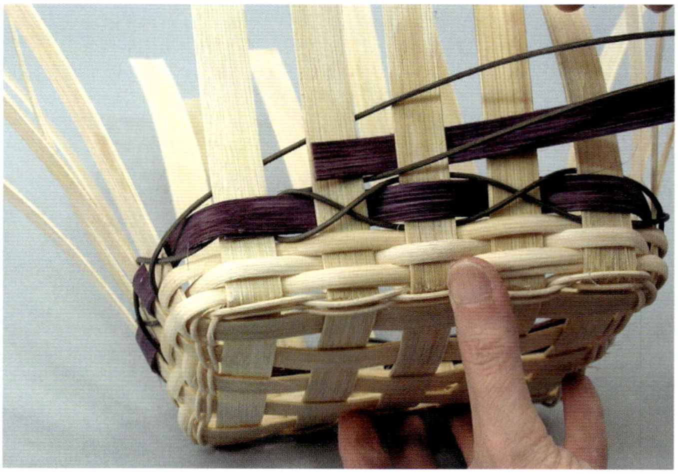

7. Der dritte Faden beginnt an derselben Korbseite, wieder eine Stake weiter, wo der runde Faden innen zwei Staken überspringen und die dritte Wellengeflecht-Reihe beginnen kann. Beenden Sie die Reihe wiederum mit Überlappung von zwei Staken und stecken Sie die Enden des runden Fadens innen zwischen Stake und flachen Faden.

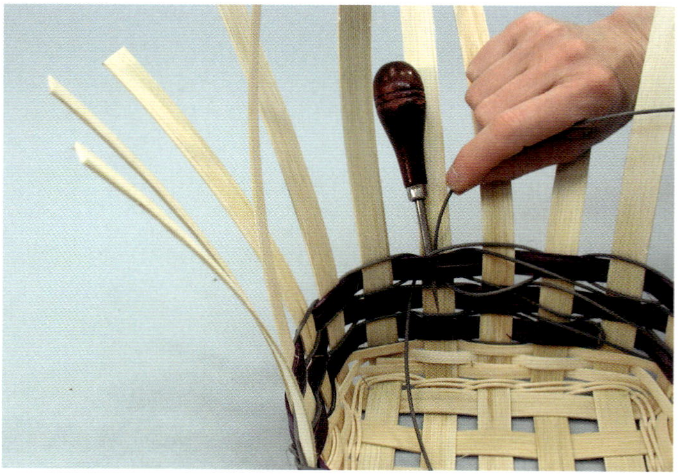

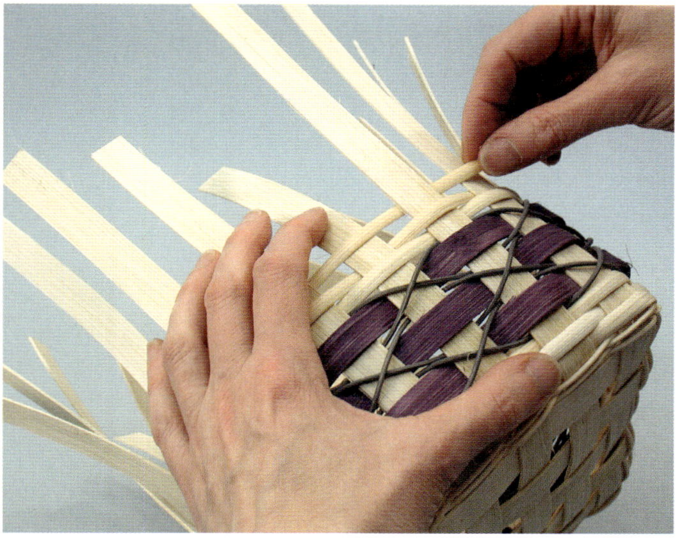

8. Flechten Sie die sieben übrigen flach-ovalen Fäden (6 mm) in Start-und-Stop-Technik ein, wobei Sie jede Reihe etwas mehr nach innen ziehen. Bei jeder Reihe lassen Sie eine Überlappung von vier Staken, beginnen Sie jede Reihe auf einer anderen Korbseite als die vorige.

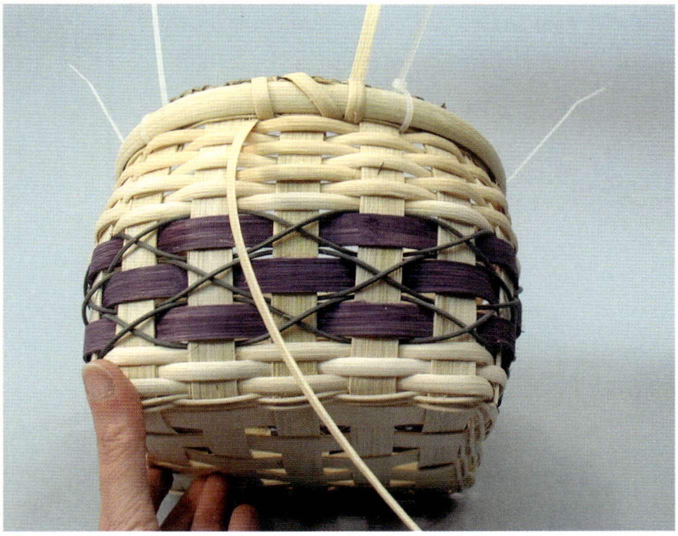

9. Flechten Sie den verborgenen Faden. Verdichten Sie die Wände und gleichen Sie die Oberkante aus.

10. Schneiden Sie die inneren Staken ab, falten Sie die äußeren Staken und stecken Sie sie innen ein, dann fügen Sie die Randstücke hinzu.

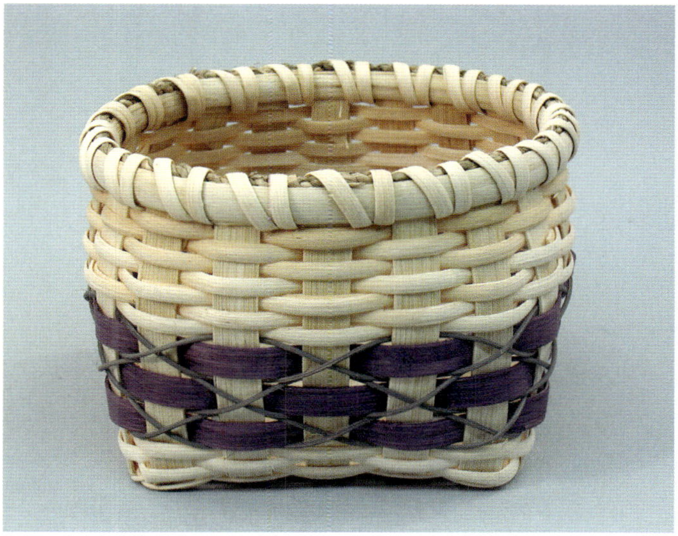

11. Dieser Korb hat einen Doppelstich-Rand: Durch jede Stakenlücke wird mit zwei Fäden gleichzeitig gewickelt. Verbergen Sie die Verschnürungsenden im Rand.

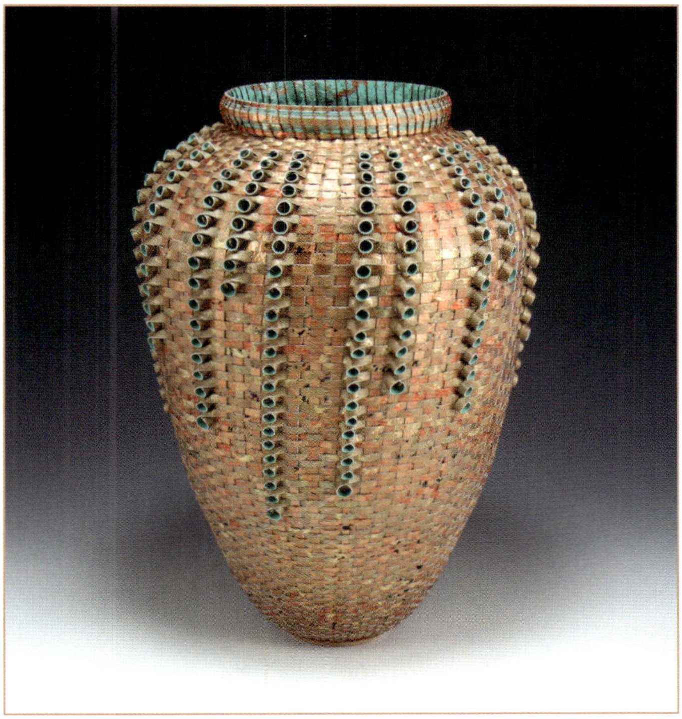

Patti Qinn Hill, *Ancient Myths*, 2017.
25 cm x 38 cm. Handgefärbtes Archivpaper, Acrylfarbe, Metalleffekt-Garn. Die elegante Form dieses Korbes wird durch das Hinzufügen von Schlaufen noch verbessert.
Foto: Quinn Hill.

FARBE

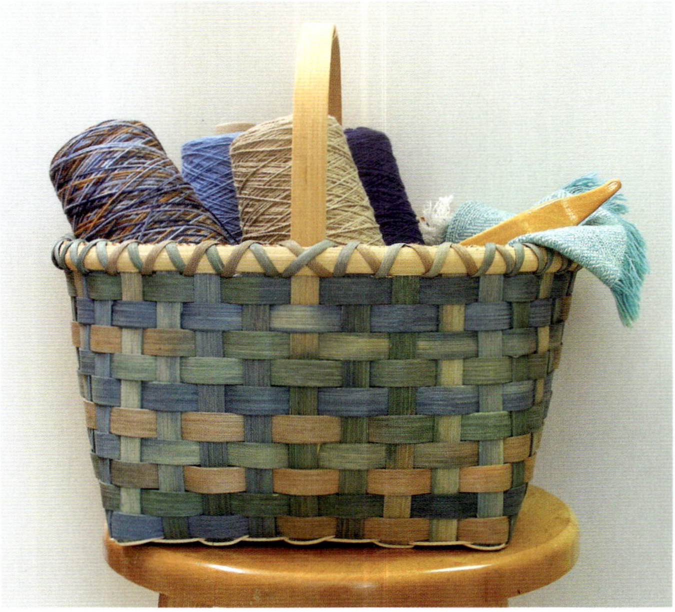

Die nächsten drei Körbe stellen die Farbe in den Mittelpunkt. Bisher haben Sie gefärbtes Rattan als Akzentuierung verwendet: ein wenig hier, ein bisschen dort. Obwohl die nächsten Körbe im Einergeflecht gefertigt werden, lässt sie die Platzierung von gefärbtem Rattan komplizierter aussehen, als sie sind. Alle grundlegenden Fertigkeiten, die Sie bisher gelernt haben, finden hier Anwendung.

Einfacher quadratischer Korb

Dies wird der bisher größte Korb. Er hat einen Vollboden, es gibt also keine Löcher, durch die Krümel fallen können; und es ist der erste mit echter Doppelverschnürung. Dieses Projekt verwendet mehrfarbig gefärbtes Peddigrohr, mit zwei oder mehr Farben in regelmäßiger Reihenfolge. So erscheinen interessante Muster ganz von selbst, Sie müssen weder Farbfolgen beachten noch Design-Entscheidungen treffen.

Materialien

Menge	Material/Maß	Länge	Funktion
18	1,6 cm mehrfarbiges flaches Peddigrohr	86 cm	Staken
8	9,5 mm flaches Peddigrohr	41 cm	Füller
1	3 mm ø rundes Peddigrohr	2,4 m	Zweiergeflecht
10	1,6 cm mehrfarbiges flaches Peddigrohr	117 cm	Fäden
1	1,3 cm flaches Peddigrohr	117 cm	verborgener Faden
1	gekerbter U-Henkel aus Holz	25 cm	Henkel
2	1,6 cm flach-ovales Peddigrohr	117 cm	Rand
1	3 mm ø Seegras	117 cm	Randfüller
1	6 mm mehrfarbiges flach-ovales Peddigrohr	3,3 m	Verschnürung

Benötigte Techniken

- Boden anlegen, Seite 23
- Zweiergeflecht, Seite 23
- Staken hochbiegen, Seite 25
- Start- und Stop-Einergeflecht, Seite 25
- Rand hinzufügen, Seite 28
- Verschnüren, Seite 28

Neu erlernte Techniken

- Mehrfarbiges Peddigrohr
- Boden ausfüllen
- Doppelt gekreuzte Verschnürung

Fertigmaß

- 28 cm x 28 cm x 20 cm ohne Henkelhöhe

Weitere Materialien*

- Gummibänder
- Baumwollkordel
- Korbfarbe in Blau, Grün und Braun (oder drei Farben Ihrer Wahl)
- 3 Behälter für die Farbbäder
- *Diese Materialien brauchen Sie, wenn Sie das Peddigrohr selbst mehrfarbig färben möchten, sonst kaufen Sie es. Beim Selbstfärben brauchen Sie außerdem zwei ganze Ringe flaches Peddigrohr (1,6 cm) und 3,3 m flach-ovales Peddigrohr (6 mm).

Anleitung

1. Zum mehrfarbigen Färben teilen Sie die zwei Ringe Peddigrohr (1,6 cm) in drei Bündel. Fügen Sie das flach-ovale Peddigrohr (6 mm) einem Bündel hinzu (es dient als Verschnürung). Mit einem Gummiband sichern Sie ein Ende jedes Bündels, um Verwicklungen zu verringern. Formen Sie Ringe aus den Bündeln und halten Sie sie lose mit Baumwollkordel fest. Weichen Sie das Peddigrohr in Wasser ein, während Sie mit heißem Wasser drei Färbebehälter vorbereiten. Stellen Sie in jeden Behälter einen Ring, wobei immer etwa ein Drittel eines Ringes in der Farbe stehen sollte, dann einweichen lassen. Danach nehmen Sie das Rohr heraus und erhitzen die Farbbäder wieder. Dann ein ungefärbtes Drittel jedes Rings in eine jeweils andere Farbe tauchen und färben. Für das letzte Drittel jedes Rings noch einmal so vorgehen. Lösen Sie die Kordel und lassen Sie das Peddigrohr trocknen, dann schneiden Sie es für das Geflecht zu.

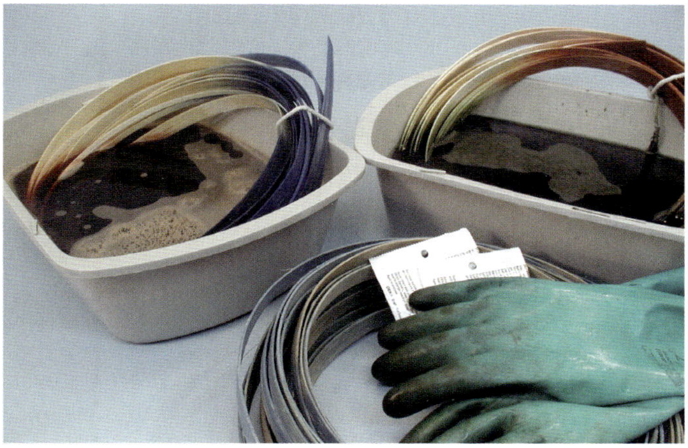

2. Markieren Sie die Mitte der Staken und Füller auf der falschen Seite. Für die Verarbeitung alles gut einweichen.

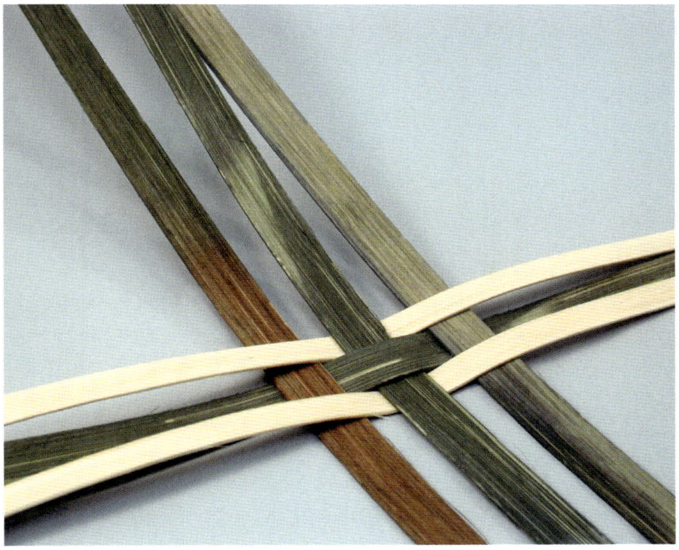

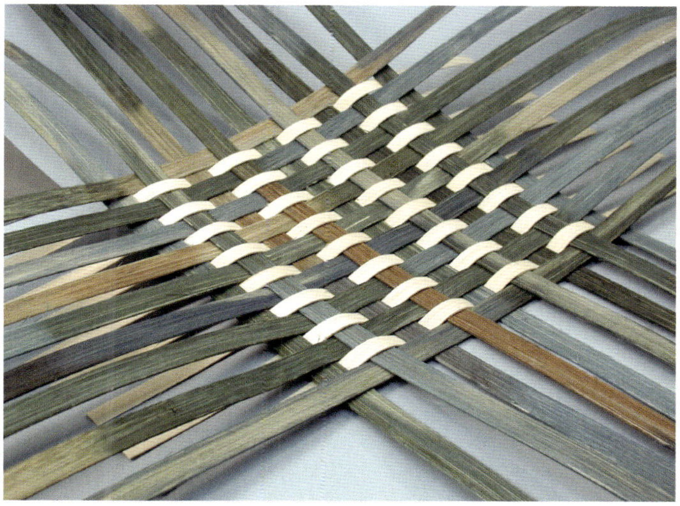

3. Legen Sie den Korbboden im Einergeflecht aus: neun Staken in eine Richtung, neun Staken und acht Füller in die andere. Die Füller sollten unter der zentralen kreuzenden Stake liegen. Wechseln Sie Staken und Füller ab, beginnen und enden Sie jeweils mit einer Stake. Alles gut verdichten.

4. Passen Sie den Boden auf 25 cm x 25 cm an. Quadratisch ausrichten und die Ecken markieren.

5. Bevor Sie die Füller falten und einstecken, müssen Sie sie eventuell zuschneiden, damit sie sauber unter der zweiten Stake enden. Falten Sie sie gegen den Boden, um zu messen, wieviel geschnitten werden muss. Falten Sie die Füller um die äußeren Staken und stecken Sie sie paarweise unter die nächstliegende Stake. Sehen Sie das V, das so entsteht? Bei uns heißt diese Form Krähenfüße.

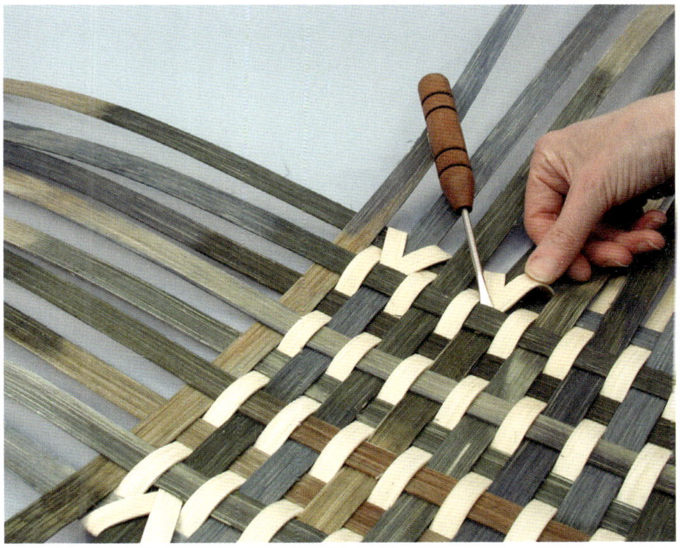

6. Auf einer Seite ohne Krähenfüße fitzen Sie eine Reihe um den Boden. Ich beginne bei der dritten Stake von der Ecke aus.

7. Falten und drücken Sie die Staken an der Kante des Korbbodens nach oben. Staken Sie die Staken auf, indem Sie das mehrfarbige flache Peddigrohr (1,6 cm) im Einergeflecht für die Korbwände verflechten, die richtige Seite nach außen, in Start-und-Stop-Technik und gerade nach oben. Da das Korbmaß durch den Henkel bestimmt wird, nehmen Sie den Henkel als Richtschnur.

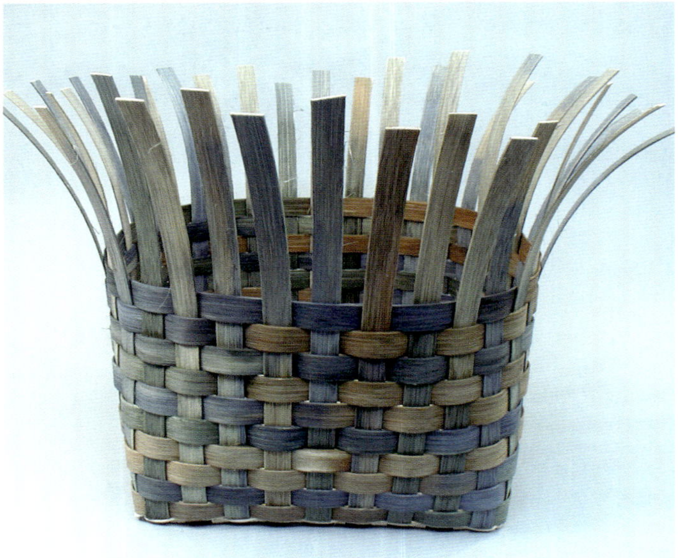

8. Die oberste Reihe des Korbes flechten Sie als verborgenen Faden. Verdichten Sie die Wände und machen Sie alles gleichmäßig. Schneiden Sie die inneren Staken ab, knicken Sie die äußeren Staken und stecken Sie sie innen ein.

9. Setzen Sie den Henkel ein. Da der Korb quadratisch ist, geht das an jeder Wand. Ich nehme immer die Seiten quer zum Bodenfüller. Spitzen Sie die Enden des Henkels zu und schmirgeln Sie ihn, bis er glatt ist. Platzieren Sie die Henkelstake in der Mitte der Seitenwand und stecken Sie das Ende hinter eine untere Flechtreihe, an der Stake entlang. Welche Reihe Sie zum Einstecken nehmen, hängt von der Henkelhöhe ab. Drücken Sie den Henkel nach unten, sodass die Kerbe an der unteren Kante des verborgenen Fadens positioniert ist.

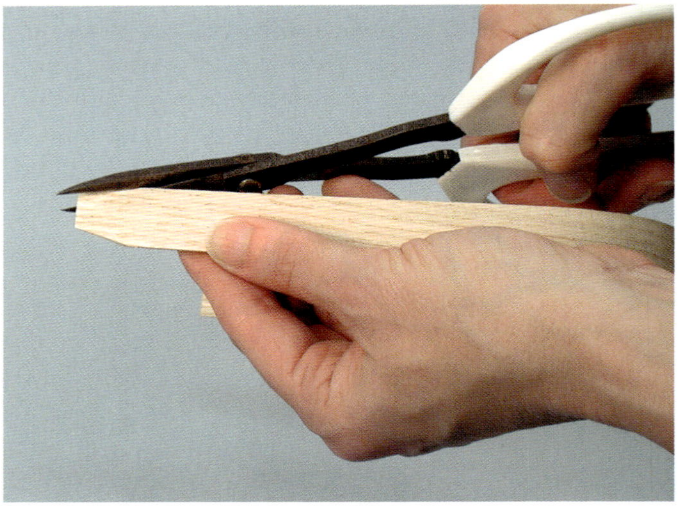

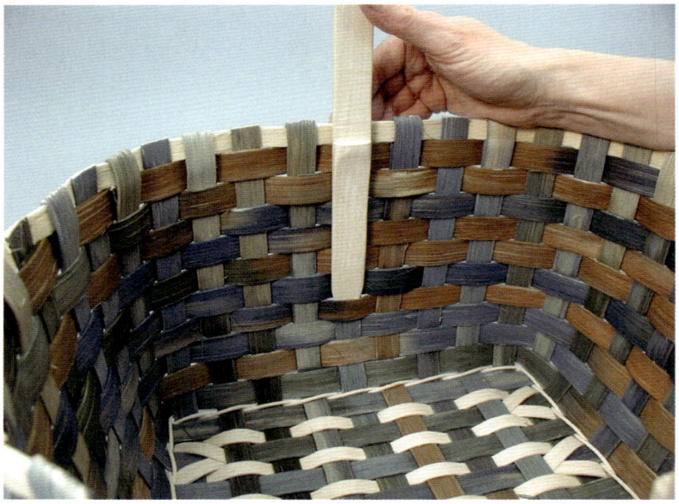

10. Passen Sie den Rand an und nehmen Sie Seegras als Füller. Die Verschnürung erfolgt dieses Mal mit zwei Stücken. Das zweite kreuzt immer das erste, so müssen Sie am Henkel kein X formen. Beginnen Sie mit dem ersten Stück und behandeln Sie den Henkel wie eine Stake. Dann die Enden verbergen.

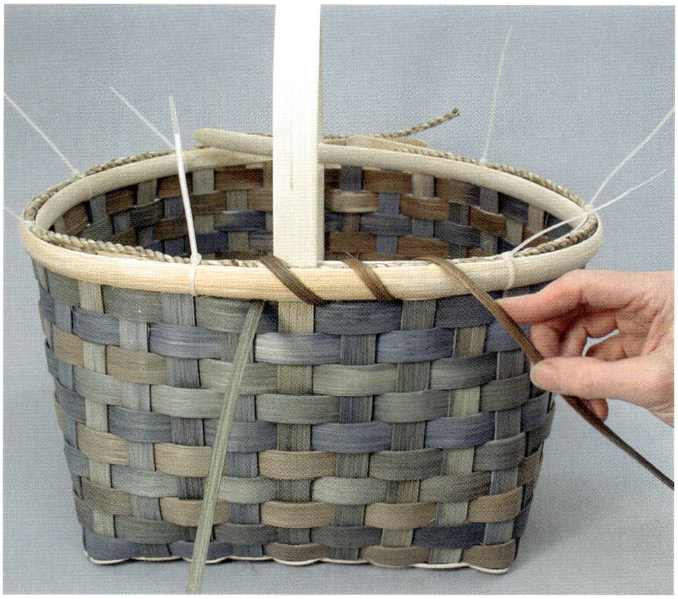

11. Nehmen Sie das zweite Stück und arbeiten Sie entgegengesetzt. Beginnen Sie an der entgegengesetzten Korbwand, damit die Verschnürung an einer anderen Stelle aufhört.

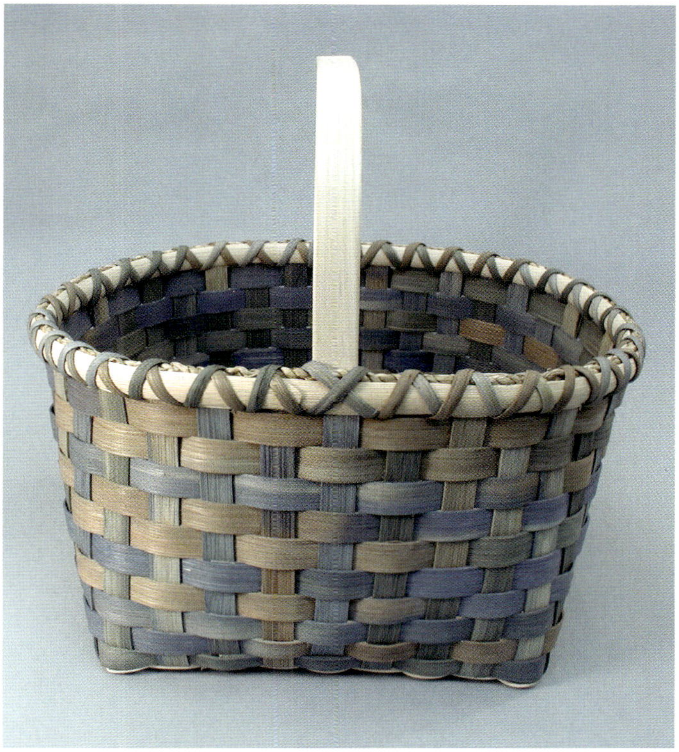

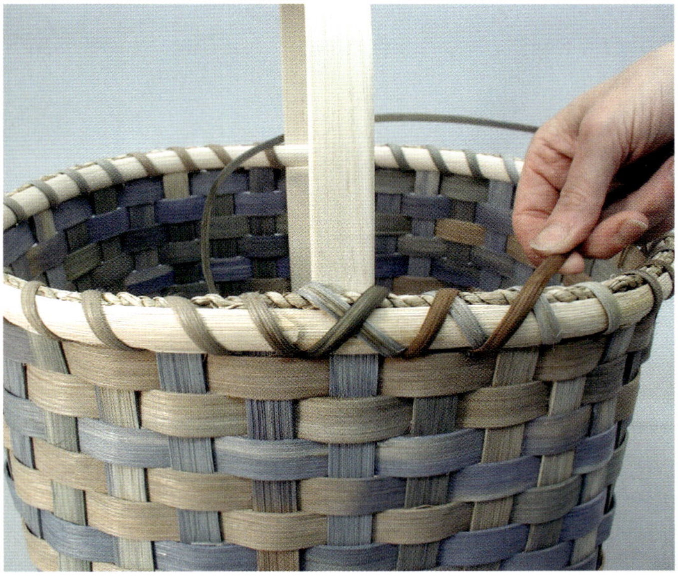

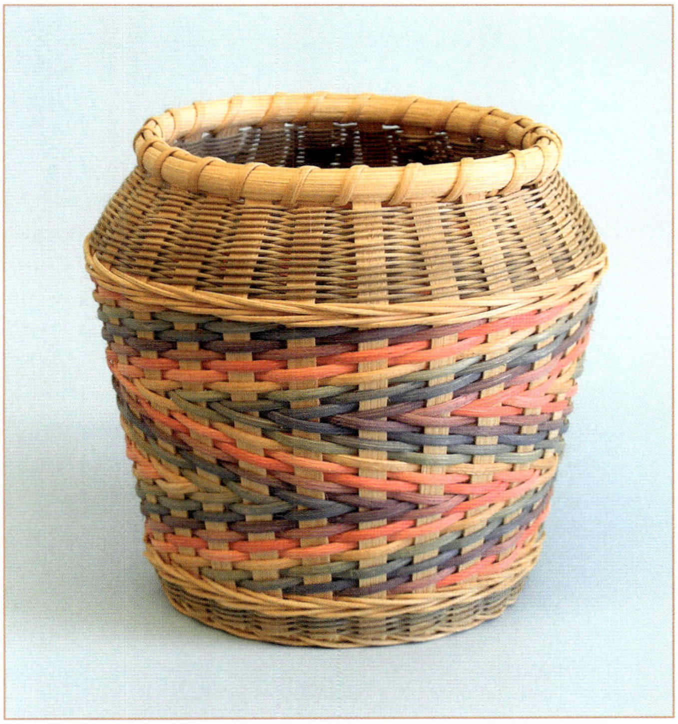

B. J. Crawford, *Rainbow Chevron*, 2008.
23 cm x 20 cm. Gefärbtes unc naturbelassenes Peddigrohr, rund und flach. Die Richtungsumkehr des Frarzösischen Seitengeflechts verschönert das Design.

Vorratskorb mit Formenwechsel

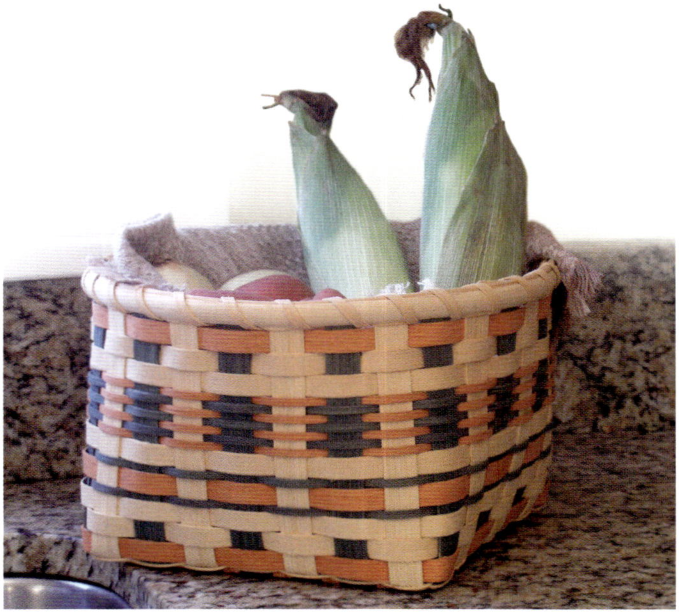

Der Korb hat eine einfache Form, nutzt aber die Verwendung von gefärbtem und naturfarbenem Peddigrohr für tolle Effekte. Helle und dunkle Staken wechseln sich ab, interessante Farbmuster prägen die Wände. Durch den Wechsel von Fadenmaßen und -farben sind unendlich viele Muster möglich. Viele traditionelle Cherokee-Körbe werden so gefertigt. Die Farben hier: dunkelgrün und rostrot.

Benötigte Techniken

- Gefüllten Boden anlegen, Seite 49
- Zweiergeflecht, Seite 23
- Staken hochbiegen, Seite 25
- Start-und-Stop-Einergeflecht, Seite 25
- Rand hinzufügen, Seite 28
- Verschnüren, Seite 28

Neu erlernte Techniken

- Muster durch das Kreuzen verschiedener Farben kreieren

Fertigmaß

- 27 cm x 27 cm x 18 cm

Weitere Materialien

- Korbfarbe in Dunkelgrün und Rostrot

Materialien

Menge	Material/Maß	Länge	Farbe	Funktion
14	1,9 cm flaches Peddigrohr	71 cm	7 naturfarben, 7 grün	Staken
6	9,5 mm flaches Peddigrohr	36 cm	rostrot gefärbt	Füllstreifen
1	2 mm ø rundes Peddigrohr	4,2 m	naturfarben	Zweierge-flecht
5	1,3 cm flaches Peddigrohr	104 cm	naturfarben	Fäden
3	1,3 cm flaches Peddigrohr	104 cm	rostrot gefärbt	Fäden
9	5 mm flaches Peddigrohr	104 cm	5 grün, 4 rostfarben	Fäden
1	9,5 mm flaches Peddigrohr	104 cm	naturfarben	verborgene Fäden
2	1,3 cm flach-ovales Peddigrohr	104 cm	naturfarben	Rand
1	6 mm ø rundes Peddigrohr	104 cm	naturfarben	Randfüller
1	5 mm flach-ovales Peddigrohr	2,4 m	naturfarben	Verschnürung

Anleitung

1. Markieren Sie die Mitte der vierzehn Staken und sechs Füllstreifen auf der falschen Seite. Weichen Sie sie ein, bis sie biegbar sind. Die falsche Seite zeigt ins Korbinnere.

2. Legen Sie den Korbboden durch Zäunen an, naturfarbene und gefärbte Staken abwechselnd. Orientieren Sie sieben Staken in eine Richtung (erste und letzte Stake dunkel), sieben Staken und sechs Füllstreifen in die andere Richtung (erste und letzte Stake naturfarben). Wechseln Sie Staken und Füllstreifen ab, gut gegeneinander verdichten. Die zentrale naturfarbene Stake liegt über der zentralen gefärbten Stake. Positionieren Sie die Füllstreifen über der zentralen naturfarbenen Stake. Alles zentrieren, ein Quadrat ausformen und auf das Maß 20 cm x 20 cm bringen. Die Ecken markieren.

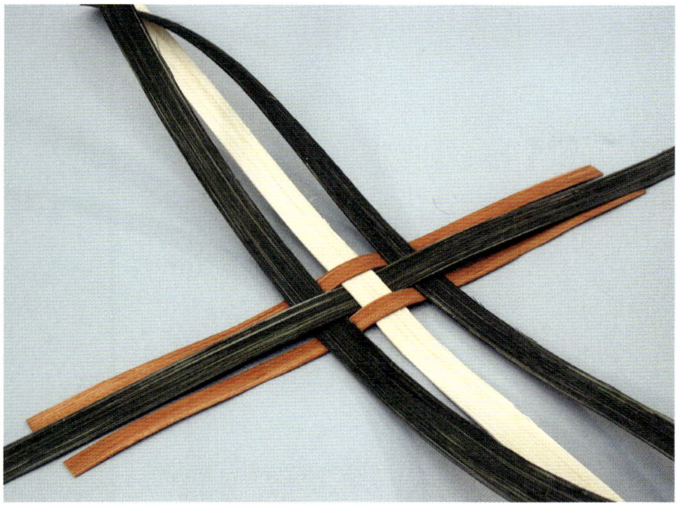

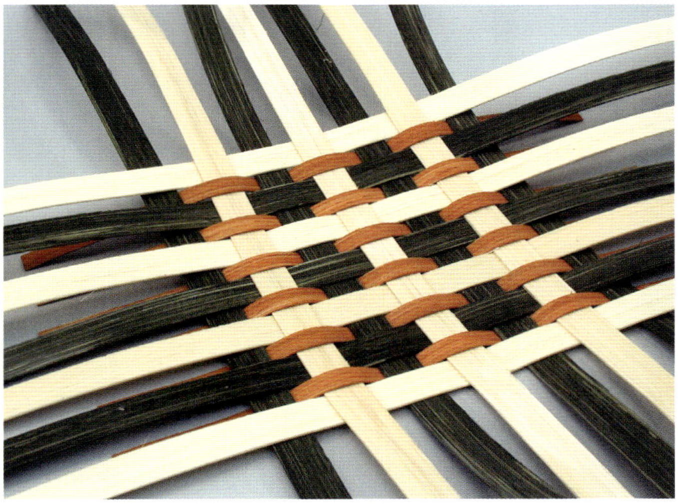

3. Falten Sie die Füllstreifen um die äußeren Staken herum und stecken Sie sie paarweise unter die nächste Stake (siehe Einfacher quadratischer Korb, Seite 48-51).

4. Bei einer Seite ohne Füllstreifen beginnend, fitzen Sie zwei Reihen um den Boden.

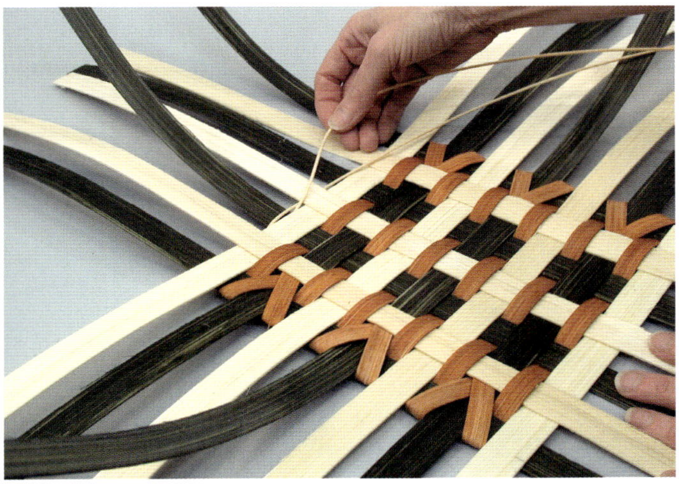

5. Falten und drücken Sie die Staken an der Korbbodenkante nach oben. Bringen Sie sie aufrecht, indem Sie mit dem flachen Peddigrohr (1,3 cm und 5 mm) in Start-und-Stop-Technik die Wände hochflechten. Arbeiten Sie gerade und schließen Sie Fäden wie auf dem Foto oder in selbst gewählter Reihenfolge an (dann sieht der Korb natürlich ganz anders aus).

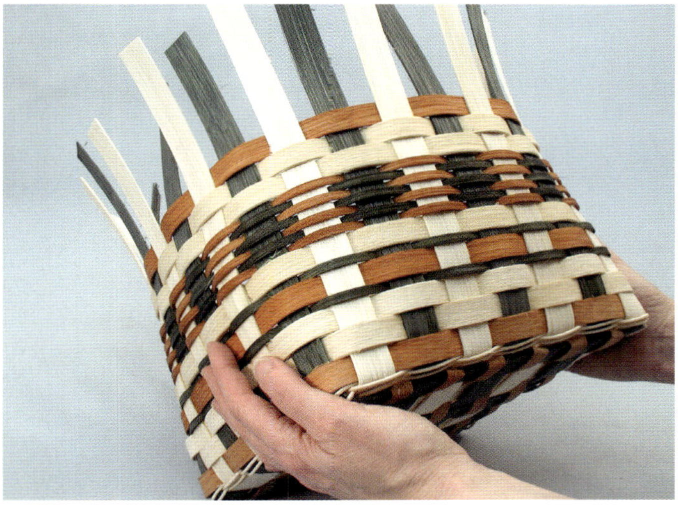

6. Flechten Sie den verborgenen Faden. Passen Sie die Wände an, verdichten Sie die Fäden und achten Sie darauf, dass alles gleichmäßig ist.

7. Schneiden Sie die inneren Staken ab, knicken und stecken Sie die äußeren Staken ein.

8. Für den Rand nehmen Sie zwei Stücke des flach-ovalen Peddigrohrs (1,3 cm).

9. Um die Lücke zwischen den beiden Randstücken zu füllen, nehmen Sie das runde Peddigrohr (6 mm ø), indem Sie es um die Korboberkante führen und an der Seite mit den Randüberlappungen enden. Passen Sie es noch nicht zu dicht an, erst, wenn die Verschnürung fast fertig ist.

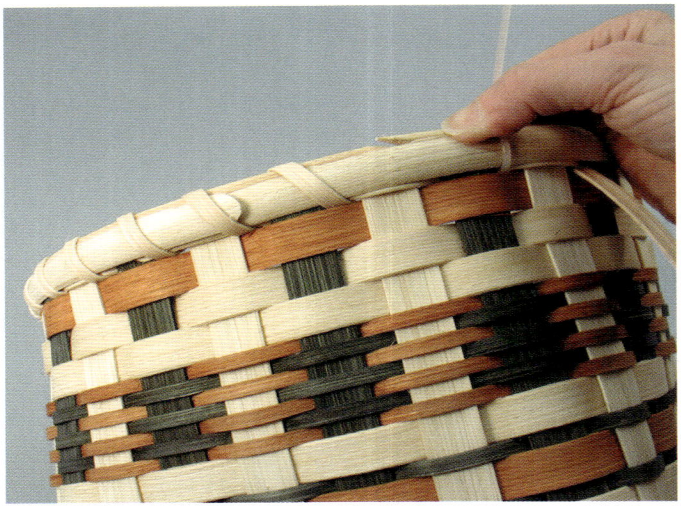

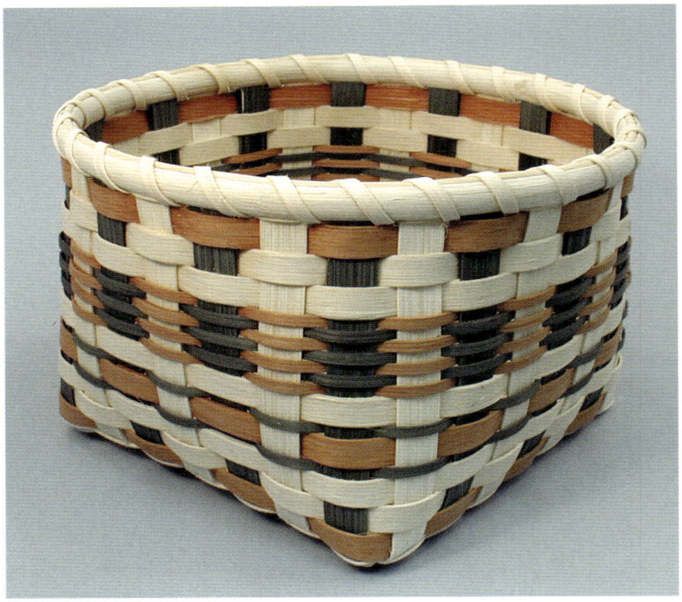

10. Verschnüren Sie den Rand. Dort, wo die Enden des runden Peddigrohrs sich treffen, schneiden Sie die Enden schräg ab. Mit der Verschnürung halten Sie sie am Ort fest und verdecken die Verbindungsstelle.

11. Verbergen Sie die Verschnürungsenden zwischen den Randschichten.

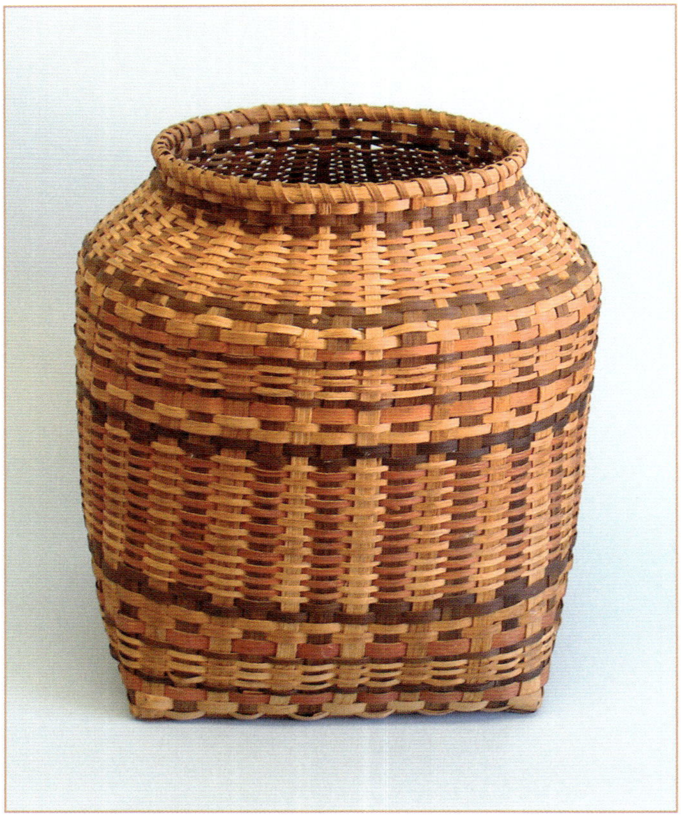

Margaret L. Calhoun, *White Oak Waste Basket*, circa 1975.
30 cm x 33 cm. Weiße Eiche, mit Walnuss und Blutwurz aus dem Bestand der Künstlerin gefärbt. Mit freundlicher Erlaubnis des Qualla Arts and Crafts-Vorstands.
Foto: Esther Holsen

Rechteckiger Blockgeflecht-Korb

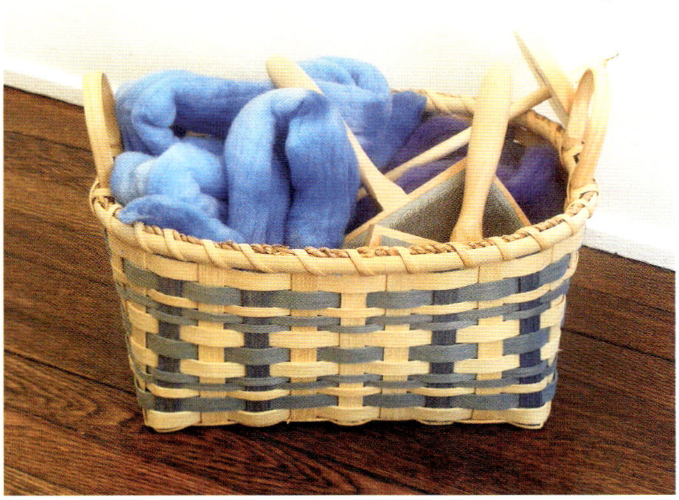

Nach dem verwendeten Geflecht benannt, hat dieser Korb ein Muster aus hellen und dunklen Staken (und Fäden), woraus sich ein interessantes, charakteristisches Design ergibt. Er wird mit einfachem Zäunen gefertigt, aber halten Sie sich genau an die angegebene Farb- und Maßfolge, sonst sieht Ihr Korb anders aus. Außerdem hat der Korb seitliche Henkel und dekorative, diagonale Füllstreifen.

Benötigte Techniken

- Boden anlegen, Seite 23
- Zweiergeflecht, Seite 23
- Staken hochbiegen, Seite 25
- Start-und-Stop-Einergeflecht, Seite 25
- Rand hinzufügen, Seite 28
- Verschnüren, Seite 28

Neu erlernte Techniken

- seitliche Henkel hinzufügen
- Mehr Farbspiel einbringen
- Diagonale Füllstreifen hinzufügen

Fertigmaß

- 25 cm x 33 cm x 15 cm ohne Henkelhöhe

Weitere Materialien

- Korbfarbe in Blau
- Weißer Kraftkleber

Materialien

Menge	Material/ Maß	Länge	Farbe	Funktion
9	1,6 cm flaches Peddigrohr	64 cm	4 blaugefärbt, 5 naturfarben	Staken
7	1,6 cm flaches Peddigrohr	71 cm	2 blaugefärt, 5 naturfarben	Staken
1	9,5 mm flaches Peddigrohr	2,7 m	naturfarben	Füllstreifen*
1	2 mm ø rundes Peddigrohr	2,4 m	naturfarben	Zweiergeflecht
7	1,3 cm flaches Peddigrohr	112 cm	3 blaugefärbt, 4 naturfarben	Fäden
6	6 mm flaches Peddigrohr	112 cm	4 blaugefärbt, 2 naturfarben	Fäden
1	9,5 mm flaches Peddigrohr	112 cm	naturfarben	verborgener Faden
2	7,6 cm			seitliche Henkel
2	1,3 flach-ovales Peddigrohr	112 cm	naturfarben	Rand
1	3 mm ø Seegras	112 cm	naturfarben	Randfüller
1	6 mm flach-ovales Peddigrohr	2,4 m	naturfarben	Verschnürung

*Die genaue Länge wird während des Bodenflechtens zugeschnitten.

Anleitung

1. Markieren Sie die Mitte aller Staken auf der falschen Seite. Die raue Seite zeigt ins Korbinnere. Vergewissern Sie sich, dass das Peddigrohr eingeweicht und biegbar ist.

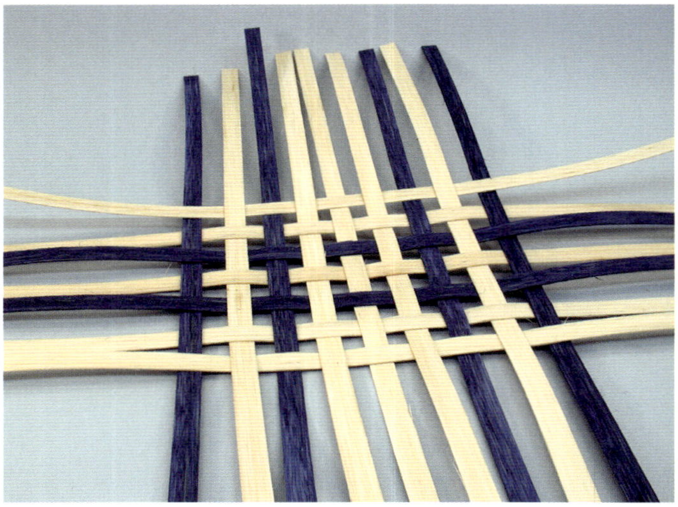

2. Legen Sie den Boden im Einergeflecht an. Platzieren Sie gefärbte und naturfarbene Staken wie auf dem Foto, mit den neun Staken in eine Richtung und den sieben Staken in die andere (bitte beachten: in eine Richtung sind es dann vier gefärbte Staken, in die andere Richtung zwei). Die zentrale der neun Staken liegt unter der zentralen Stake, die sie kreuzt. Alle zentrieren, ausrichten und den Boden rechteckig auf 20 cm x 25 cm bringen. Da die Füllstreifen diagonal geflochten werden und Dinge verziehen können, markieren Sie die Ecken, damit der Boden in die richtige Form zurückgebracht werden kann.

3. Weichen Sie die Füllstreifen ein. Flechten Sie sie diagonal über den Boden, immer auf die passende Länge geschnitten. Dann die Enden anspitzen und zwischen den Stakenkreuzungen verbergen. Den Boden noch einmal ordentlich ausrichten. Vorsichtig einen Tropfen Kleber auf die Enden des Füllstreifens geben, um sie am Platz zu halten. Beschweren Sie den Boden mit einem Gewicht und lassen Sie den Kleber trocknen.

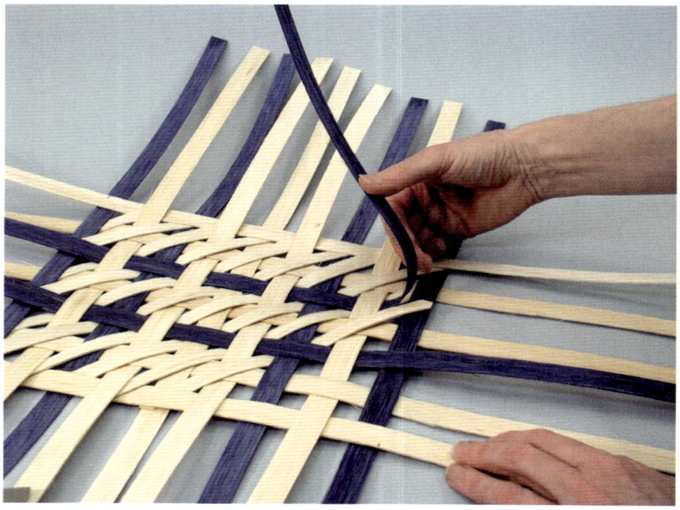

4. Mit dem runden Peddigrohr (2 mm ø) fitzen Sie zwei Reihen um den Boden.

5. Falten Sie die Staken an der Kante und biegen Sie sie nach oben.

6. Bringen Sie die Seitenwände mit dem flachen Peddigrohr (1,3 cm und 6 mm) in Start-und-Stop-Technik aufrecht. Folgen Sie der Reihenfolge auf dem Foto oder wählen Sie eine eigene, um mit dem Aussehen des Korbes zu spielen.

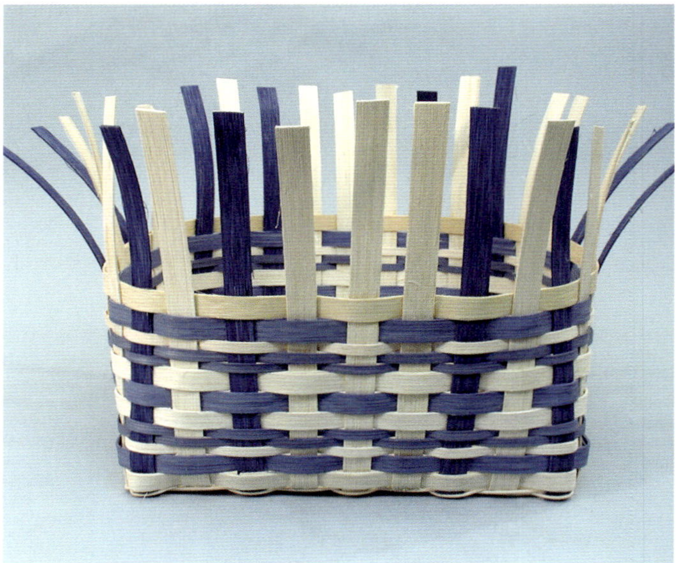

7. Flechten Sie die oberste Korbreihe. Richten Sie die Wände aus, verdichten Sie die Fäden und achten Sie darauf, dass alles gleichmäßig ist.

8. Falten Sie die äußeren Staken und stecken Sie sie innen ein. Schneiden Sie die inneren Staken ab.

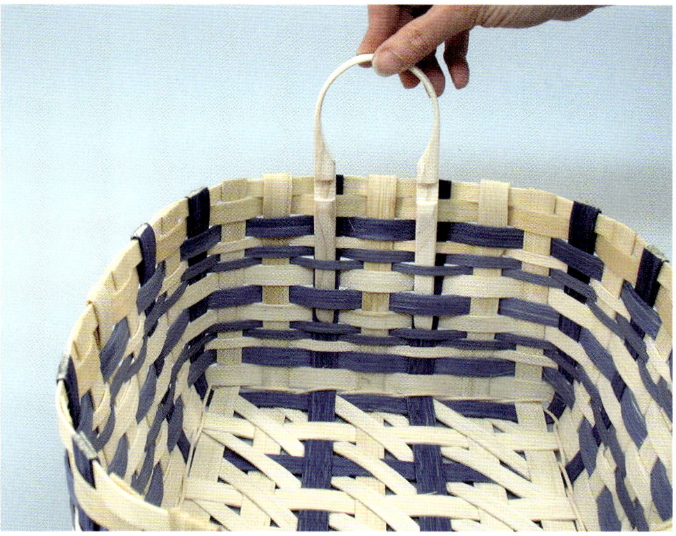

9. Platzieren Sie die Henkel an den Schmalseiten des Korbes. Arbeiten Sie sie zwischen Fäden und Staken in die Innenwände. Schieben Sie den Henkel so weit ein, bis die Kerben auf einer Linie mit dem verborgenen Faden sind. Die Einstecktiefe hängt von der Länge der Henkel ab.

10. Für die Formung des Randes nehmen Sie die zwei Stücke flach-ovales Peddigrohr (1,3 cm).

11. Mit dem Seegras füllen Sie die Lücke zwischen den Randstücken, wobei Sie dieses außen an den Henkeln vorbeiführen.

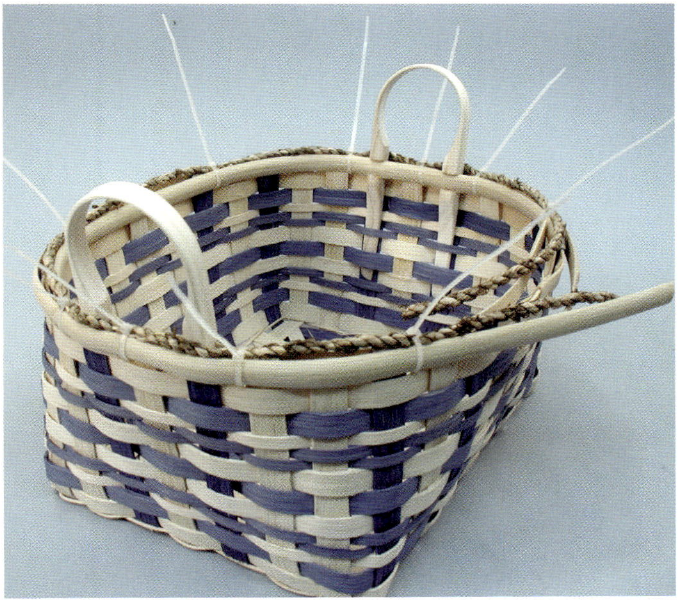

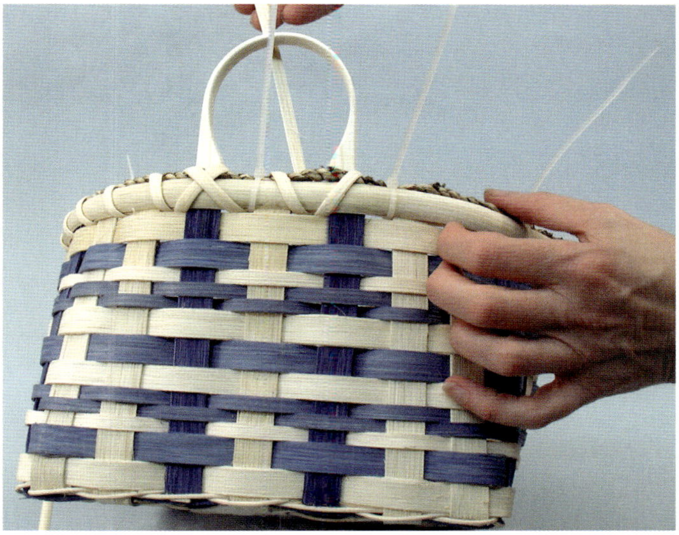

12. Verschnüren Sie den Rand, an der Längsseite gegenüber der Randüberlappung beginnend. Bei jedem Henkelstück schnüren Sie ein X.

13. Wenn Sie fertig sind, verbergen Sie die Verschnürungsenden zwischen den Randschichten.

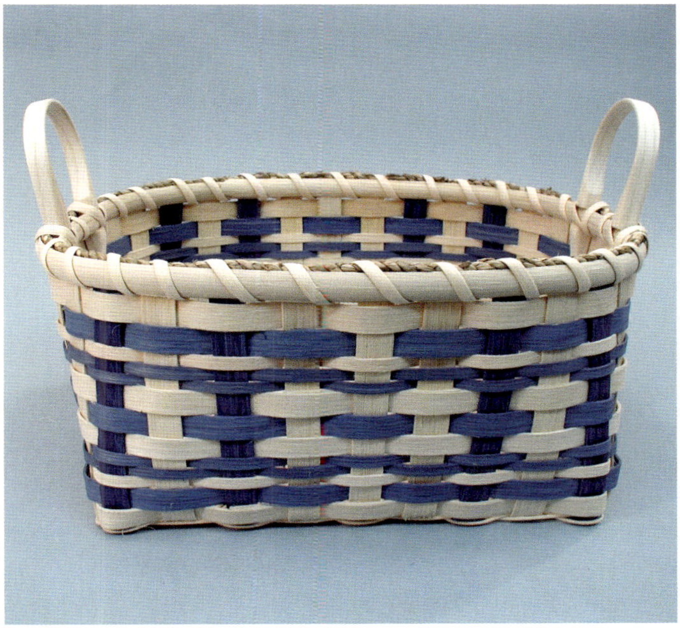

HÄNGEKÖRBE

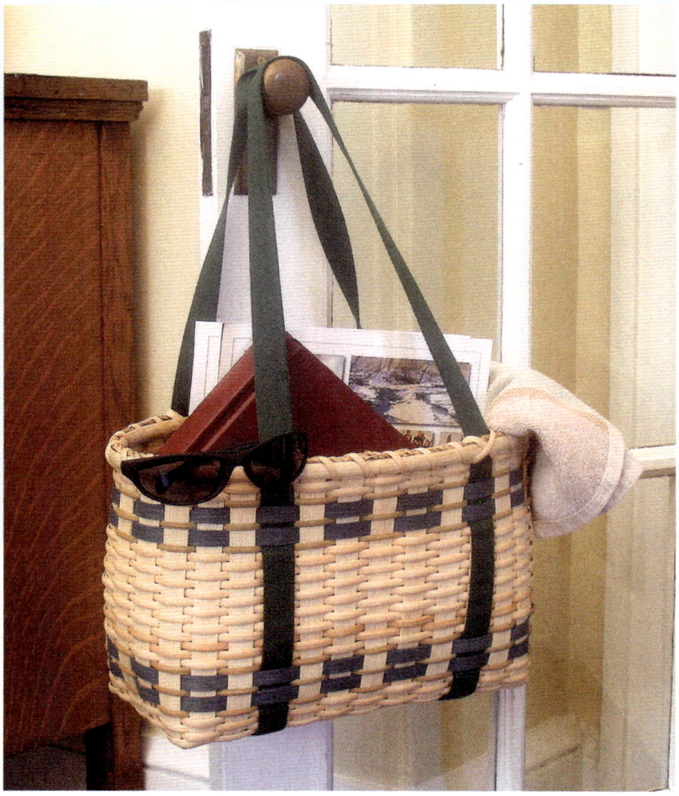

Die nächsten drei Körbe sind zum Aufhängen. Einer hängt an Ihrer Schulter, die anderen beiden hängen an der Wand. Unser erstes Modell ist eine Einkaufstasche, das zweite ein kleiner Wandkorb mit Perlenverzierung und der dritte ein Aufbewahrungskorb für Knoblauch.

Einkaufskorb

Dies ist meine eigene Variation eines Einkaufskorbes, dessen Herstellung ich von meiner Freundin Beverly Harang gelernt habe. Andere nennen ihn New England-, Penobscot- oder Country-Einkaufskorb. Die Henkel sind aus Gewebeband, einem starken Baumwollband, das man in verschiedenen Farben und Größen bekommt. Jedes starke Band mit 2,5 cm Breite ist dafür geeignet. Ich habe solche Körbe auch schon mit Seegras- oder Lederhenkeln gesehen.

Benötigte Techniken

- Boden anlegen, Seite 23
- Staken hochbiegen, Seite 25
- Start-und-Stop-Einergeflecht, Seite 25
- Rand hinzufügen, Seite 28
- Verschnüren, Seite 28

Neu erlernte Techniken

- Alternative Bodenfüllung
- Gewebeband hinzufügen

Fertigmaß

- 36 cm x 18 cm x 23 cm

Weitere Materialien

- Korbfarbe in Dunkelgrün und Oliv
- 3,2 m Gewebeband (2,5 cm breit) in passender Farbe
- Nähgarn in passender Farbe
- Nähnadel

Materialien

Menge	Material/Maß	Länge	Farbe	Funktion
11	1,9 cm flaches Peddigrohr	76 cm	naturfarben	Staken
5	1.9 cm flaches Peddigrohr	94 cm	naturfarben	Staken
4	7 mm flach-ovales Peddigrohr	51 cm	naturfarben	Füllstreifen
19	7 mm flach-ovales Peddigrohr	112 cm	6 olivgefärbt, 13 naturfarben	Fäden
4	1,3 cm flaches Peddigrohr	112 cm	grün	Fäden
1	9,5 mm flaches Peddigrohr	112 cm	naturfarben	verborgener Faden
2	1,3 cm flach-ovales Peddigrohr	112 cm	naturfarben	Rand
1	3 mm ø Seegras	112 cm	naturfarben	Randfüller
1	7 mm flach-ovales Peddigrohr	2,7 m	naturfarben	Verschnürung

Anleitung

1. Hier ist eine alternative Methode, um die Lücken zwischen den Staken zu füllen, die oft in Cherokee-Holzsplintkörben genutzt wird. Die Füller werden neben jeder zweiten Stake verflochten, rechts und links davon und im selben Muster. Damit werden die zweite und vierte lange Bodenstake breiter als die anderen. Markieren Sie zuerst die Mitte der sechzehn Staken und vier Füller auf ihrer falschen Seite. Achten Sie auf das Einweichen.

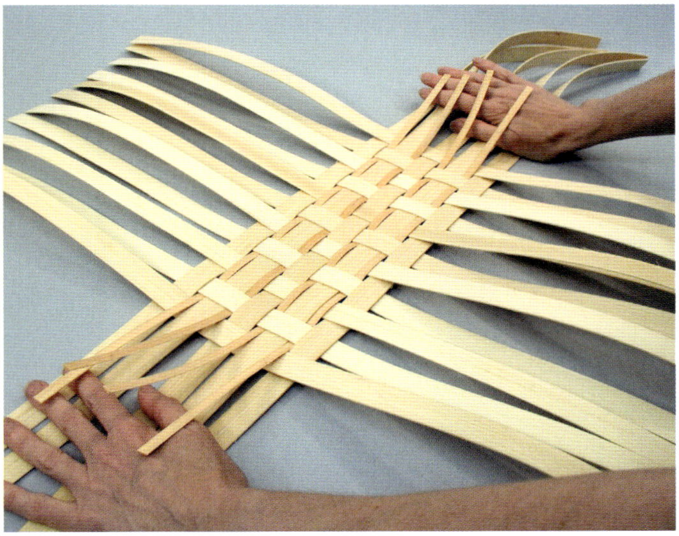

2. Legen Sie den Boden an, falsche Seite nach oben. Die mittlere der elf Staken sollte im Zentrum unter der mittleren der fünf Staken liegen. Dann liegen die durch Füller verstärkten Staken über den beiden äußeren der elf Staken. Den Boden rechteckig ausrichten und die Ecken markieren.

3. Der Korb ohne Fitzen des Bodens hat klare Linien, macht den Beginn aber schwieriger (wenn gewünscht, fitzen Sie ein bis zwei Reihen mit rundem Peddigrohr, 2 mm ø). Falten Sie die Staken und Füller an der Außenkante nach oben. Mit dem flach-ovalen Peddigrohr (7 mm) zäunen Sie die Wände in Start-und-Stop-Technik. Behandeln Sie die Füller wie Bestandteile der entsprechenden Stake. Schneiden Sie die Enden der flach-ovalen Fäden schräg an, um die Überlappung dünner zu machen.

4. Beim Hocharbeiten der Wände kreuzen Sie die Füller vor der Staken-Außenseite. Lassen Sie keine Fäden vor Staken mit Füllern überlappen, bevor diese gesichert und nachgeschnitten sind.

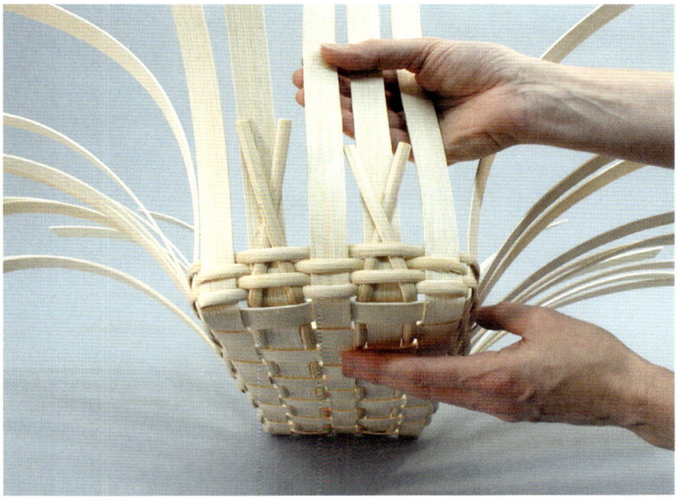

5. Wenn Sie den Korb beim Flechten auf Ihrem Schoß halten, kann der Boden sich verziehen, es ist schwer, eine lange, schmale Form zu halten. Sie könnten stattdessen die ersten vier Reihen auf Ihrem Schoß flechten, den Korb zum Weiterflechten auf einen Tisch stellen und den Boden flachpressen.

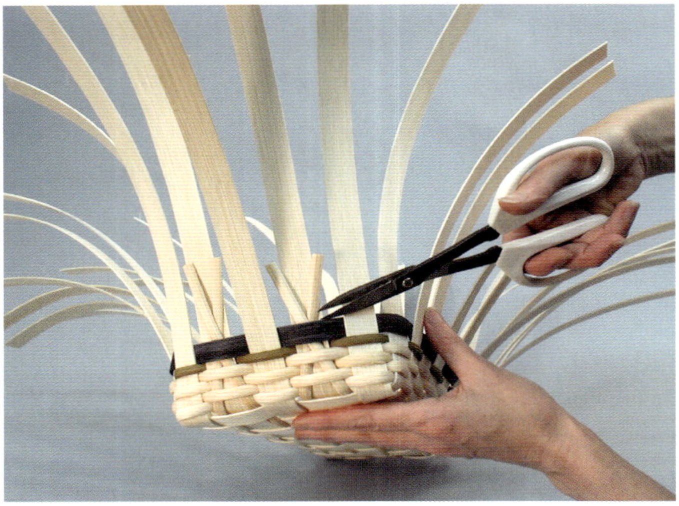

6. Flechten Sie eine Reihe gefärbten, flach-ovalen 7 mm-Faden, dann eine Reihe flaches 1,3 cm-Peddigrohr, mit Überlappungen an den zentralen vier Staken an der Längsseite, sodass sie nicht mit dem Gewebeband kollidieren. Schneiden Sie die Füller an der Oberkante des ersten flachen 1,3 cm-Fadens ab, um die Enden zu verbergen.

7. Flechten Sie die Wände weiter wie auf dem Foto. Der Korb hat zwischen den gefärbten Bereichen 13 Reihen, die mit dem flach-ovalen 7 mm-Peddigrohr geflochten werden. Zentrieren Sie die Überlappungen der oberen gefärbten Fäden. Wenn Sie die Höhe des Korbs verändern möchten, denken Sie daran, dass Sie eine ungerade Fadenanzahl brauchen, damit der Henkel sauber sitzt.

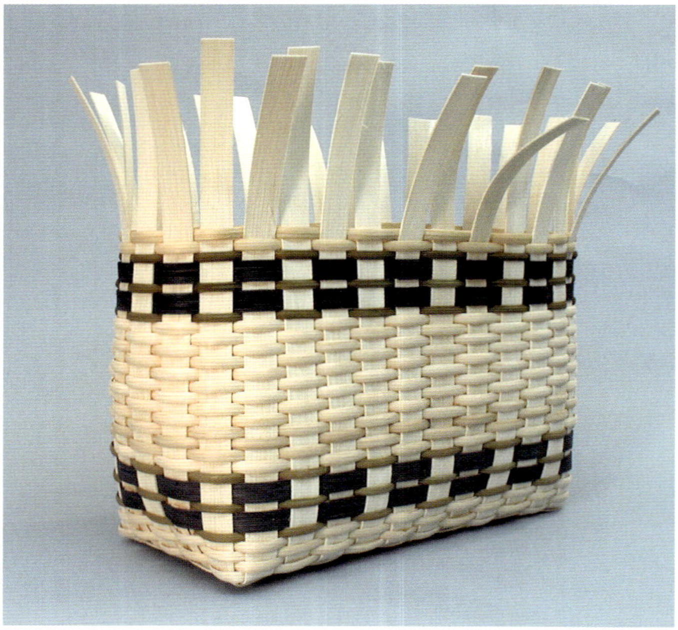

8. Flechten Sie den verborgenen Faden. Schneiden Sie die inneren Staken ab. Falten Sie die äußeren Staken und stecken Sie sie innen ein.

9. Spitzen Sie die Enden des Gewebebandes zu. Mit einer Ahle oder Riemenahle öffnen Sie Lücken und schieben das Gewebeband dem Geflecht folgend hindurch. Vernähen Sie das Band quer über den Boden, entlang der dritten Stake. Richten Sie das Gewebeband gleichmäßig aus. Nähen Sie es hinter den beiden flachen Fäden (1,3 cm) des unteren gefärbten Bereiches auf. Führen Sie es vor den nicht gefärbten Bereichen und hinter den oberen gefärbten flachen Fäden hoch. Machen Sie oben eine Schlaufe (darauf achten, dass es sich nicht verdreht). Dann gehen Sie genauso wieder nach unten, auf derselben Korbseite entlang der dritten Stake. Dann fertigen Sie den Henkel auf der anderen Korbseite genauso. Der Umgang mit dem Band ist nicht leicht. Es kann ausfransen und das Durchziehen ist knifflig. Nehmen Sie die Ahle zu Hilfe.

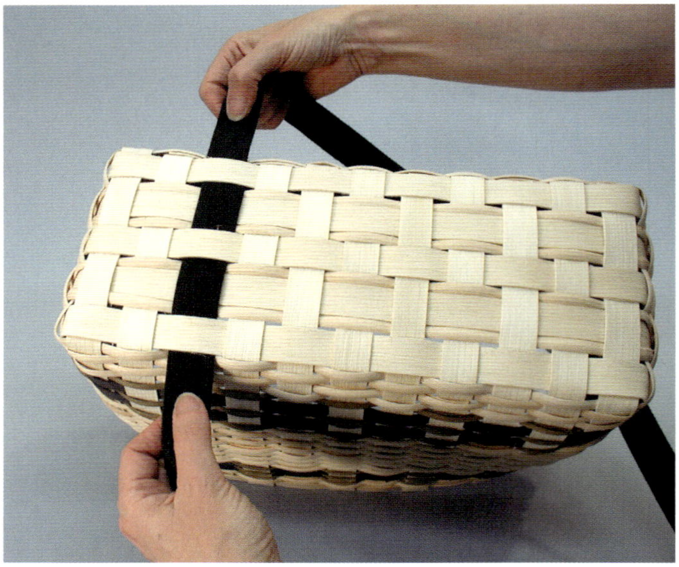

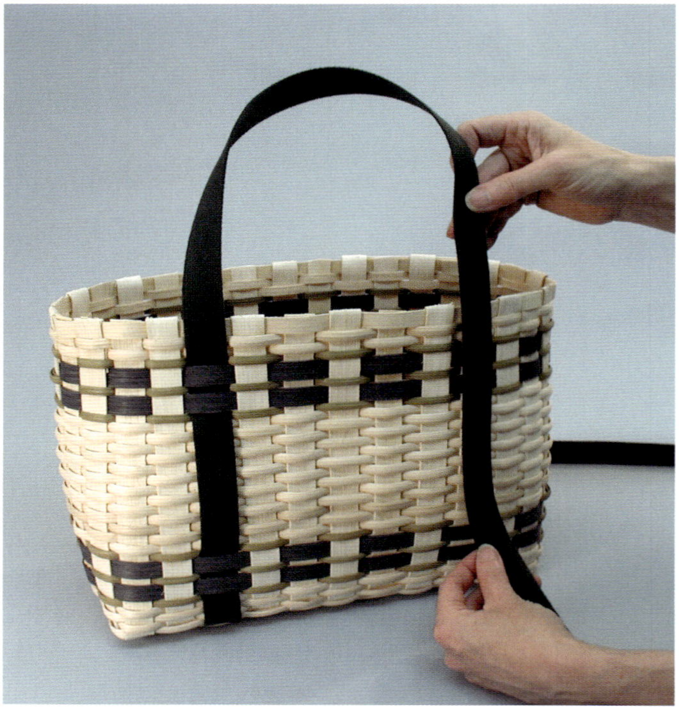

10. Die Länge der Henkel bestimmen Sie. Bei mir soll der Korb bequem von der Schulter hängen, aber nicht so tief, dass er auf dem Boden schleift, wenn ich ihn in der Hand halte. Achten Sie auf parallele Länge beider Henkel. Am Korbboden endet das Band mit einer Überlappung von vier Staken. Sichern Sie das Band mit einigen zusätzlichen Nähstichen.

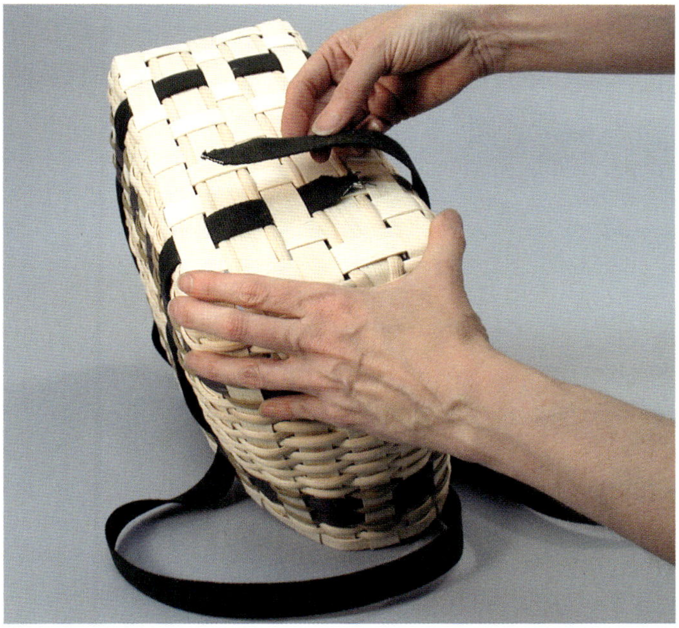

11. Den Rand positionieren Sie um die Henkel, den Randfüller außen davor.

12. Bei der Verschnürung formen Sie vor jedem Henkel ein X (Seite 33). Arbeiten Sie vorsichtig, die Henkel sind biegsam, also nicht zu fest ziehen. Verbergen Sie die Enden innen in den Randstücken.

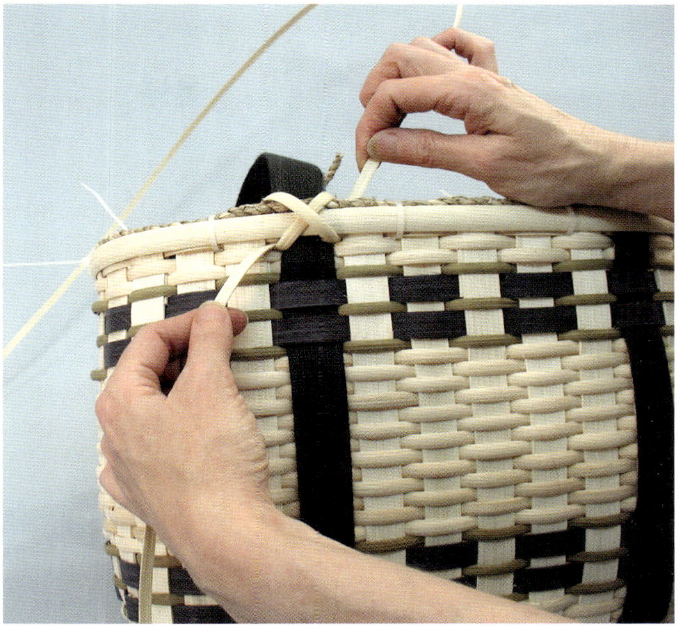

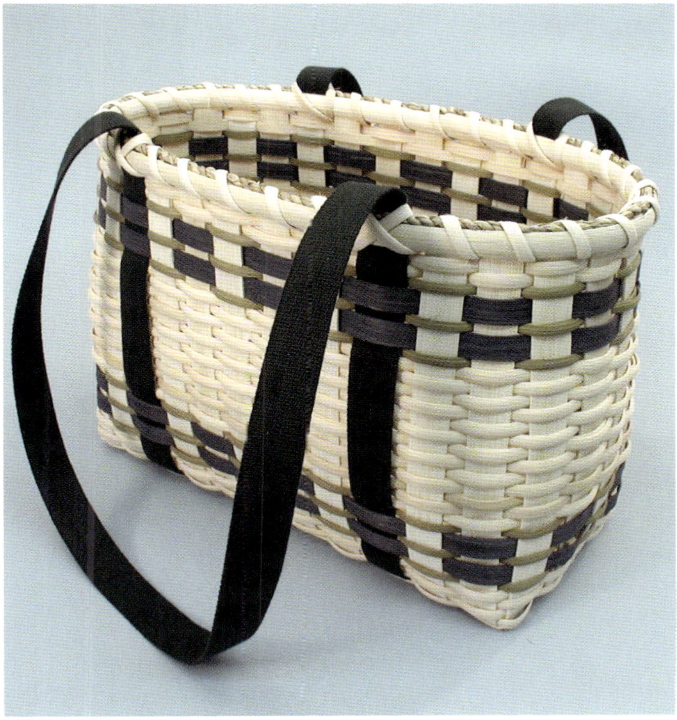

Postkorb

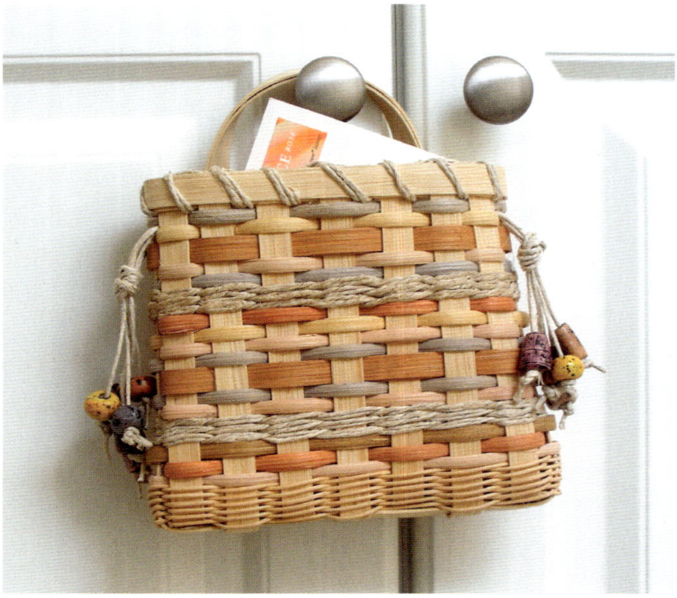

Dieser kleine, schmale Korb kann an einer Küchentür hängen und die Ausgangspost sammeln. Jede Farbe und jedes Maß sind hier möglich, eine gute Gelegenheit, Reste zu verarbeiten. Ich habe zuerst die Perlen herausgesucht, dann gefärbtes, passendes Peddigrohr aus meinem unendlichen Fundus. Für eine interessante Struktur habe ich Hanf eingeflochten, was natürlich auch mit rundem Peddigrohr geht.

Benötigte Techniken

- Boden anlegen, Seite 23
- Zweiergeflecht, Seite 23
- Staken hochbiegen, Seite 25
- Start-und-Stop-Einergeflecht, Seite 25
- Rand hinzufügen, Seite 28
- Verschnüren, Seite 28

Neu erlernte Techniken

- Quasten- und Perlen-Verzierung hinzufügen

Fertigmaß

- 15 cm x 2,5 cm x 15 cm ohne Henkel

Weitere Materialien

- Sticknadel mit stumpfer Spitze (0,5 mm)
- Hanfschnur
- Perlen Ihrer Wahl in 12 mm und 14 mm Durchmesser

Materialien

Menge	Material/Maß	Länge	Funktion
5	1,3 cm flaches Peddigrohr	48 cm	Stakes
2	1,3 cm flaches Peddigrohr	61 cm	Stakes
1	1.3 cm flaches Peddigrohr	64 cm	Stakes
1	2 mm ø rundes Peddigrohr	4,5 m	Zweiergeflecht*
11	6 mm flach-ovales Peddigrohr	53 cm	Fäden**
2	1.3 cm flaches Peddigrohr	53 cm	Fäden**
2	1.5 mm Hanfschnur	6 m	Fäden**
1	9.5 mm flaches Peddigrohr	53 cm	verborgener Faden
2	1,3 cm flaches Peddigrohr	53 cm	Rand
1	1,5 mm Hanfschnur	1,2 m	Randfüller
1	1,5 mm Hanfschnur	3 m	Verschnürung

*Das Zweiergeflecht kann auch mit mehreren kurzen Stücken gefertigt werden.
**Alle Fäden können gefärbt sein.

Anleitung

1. Markieren Sie leicht die Mitte der fünf Staken und der 64 cm-Stake auf ihrer richtigen (glatten) Seite. Markieren Sie die zwei anderen Staken jeweils 24 cm von einem Ende entfernt auf ihrer richtigen Seite. Die übrigen 13 cm dienen dem Korb später als Henkel.

2. Arbeiten Sie mit der richtigen Seite nach oben, wenn Sie mit dem Fitzen der Wände beginnen. Die raue Seite wird im Korbinneren enden (ja, wirklich, ein neuer Kniff). Alle Materialien gut einweichen und den Hanf doppelt nehmen.

3. Da eine Stake sieben Staken kreuzt, braucht der Boden eine Stütze, um zusammenzubleiben, bis die erste Zweiergeflecht-Reihe fertig ist. Sie können dazu ein Gewicht nehmen, meine bevorzugte Methode ist, vier schmale Peddigrohrstücke einzuflechten, um die Staken am Platz zu halten. Das muss nicht ganz exakt sein. Nach dem ersten Flechtabschnitt wieder entfernen. Ordnen Sie die Staken wie auf dem Foto an. Die beiden (61 cm) Staken bilden den Henkel und überragen die anderen Staken an zweiter und sechster Stelle. Die Stakenenden ausrichten, die Breite auf 16 cm, die Mitte gerade, dann flechten Sie die 64 cm-Stake ein. Sie liegt dann über den beiden äußeren Staken. Markieren Sie leicht die Außenkanten des Bodens.

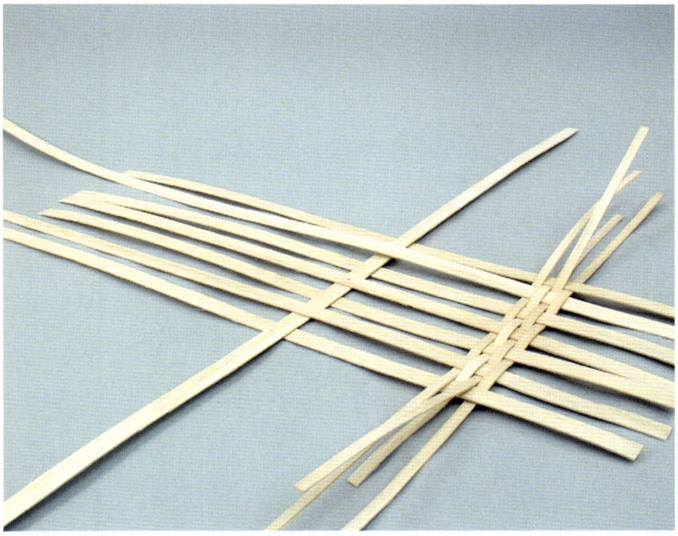

4. Knicken Sie ein Stück des runden Peddigrohrs nicht ganz bei der Hälfte und schlingen Sie es um eine Außenstake auf der Seite mit den überstehenden Henkelstaken. Dann flechten Sie im Zweiergeflecht um die Staken, vorsichtig, damit sie sich nicht verschieben. Die Ecke umrunden, straff halten, dann die Hilfsfäden entfernen und die erste Runde fertigflechten. Der Boden sollte aussehen wie auf dem Foto.

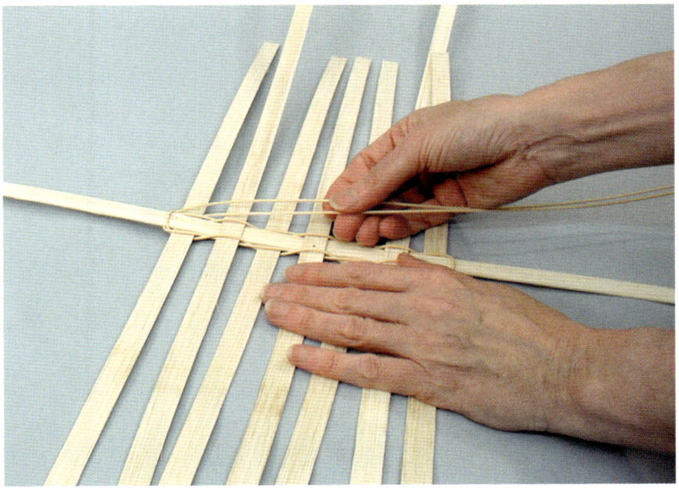

5. Heben Sie den Boden hoch falten Sie die Staken nach unten und von Ihnen weg. Die richtige Stakenseite ist außen. Drehen Sie den Korb wieder, sodass der Boden unten ist.

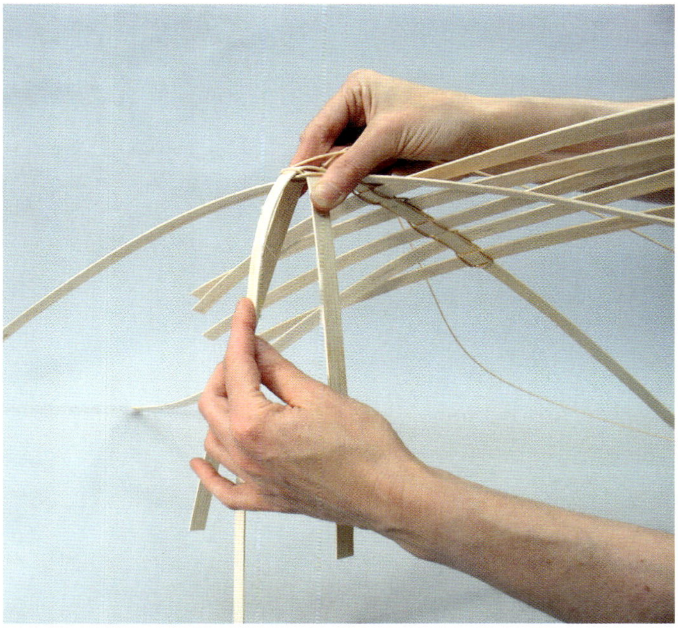

6. Fitzen Sie weitere fünf Reihen um die Staken, damit sie aufrechtstehen. Wenn nötig, schließen Sie zwei Stücke rundes Peddigrohr an (Seite 23).

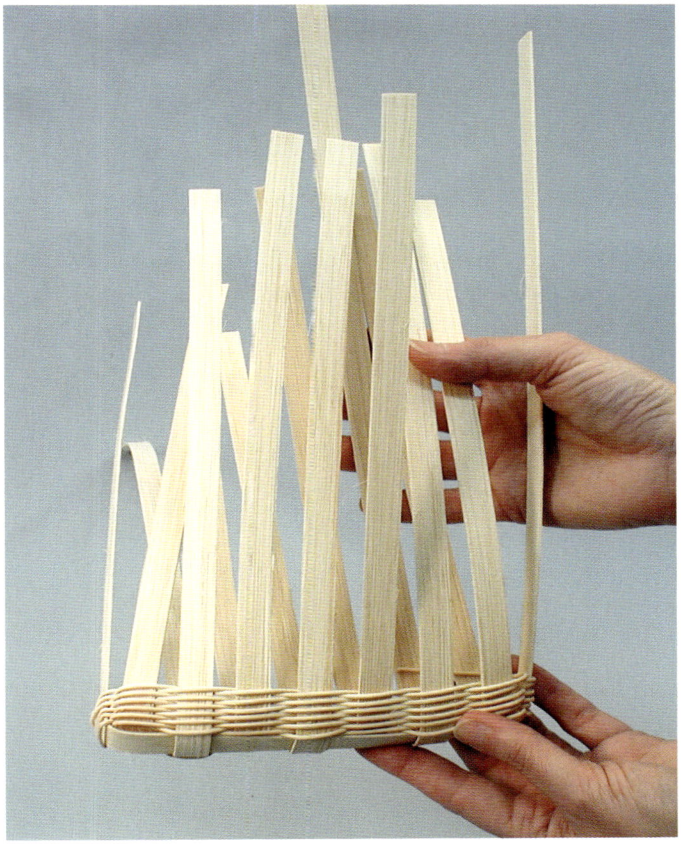

7. Dann flechten Sie die Wände in Start-und-Stop-Technik, Maß und Farbe der Fäden nach Geschmack. Ich habe die Farben passend zu meiner Küche gewählt: zartblau, rosé, gelb, oliv, rostrot. Vermeiden Sie das Überlappen um Ecken und ziehen Sie die Wände nicht zu sehr nach innen, sonst passen größere Briefe und Karten nicht in den Korb. Für visuelle Akzente flechten Sie ein paar Reihen mit Hanfschnur. Die Enden verschnüren Sie im Korbinneren und schneiden den Überstand ab.

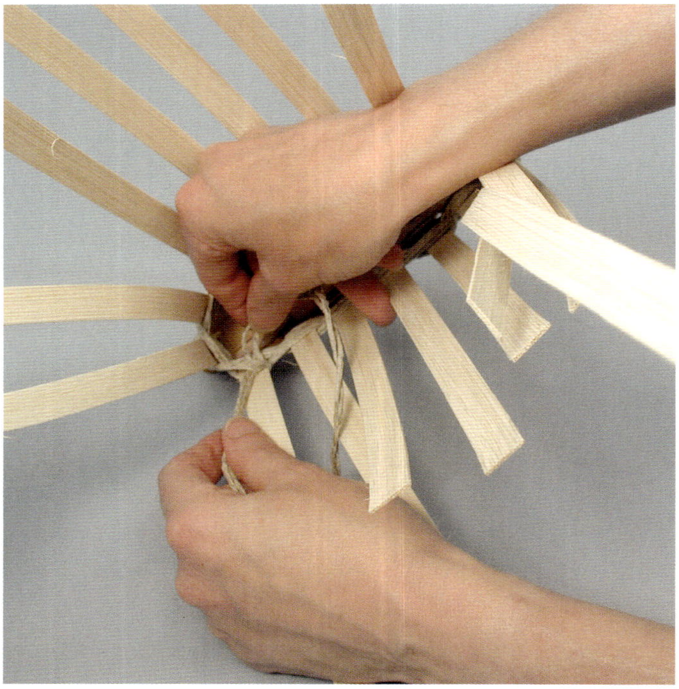

8. Flechten Sie den verborgenen Faden. Schneiden Sie die inneren Staken ab, aber nicht die Henkelstaken. Falten Sie die äußeren Staken und stecken Sie sie innen ein (auch hier: nicht die Henkelstaken).

9. Um den Henkel zu formen, biegen Sie eine Stake an der Korb-Außenwand zur Seite und entlang der anderen Henkelstake nach unten. Dann biegen Sie die zweite Stake als Überlappung der ersten um.

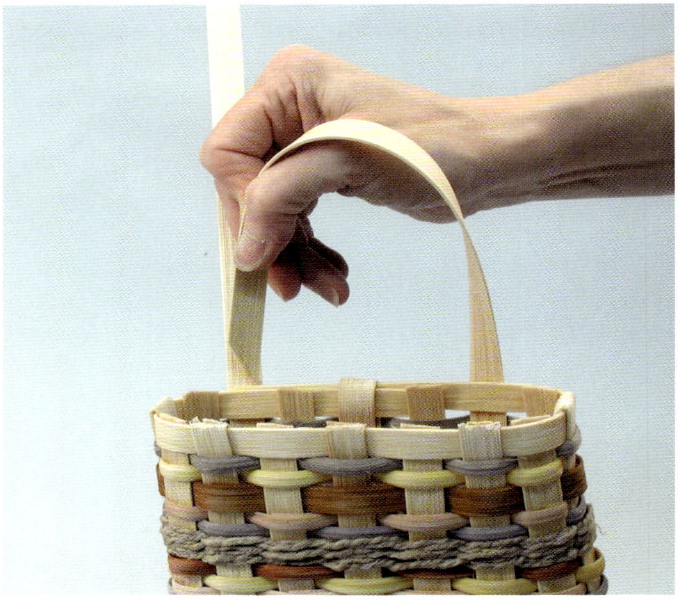

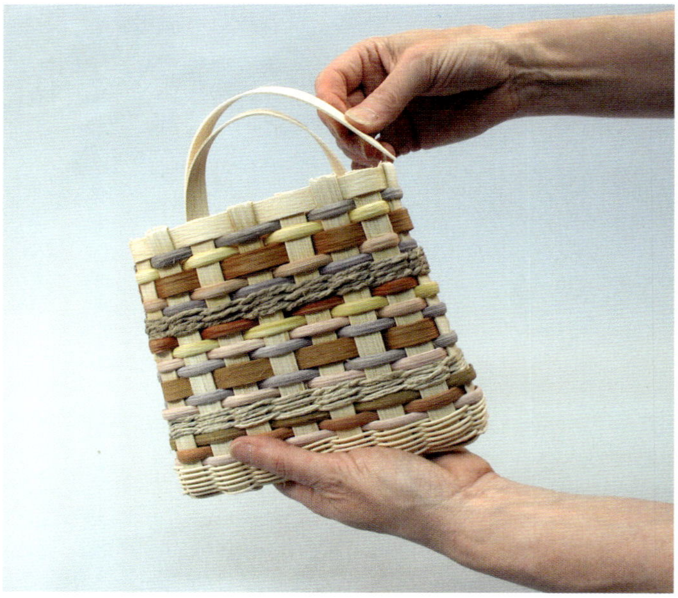

10. Mit dem flachen Peddigrohr (1,3 cm) formen Sie den Rand – flach-ovales Rohr wäre zu dick. Platzieren Sie die Überlappungen an der Korb-Hinterseite innerhalb der Henkelschlaufe. Als Randfüller nehmen Sie einen Hanf-Doppelfaden. Dann fädeln Sie ein Ende des Verschnürungs-Hanfes in die Sticknadel, ziehen ihn durch die Nadel, bis ein Doppelfaden entsteht, und verschnüren den Rand vor jedem Henkelstück mit einem X. Verschnüren Sie die Enden an der unteren Innenkante des Randes und fädeln Sie sie zwischen den Randschichten ein.

11. Verknoten Sie je ein Stück Hanfschnur an den Schmalseiten des Korbes. Fädeln Sie die Perlen ein und verknoten Sie sie. Jetzt wartet Ihr Korb nur noch darauf, irgendwo hingehängt zu werden!

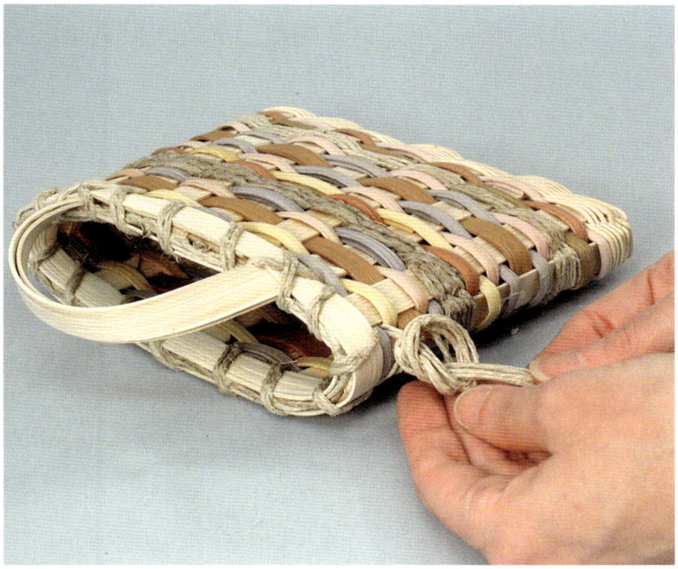

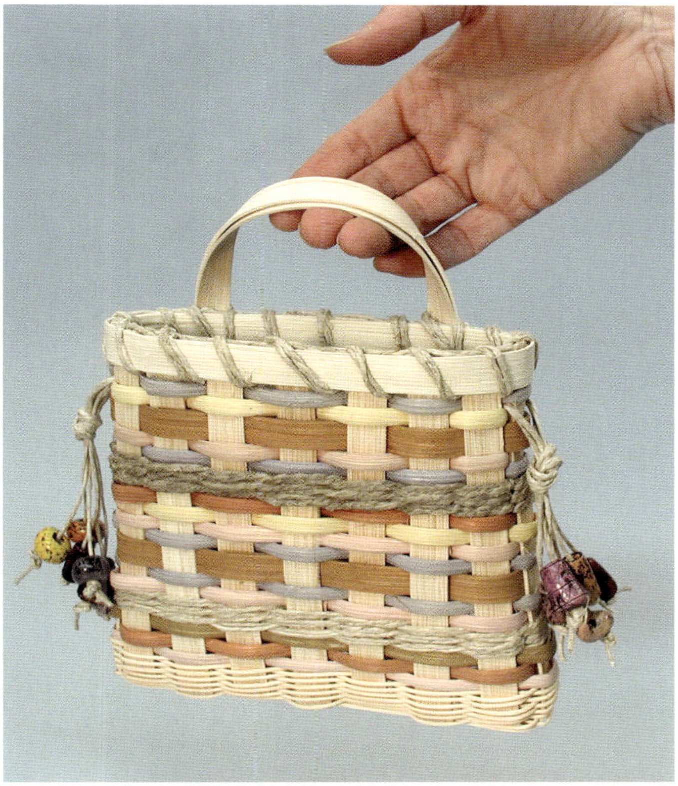

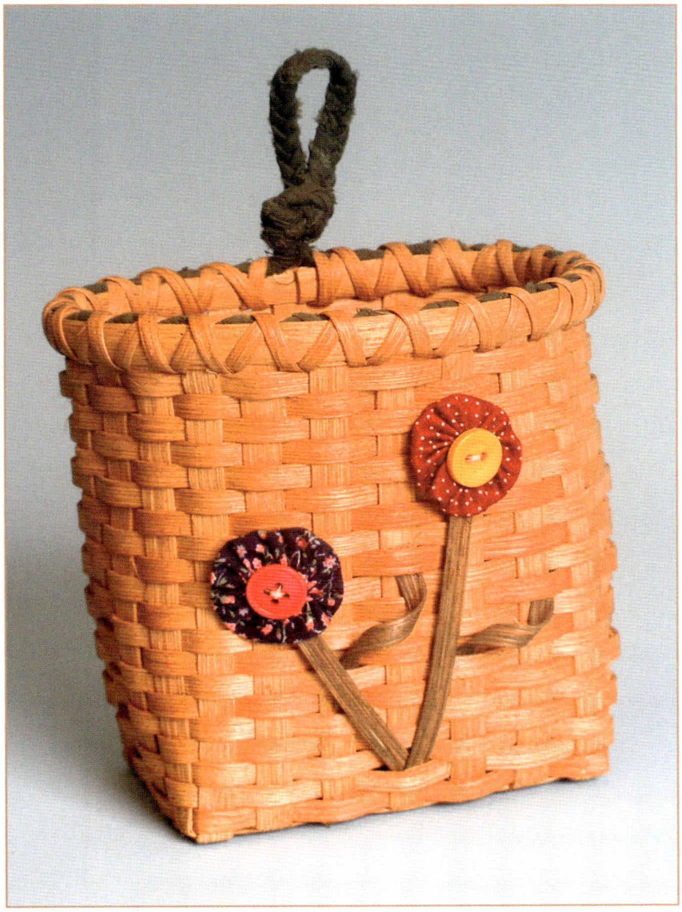

Dianne Kennedy, *Happy Pockets*, 2005.
10 cm x 15 cm x 14 cm. 7 mm flaches Peddigrohr, Gewebeband, Knöpfe. Der Randfüller hat hinten am Korb eine Schlaufe und dient als Aufhänger. Mit JoJo-Knopfblumen verziert.
Foto: Esther Holsen

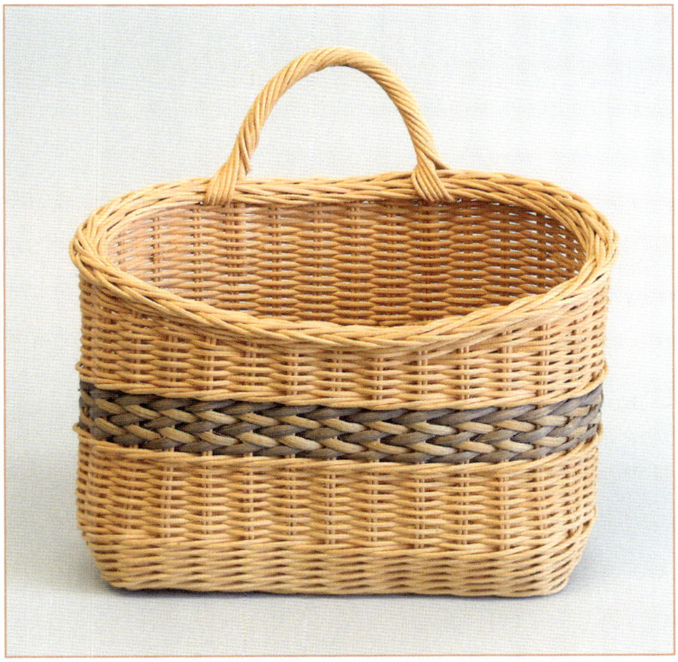

Mary Young Smith, *Wicker Wall Basket*, 2000.
25 cm x 15 cm x 18 cm. Rundes und flach-ovales Peddigrohr. Das Fischgrätmuster hat ein Französisches Seitengeflecht mit zwei Fadensets, die sich abwechseln – eine Reihe links-rechts und eine Reihe rechts-links –, kompliziert, aber es macht Spaß.
Foto: Esther Holsen

Knoblauchkorb

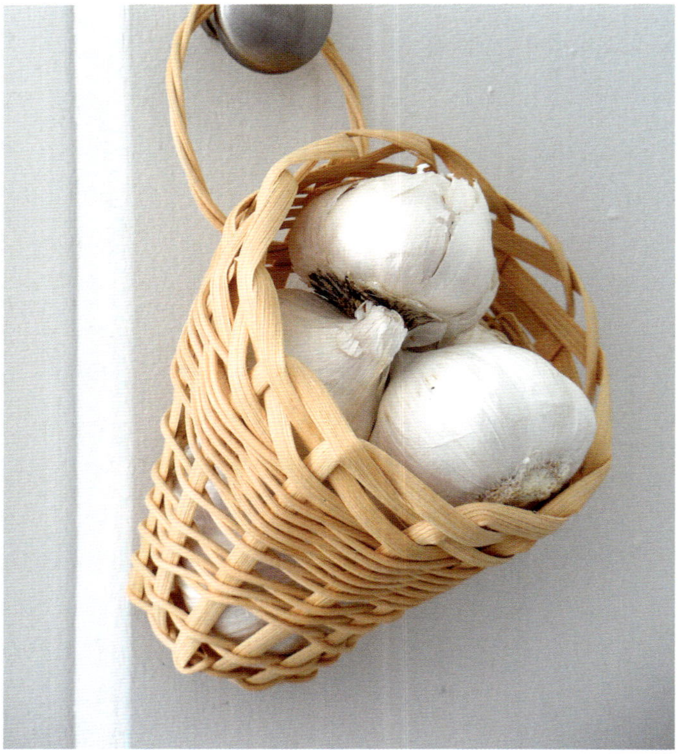

Das ist meine Version eines langjährigen Lieblingskorbes, man braucht nur etwa eine Stunde dafür. Mit Knoblauch gefüllt, ist er ein perfektes Geschenk zum Einzug für eine gemütliche Küche. Für den Flechtrand, den Sie hierbei lernen, nehmen Sie Ihr bestes flach-ovales Peddigrohr (6 mm).

Benötigte Techniken

- Boden anlegen, Seite 23
- Zweiergeflecht, Seite 23
- Staken hochbiegen, Seite 25

Neu erlernte Techniken

- Einen Rand flechten

Fertigmaß

- 10 cm x 10 cm x 13 cm

Weitere Materialien

- Weißer Kraftkleber

Materialien

Menge	Material/Maß	Länge	Funktion
6	6 mm flach-ovales Peddigrohr	64 cm	Staken
Variabel	2 mm ø rundes Peddigrohr	8 m	Zweiergeflecht
1	2 mm ø rundes Peddigrohr	61 cm	Hängeschlaufe

Anleitung

1. Markieren Sie die Mitte der Staken auf der falschen Seite. Flechten Sie den Boden im Einergeflecht, drei Staken in jede Richtung. Passen Sie den Boden auf 4 cm x 4 cm an und markieren Sie die Ecken. Alles gut einweichen.

2. Drehen Sie den Boden um, runde Stakenseite nach oben, dann beginnen Sie mit dem Fitzen. Weichen Sie ein Stück rundes Peddigrohr ein, dann knicken und nicht ganz zur Hälfte falten. So beginnen und enden die Fäden nicht an derselben Stake.

3. Fitzen Sie einmal um den Boden herum, dann wieder umdrehen.

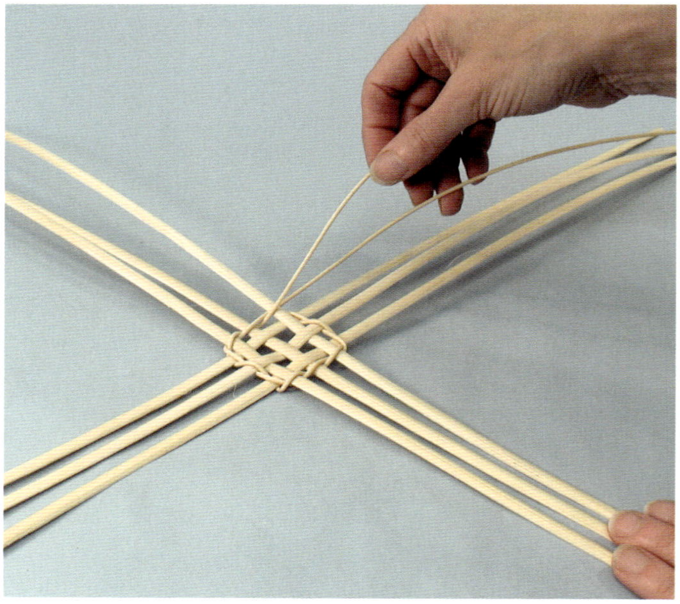

4. Biegen Sie die Staken sanft nach oben und umschließen Sie sie mit der Hand. Der Korbboden ist nicht flach, deshalb nicht an der Kante hochknicken. Weiter um den Korb herumfitzen und die Eckstaken zueinander ziehen. Möglichst gleiche Stakenabstände formen, das kann einige Flechtrunden dauern.

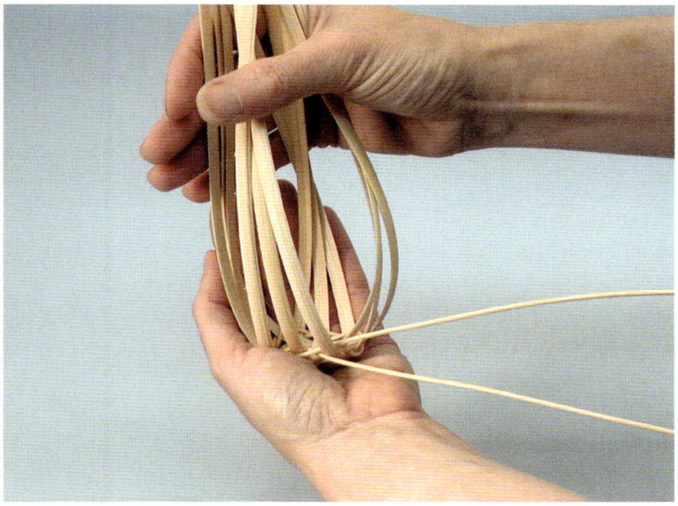

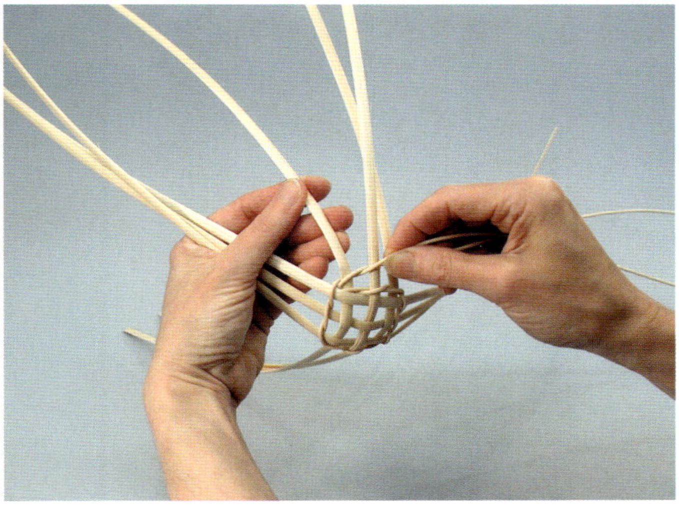

5. Verdichten Sie die Reihen nicht eng, lassen Sie Lücken, so kann der Knoblauch später „atmen". Die Lücken müssen auch nicht gleichmäßig sein. So entsteht ein interessanteres Muster.

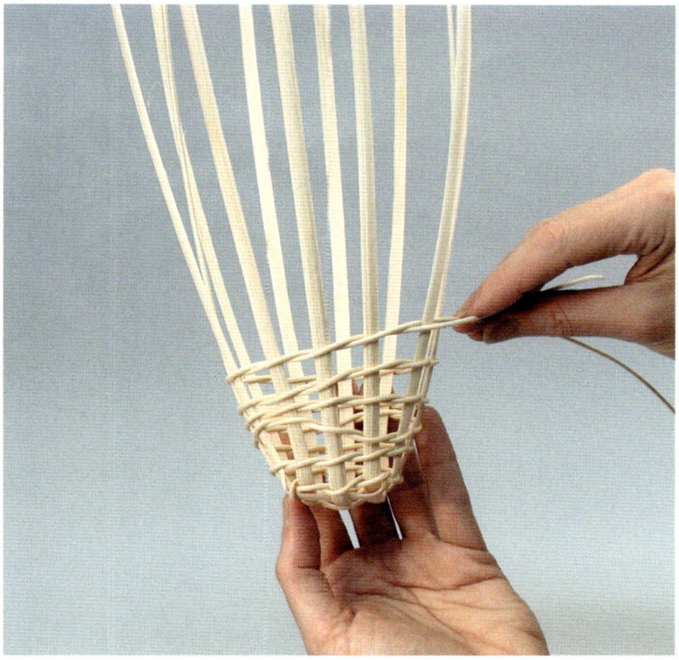

6. Wenn ein Faden zu Ende geht, einfach hinter einer Stake enden und dort sofort mit einem neuen beginnen.

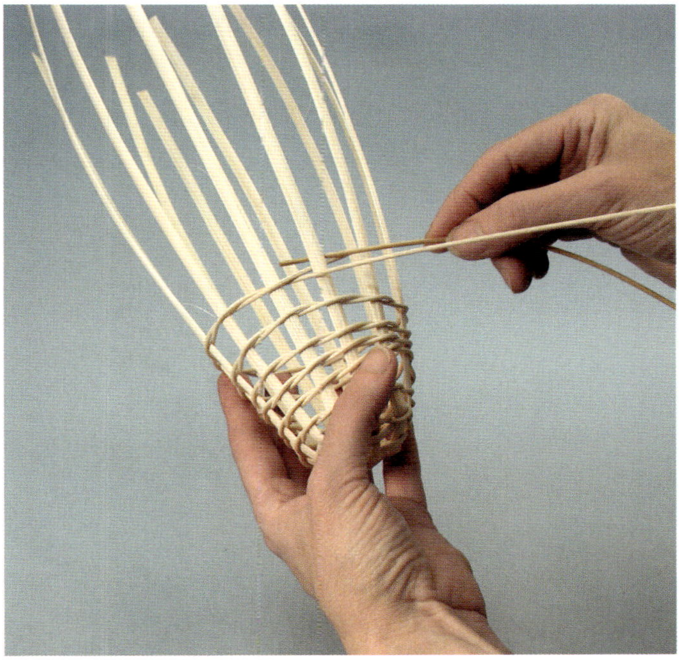

7. Jetzt formen Sie eine Seite länger als die andere, indem Sie größere bzw. kleinere Reihenlücken lassen. An diesem Punkt hatte mein Korb die Höhe von 5 cm auf der einen und 9 cm auf der anderen Seite. Sie können auch hier variieren. Die obere Öffnung sollte nicht mehr als 9 cm Durchmesser haben. Vor dem Anbringen des Hängeringes die letzten beiden Flechtreihen gut zueinander verdichten.

8. Für den Hängering bilden Sie mit einem 61 cm langen runden Faden (2 mm) eine Schlaufe mit 6 cm Überstand an einem Ende. Wickeln Sie das andere Ende durch die Schlaufe. Ich mache das drei Runden lang. Schneiden Sie die Enden ab und befestigen Sie sie mit ein wenig Kleber.

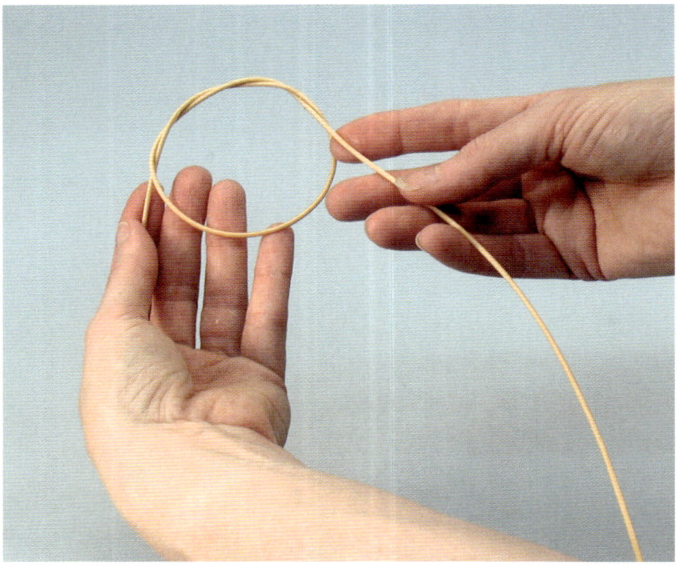

9. Platzieren Sie den Ring um die zentrale Stake der hohen Korbseite.

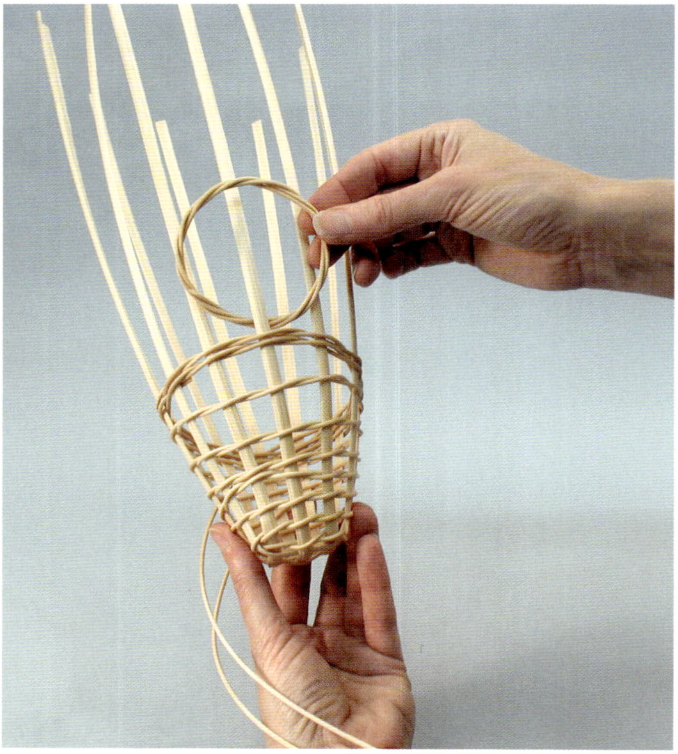

10. Fitzen Sie drei Runden weiter und verdichten Sie sie eng zu den vorigen beiden (insgesamt dann fünf verdichtete Reihen). Beenden Sie die Fäden hinter zwei aufeinanderfolgenden Staken an der hohen Korbseite, dann abschneiden. Für den Rand sollte eine Stakenrest-Länge von mindestens 23 cm vorhanden sein; falls Ihre Staken zu kurz sind, können Sie die Flechtreihen nach unten verdichten.

11. Das Randflechten kann zu Beginn verwirrend sein, dann aber ist es eine schnelle Methode, einen Korb fertigzustellen. Die Staken sollten gut eingeweicht sein. Beginnen Sie am höchsten Korbpunkt, beim Hängering. Biegen Sie eine Stake leicht nach rechts und flechten Sie sie vor die nächste Stake, hinter die nächste, vor die nächste und dann ins Korbinnere. Achten Sie darauf, dass die runde Fadenseite außen bleibt. Falten Sie die Staken nicht zu eng zum Zweiergeflecht. Sie müssen genug Raum für die letzten Staken lassen, um sie einzuflechten.

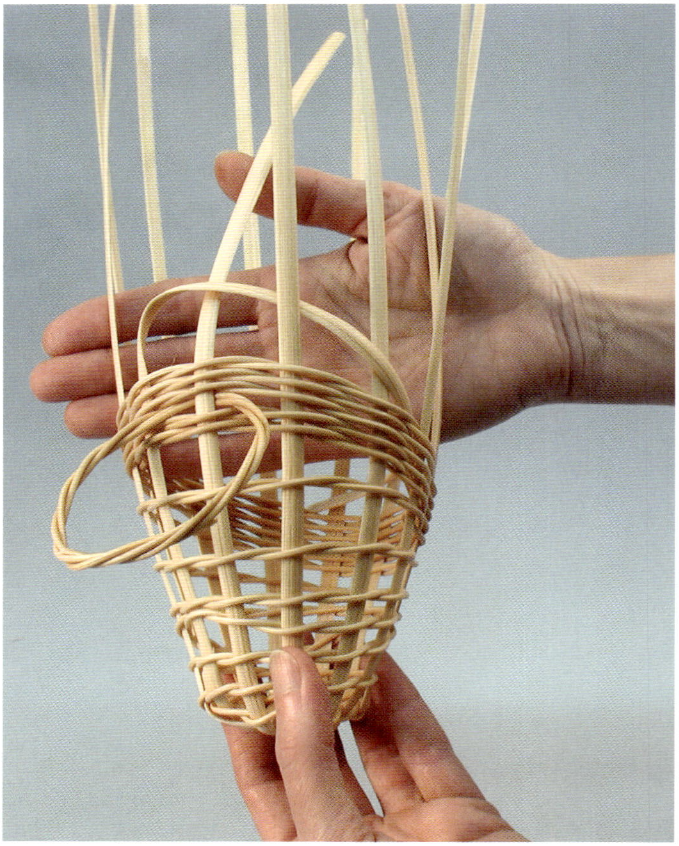

12. Fahren Sie genauso immer mit der nächsten Stake nach rechts fort. Vor, hinter, vor und nach innen, die runde Seite immer außen.

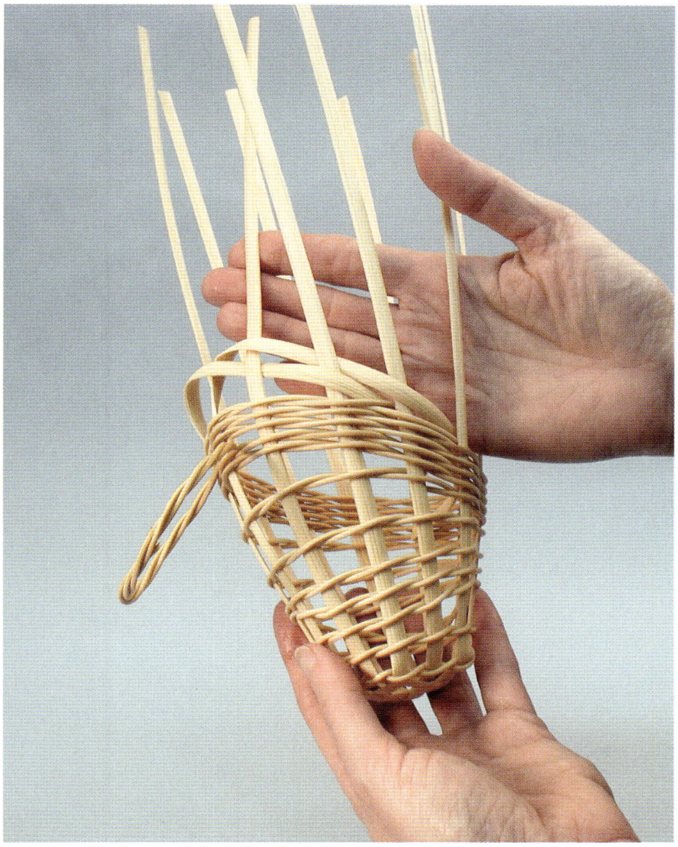

13. Eventuell müssen Sie Staken einfädeln, weil die vorigen Staken schon gebogen sind.

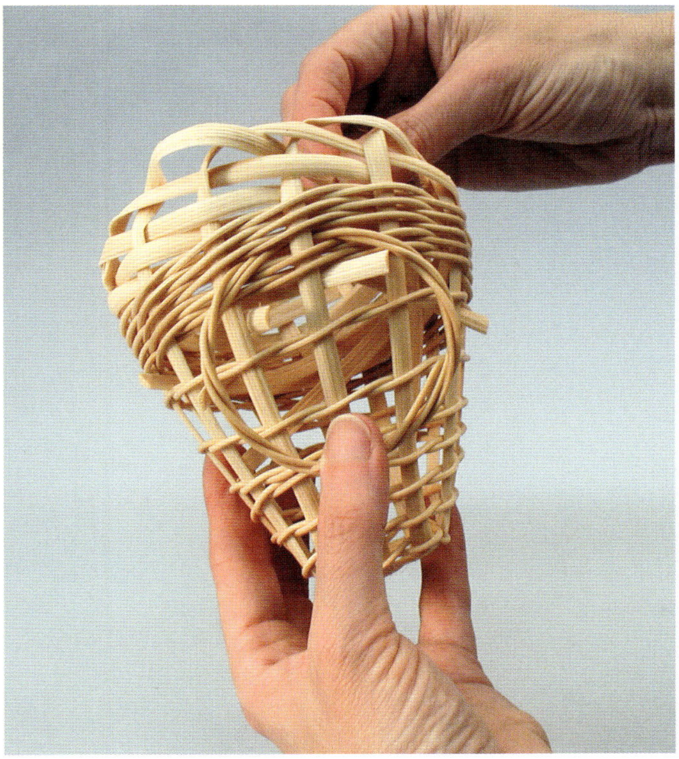

14. Wenn alle Staken an ihrem Platz sind, ebnen Sie den Rand (Staken noch einmal anfeuchten). Wenn der Korb getrocknet ist, schneiden Sie die Staken innerhalb des Randes ab, lassen sie aber lang genug, damit sie sich nicht lösen.

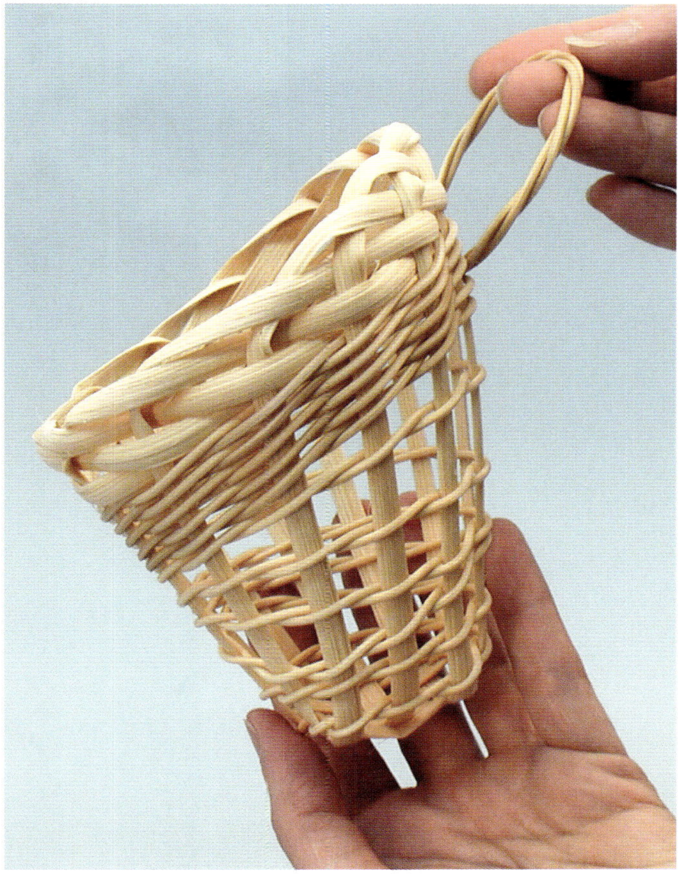

RUNDE BÖDEN

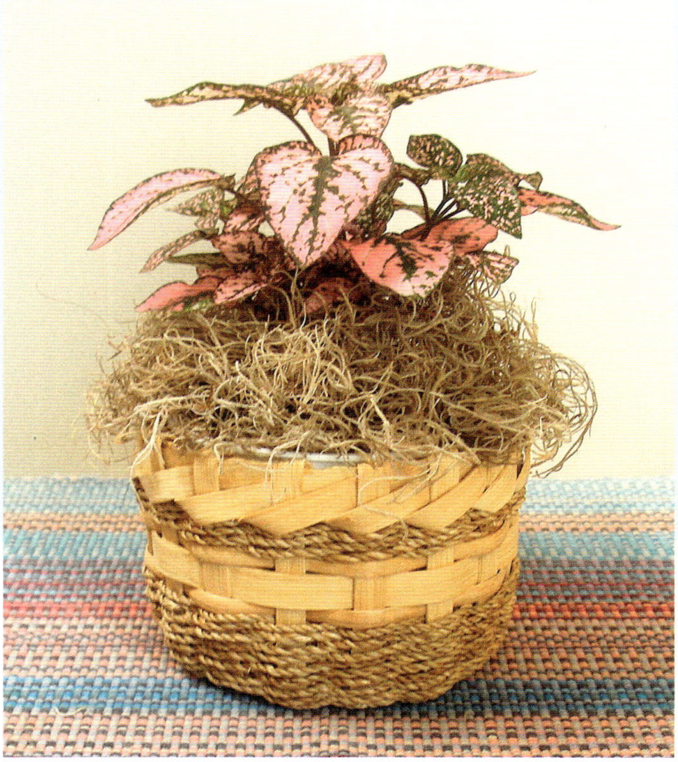

Die nächsten drei Körbe haben strahlenförmige Staken und werden anders gefertigt. Statt eines rechteckigen Verflechtens gehen sie strahlenförmig von einem Punkt aus, wie die Speichen eines Rads. Diese Struktur erlaubt die Fertigung runder Körbe. Die Körbe haben ein Spiralgeflecht: Fitzen, Schichtgeflecht, kontinuierliches Geflecht.

Übertopf

Der Übertopf soll eine kleine Pflanze beherbergen und bekommt einen Innenbehälter aus Plastik, der auch die Korbgröße festlegt.

Materialien

Menge	Material/Maß	Länge	Funktion
8	9,5 mm flaches Peddigrohr	61 cm	Staken
1	3 mm ø rundes Peddigrohr	2 m	Bodenfaden
1	3 mm ø Seegras	10 m	Faden
2	7 mm flach-ovales Peddigrohr	56 cm	Fäden
1	1,3 cm flaches Peddigrohr	56 cm	Faden
1	1,3 cm flaches Peddigrohr	56 cm	Rand

Benötigte Techniken

- Schichtgeflecht, Seite 15
- Zweiergeflecht, Seite 23
- Staken hochbiegen, Seite 25
- Start-und-Stop-Einergeflecht, Seite 25

Neu erlernte Techniken

- Einen runden Boden anlegen
- Einen Rand ohne Verschnürung falten

Fertigmaß

- 14 cm x 9 cm

Weitere Materialien

- 20 cm x 20 cm Kiefernbrett mit Bohrloch in der Mitte (ca. 1,6 mm ø)*
- Von unten durchgeschobener, passender Nagel mit dickem Kopf oder ähnliches
- Korken
- Plastik-Blumentopf mit etwa 11 cm Durchmesser und 8 cm hoch**

*Für einmaligen Gebrauch genügt auch ein Pappkarton mit Plastikfolie.

**Sie können natürlich einen Blumentopf anderer Größe wählen, siehe Schritt 4.

Anleitung

1. Für einen strahlenförmigen Boden stapeln manche Korbflechter die Stücke und fächern sie dann kreisförmig auf. Ich lege sie lieber in gekreuzten Paaren aus. Auf jeden Fall braucht man ein System, um sie am Platz zu halten, entweder mit Gewichten oder, indem man sie auf einem Brett feststeckt. Das geht zum Beispiel mit einem von unten durchgeschobenen Nagel, auf dessen Spitze man die Stücke zentriert stecken kann. Beim Flechten bedecke ich die Nagelspitze mit einem Korken, um meine Finger zu schützen.

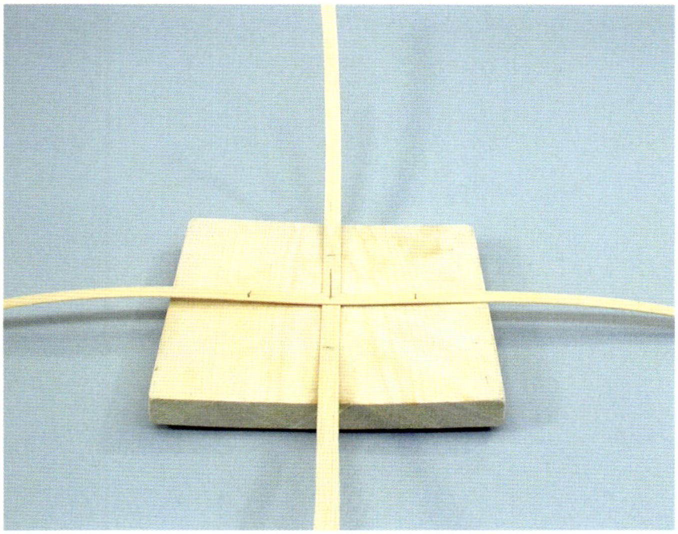

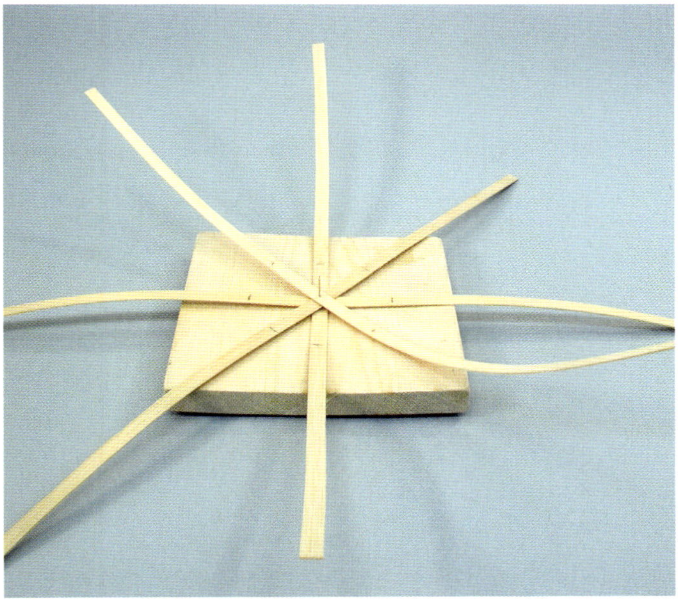

2. Markieren Sie die Mitte der acht Staken auf der falschen Seite, dann jeweils 4,4 cm von der Mitte entfernt. Legen Sie die Staken aus, wie auf dem Foto nummeriert, die falsche Seite oben. Die äußere Markierung der Staken muss einen Kreis bilden und nicht vergessen: einweichen.

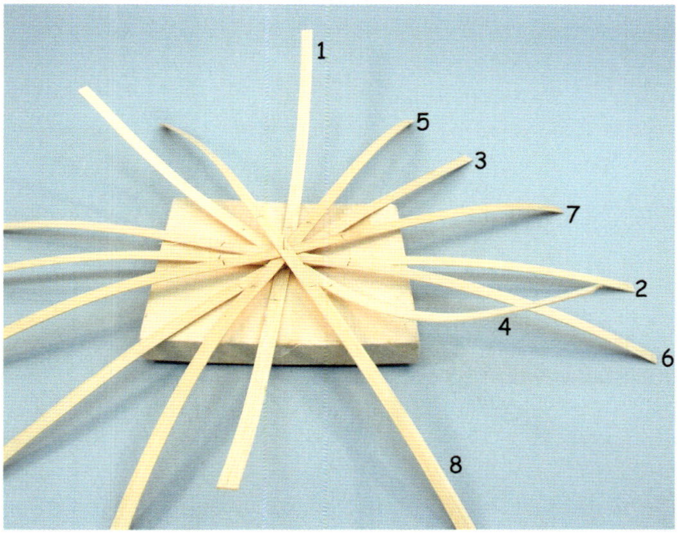

3. Suchen Sie die unterste Stake und schneiden Sie an einem Ende ein Stück ab, um sie wiederzuerkennen.

4. Knicken Sie das runde Peddigrohr zur Hälfte. Schlingen Sie die Falz um die Anfangsstake, und zwar an der äußeren Markierung. Dort, bei 4,4 cm, fangen Sie an zu flechten, im Schichtgeflecht rund um den Kreis, Ihr Werkstück mitdrehend; der fertige Boden soll den gleichen Durchmesser haben wie Ihr Blumentopf. Wenn der Topf größer ist, flechten Sie ein paar Runden mehr. Denken Sie daran, dass Schichtgeflecht keine Kreuzungen der Fäden hat wie beim Fitzen, sie folgen einander parallel vor und hinter eine Stake. Wenn der Boden fertig ist, die Fäden so abschneiden, dass sie sauber gegen die Anfangsstake und die Stake rechts daneben anliegen.

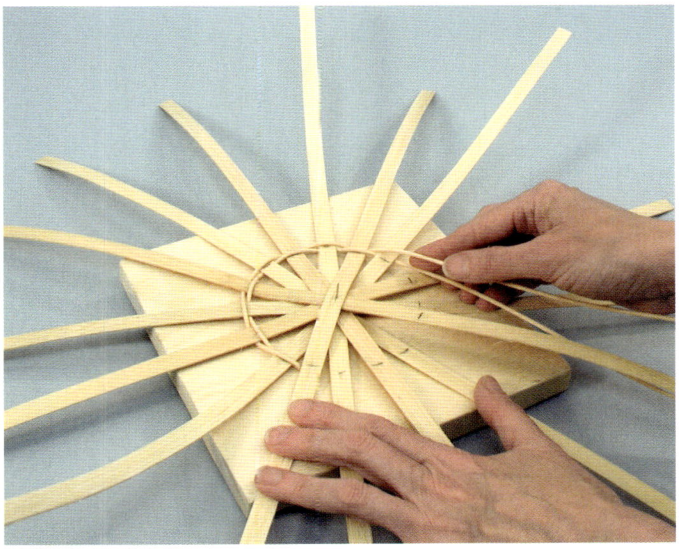

5. Entfernen Sie den Boden vom Arbeitsbrett und biegen Sie die Staken sanft nach oben, die richtige Seite des Rohrs zeigt nach außen.

6. Falten Sie das Seegras zur Hälfte und legen Sie es um die Anfangsstake. Fitzen Sie um die Staken und formen Sie sie gleichzeitig nach oben. Nehmen Sie den Blumentopf als Richtmaß, stellen Sie ihn immer wieder in das Flechtwerk, um zu prüfen, ob er leicht hinein- und hinausgeht. Ziehen Sie beim Flechten die Wände nicht zu sehr nach innen. Die Staken müssen für den Rand je 9,5 mm voneinander entfernt sein.

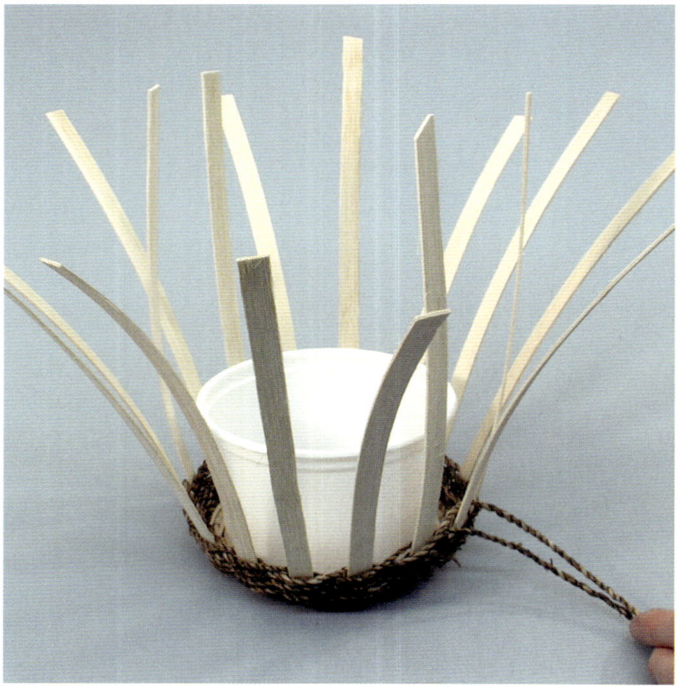

7. Nach zehn Runden oder wenn der Korb 3,1 cm hoch ist, beenden Sie das Zweiergeflecht bei der Anfangsstake. Lassen Sie das Seegras innen im Korb, nicht abschneiden. Dann fügen Sie drei Reihen Einergeflecht in Start-und-Stop-Technik mit dem (6 mm) flach-ovalen und dem (1,3 cm) flachen Peddigrohr hinzu.

8. Bringen Sie das Seegras darüber wieder an die Außenseite (wie auf den Fotos). Fitzen Sie weitere vier Runden, enden Sie bei der Anfangsstake und schneiden Sie das Seegras hinter den Staken ab. Verdichten Sie die Wände, gleichen Sie die obere Kante aus.

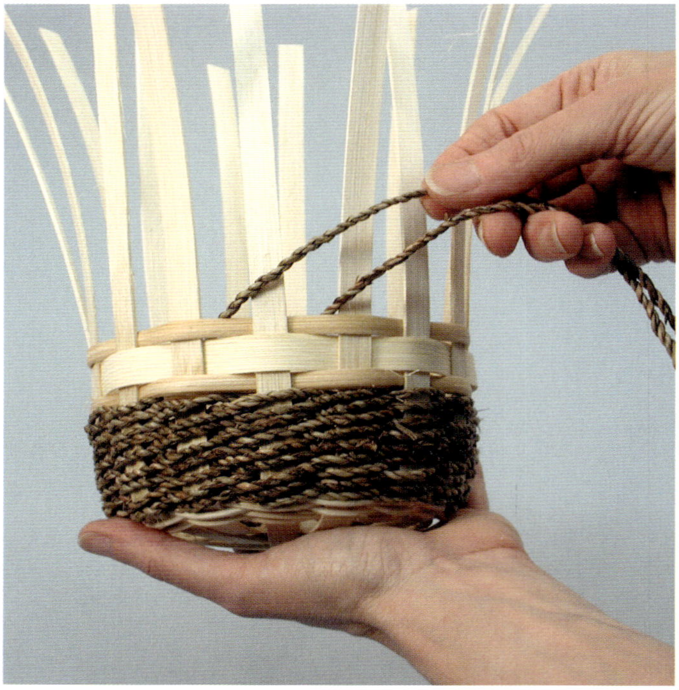

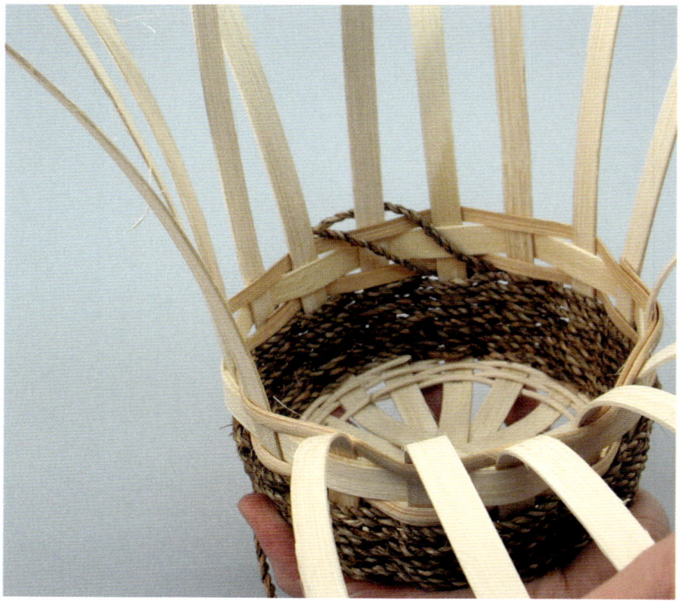

9. Die Konstruktion von gefalteten Rändern ohne Verschnürung ist für kleine Körbe nützlich, für größere nicht stabil genug. Weichen Sie die Staken ein und halten Sie sie während des gesamten Prozesses feucht. Klemmen Sie ein Stück flaches Peddigrohr (1,3 cm) kreisförmig in den Korb, mit 6 mm Lücke über dem Seegras. Lassen Sie das Stück 5 cm überlappen.

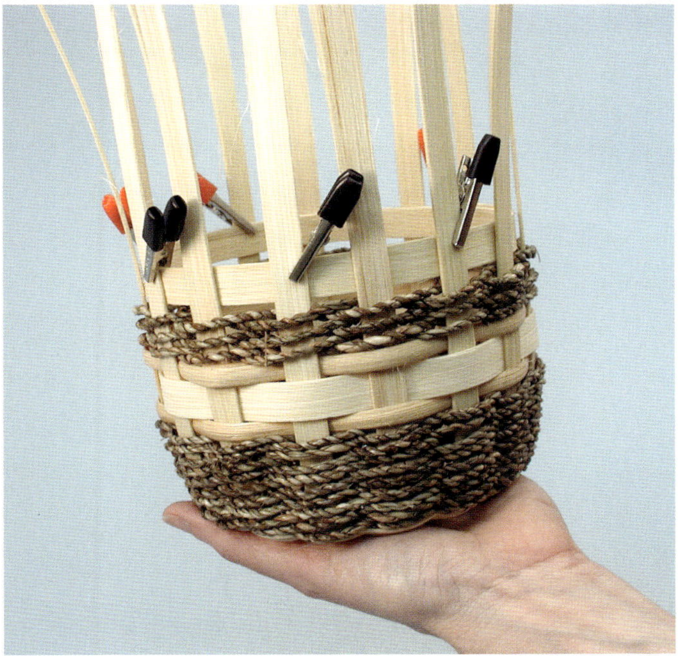

10. An einer beliebigen Stelle knicken Sie zwei nebeneinanderliegende Staken nach innen um dieses Stück herum und fädeln es zwischen dem Stück und dem Seegras nach außen durch.

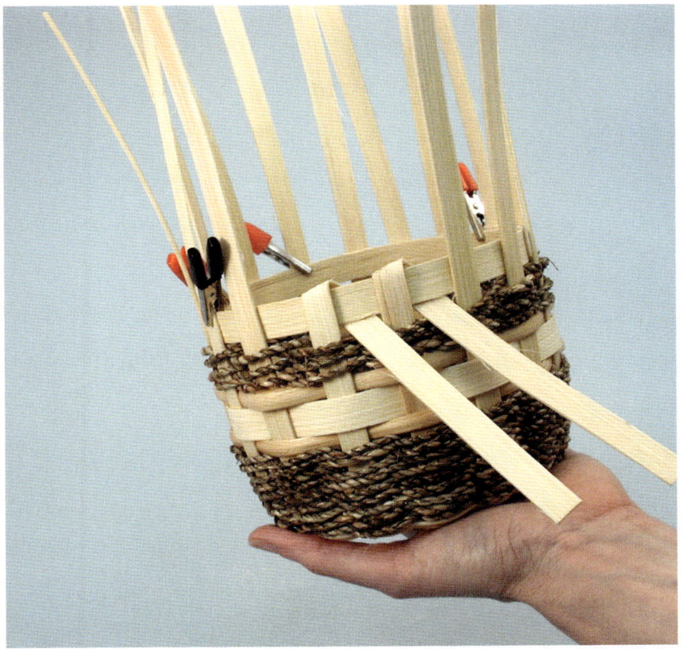

11. Die linke geknickte Stake falten Sie nach rechts. Schneiden Sie sie passend zum oberen Rand schräg ab. Stecken Sie sie hinter die nächste Stake rechts.

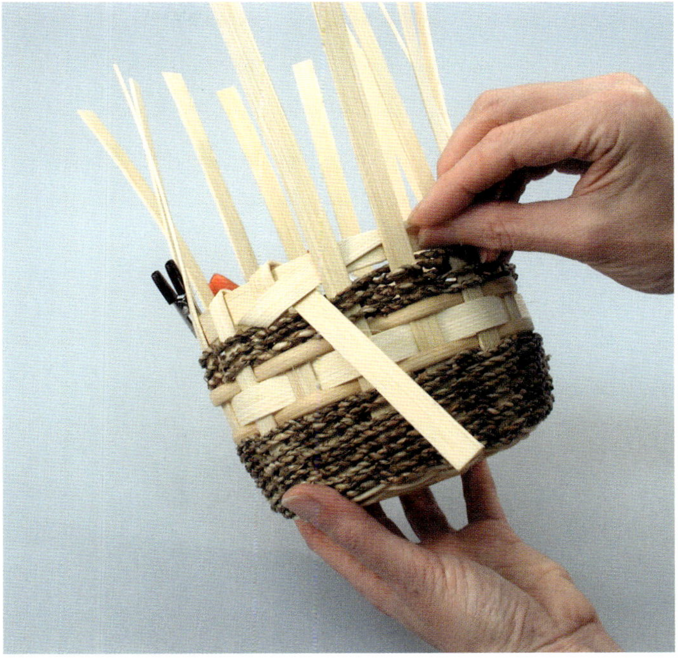

12. Knicken Sie die nächste rechtsstehende Stake (hinter der Sie die vorige Stake platziert haben) nach innen, um den Rand und wieder nach außen. Jetzt zeigen wieder zwei Staken nach unten, die anderen nach oben.

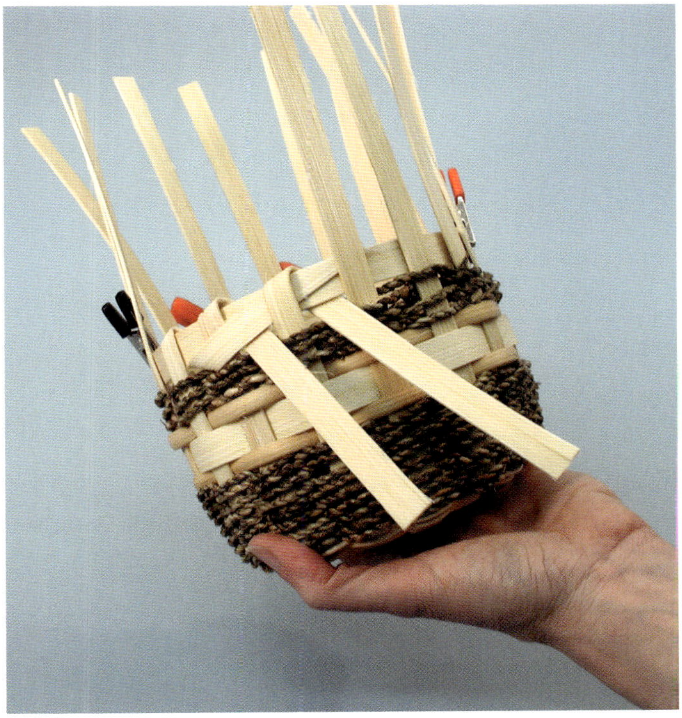

13. Knicken, schneiden und falten Sie weiter, bis alle Staken verarbeitet sind. Das Ende kann knifflig sein, wenn Sie die Staken hinter bereits gefalteten Staken einstecken. Nehmen Sie eine Ahle oder eine Riemenahle, um die Lücken zu öffnen.

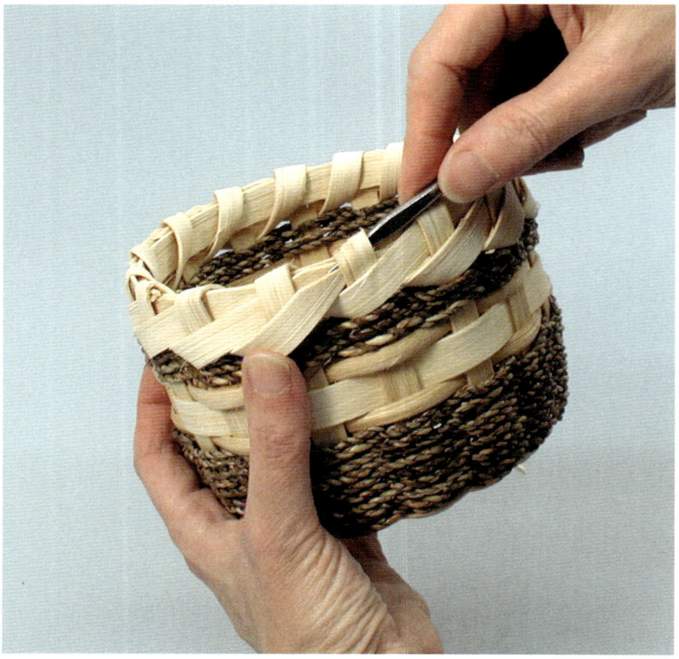

14. Der Korbboden ist nicht flach? Das passiert bei diesem Design oft. Feuchten Sie den Korb an, drücken Sie den Boden zurecht, beschweren Sie beim Trocknen die Oberkante. Stellen Sie den Blumentopf hinein. Jetzt kann die Topfpflanze kommen!

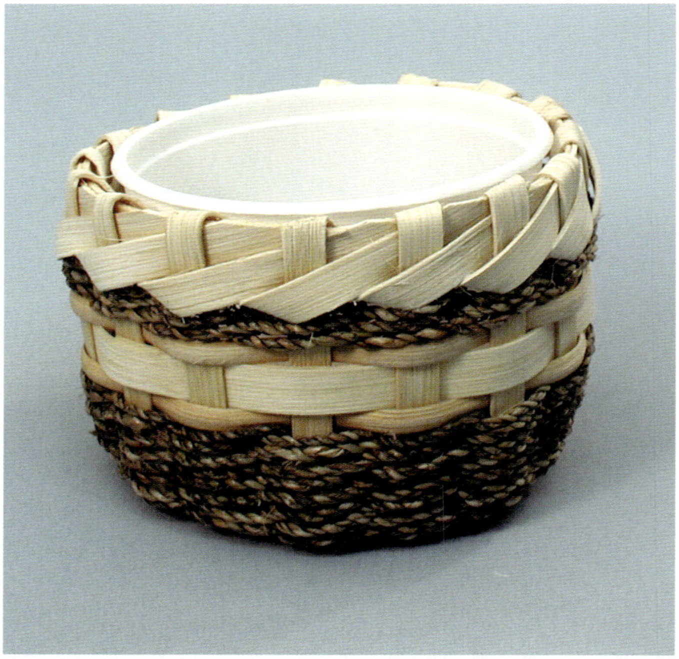

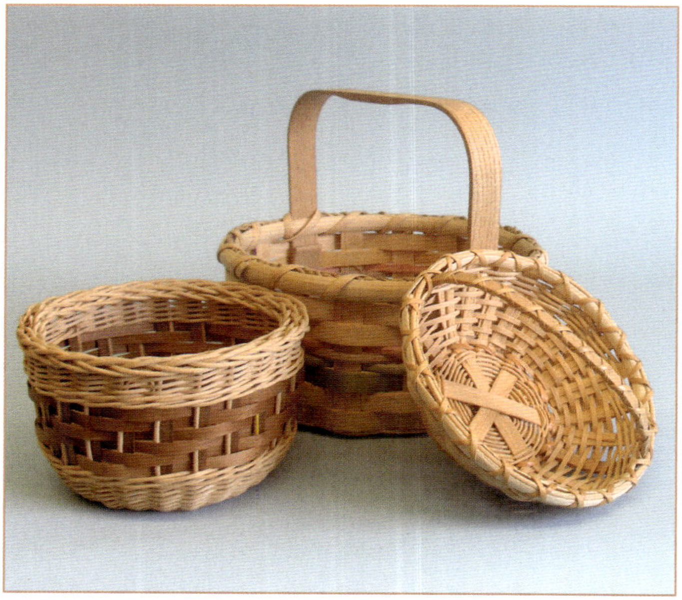

B. J. Crawford, *unnamed*, 2002. Verschiedene Größen. Korbsortiment mit rundem Boden.
Foto: Esther Holsen

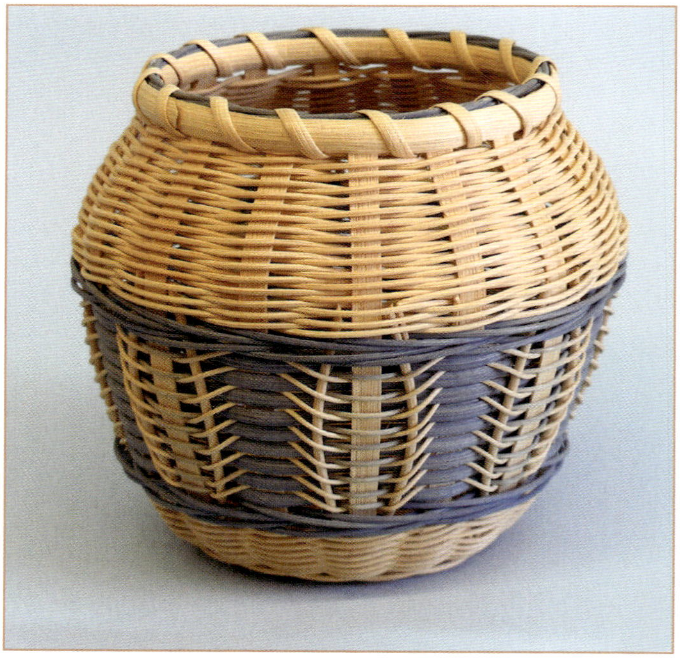

B. J. Crawford, *Waving Leaves*, 2006.
25 cm x 20 cm. Gefärbtes und naturfarbenes flaches, flach-ovales und rundes Peddigrohr. Auf rundem Boden geflochten; die Wellengeflecht-Akzente sehen aus wie Blätter.
Foto: Esther Holsen

Osterkorb

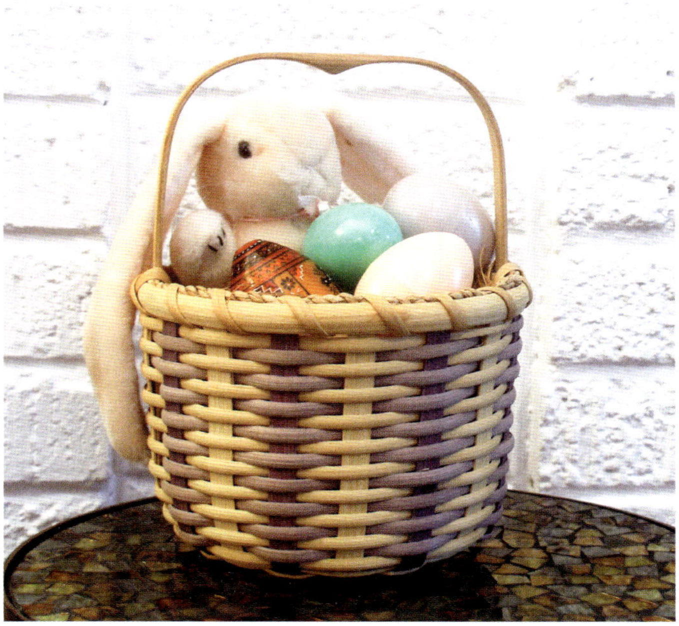

Mit lilafarbenem und naturfarbenem Peddigrohr geflochten, ist der Korb perfekt für Ostern oder auch ein nettes Körbchen für ein Blumenkind bei Hochzeiten.

Benötigte Techniken

- Strahlenförmigen Boden anlegen, Seite 71
- Schichtgeflecht, Seite 15
- Staken hochbiegen, Seite 25
- Rand hinzufügen, Seite 28
- Verschnüren, Seite 28

Weitere Materialien

- Lilafarbene Korbfarbe
- 20 cm x 20 cm großes Arbeitsbrett (siehe Übertopf Seite 70)

Fertigmaß

- 17 cm x 14 cm ohne Henkel

Neu erlernte Techniken

- Flach-ovale Fäden für Schichtgeflecht verwenden

Materialien

Menge	Material/Maß	Länge	Funtion
8	1,3 cm flaches Peddigrohr	53 cm	Staken*
variabel	3 cm ø rundes Peddigrohr	6,6 m	Bodenfäden**
variabel	6 mm flach-ovales Peddigrohr	6 m	naturfarbene Fäden**
variabel	6 mm flach-ovales Peddigrohr	6 m	gefärbte Fäden***
1	15 cm U-Henkel mit Kerben		Henkel
1	9,5 mm flaches Peddigrohr	71 cm	verborgener Faden
2	1,3 cm flach-ovales Peddigrohr	71 cm	Rand
1	3 mm ø Seegras	71 cm	Randfüller
1	6 mm flach-ovales Peddigrohr	1,5 m	Verschnürung

*Färben Sie 4 davon dunkellila.
**Die Stückmenge kann unterschiedlich sein.
***Färben Sie alle helllila.

Anleitung

1. Dieser Korbboden ist wie beim Übertopf, nur ist die Hälfte der Staken gefärbt und die Staken wechseln sich farblich ab, um das Muster zu kreieren. Weichen Sie alle Staken ein. Markieren Sie die Mitte auf der falschen Seite und im Abstand von je 5 cm zur Mitte die falsche Stakenseite oben. Legen Sie die naturfarbenen Staken aus, dann die gefärbten jeweils dazwischen. Achten Sie auf die Zentrierung der Staken und darauf, dass die 5 cm-Markierungen einen Kreis bilden.

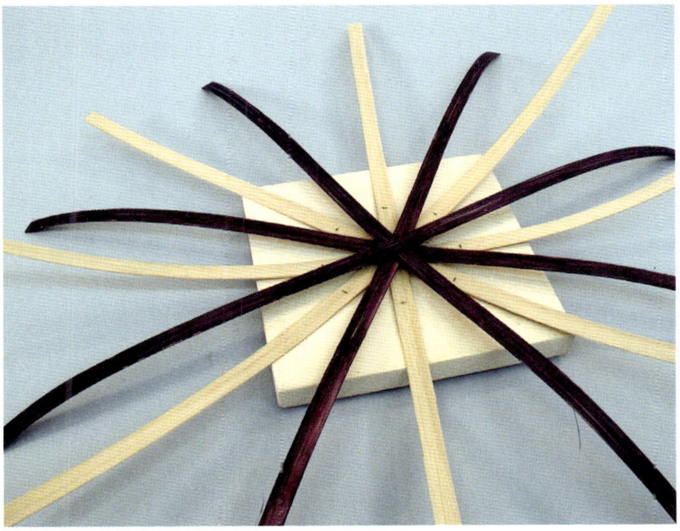

2. Markieren Sie die Anfangsstake (die unterste) durch einen Schnitt an einem Ende. Weichen Sie ein Stück rundes Peddigrohr ein, nehmen Sie eine Zange zum Knicken des Faltpunktes, damit es nicht bricht. Knicken Sie es nicht ganz zur Hälfte, so beginnen neue Fäden nicht an derselben Stake. Schlingen Sie den Faden bei der Kreismarkierung um die Anfangsstake. Flechten Sie im Schichtgeflecht fünf Runden oder bis der Boden 14 cm Durchmesser hat. Bei Bedarf Fäden anschließen, aber möglichst nicht für die letzte Runde. Am Ende die Fäden abschneiden.

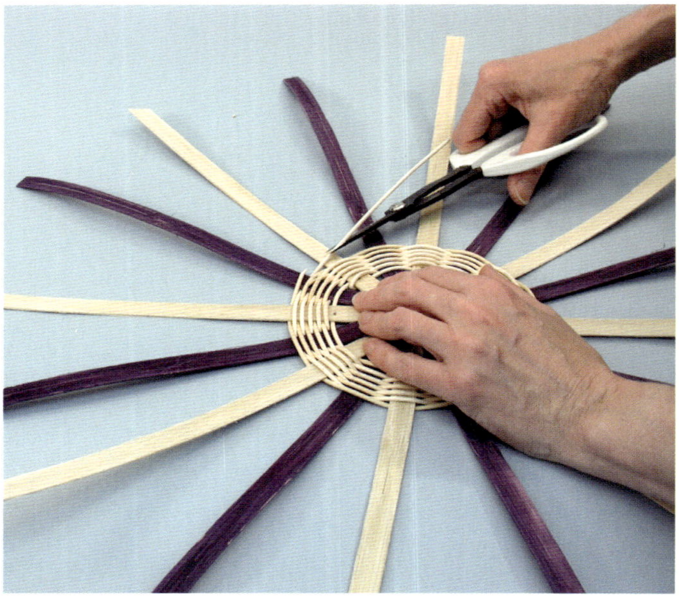

3. Biegen Sie die Staken in einer sanften Kurve nach oben, die richtige Seite außen.

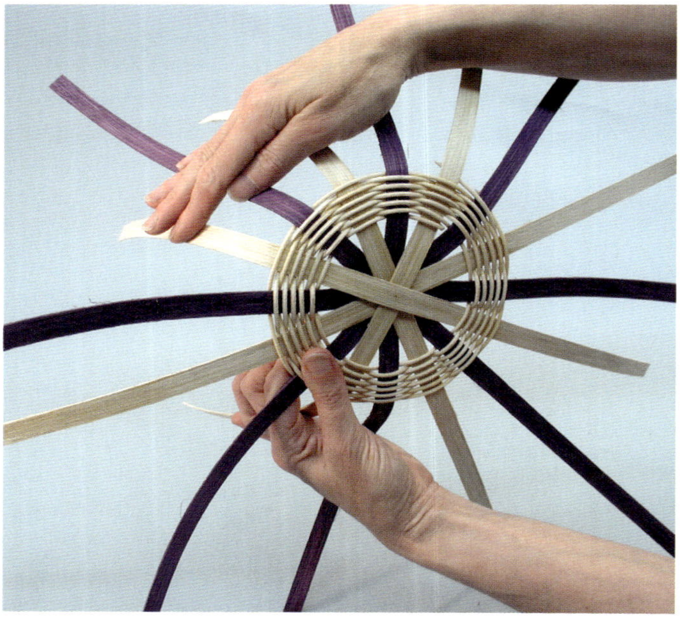

4. Mit flach-ovalen Fäden (6 mm, feucht halten) flechten Sie im Schichtgeflecht nach oben. Nehmen Sie einen naturfarbenen und einen gefärbten Faden. Ich nehme ein etwas helleres Lila als die Staken. Mit einer Papierschere verdünnen Sie zuerst ein Ende jedes Fadens auf einer Länge von etwa 61 cm, vorsichtig zuspitzen.

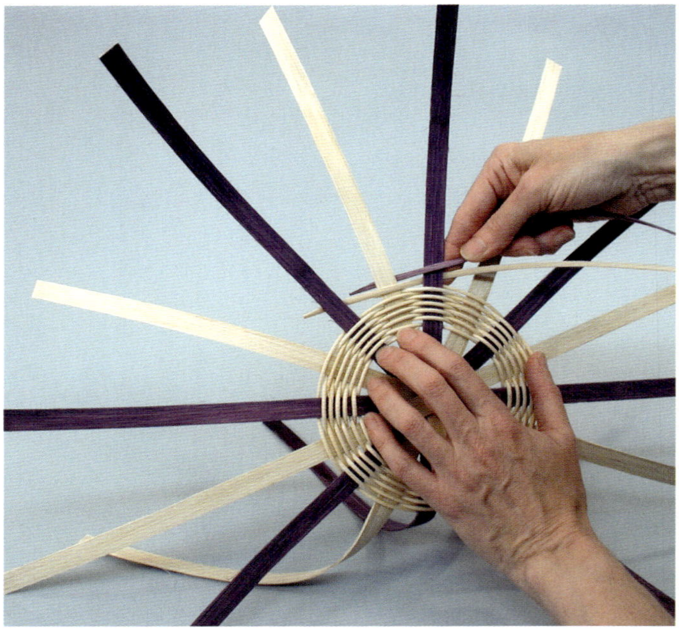

5. Mit dem zugespitzten Ende beginnen Sie an der Anfangsstake. Der naturfarbene Faden vor der naturfarbenen Stake und der gefärbte vor der gefärbten Stake. Die runde Fadenseite zeigt nach außen.

6. Flechten Sie die Wände in Spiralen nach oben, mit dem Henkel als Maßvorgabe. Wenn der Korb nicht das richtige Maß hat, passt der Henkel nicht genau. Nach Bedarf Fäden anschließen.

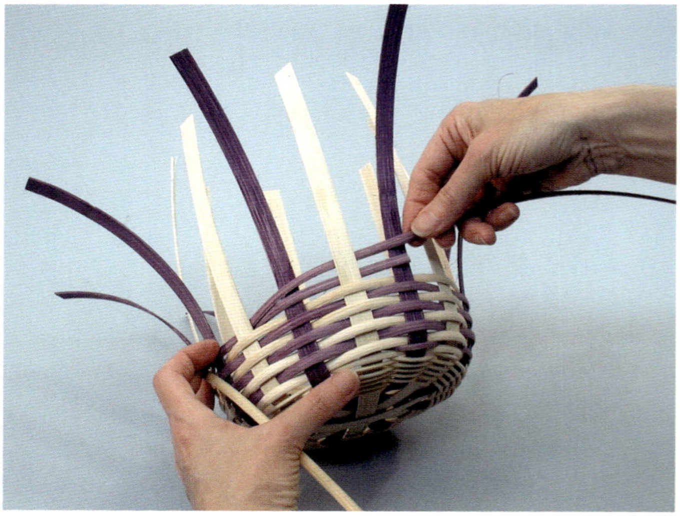

7. Wenn der Korb etwa 13 cm hoch ist, beenden Sie den Faden über der Stelle, wo Sie begonnen haben. Schräg abschneiden, sodass die Oberkante plan ist.

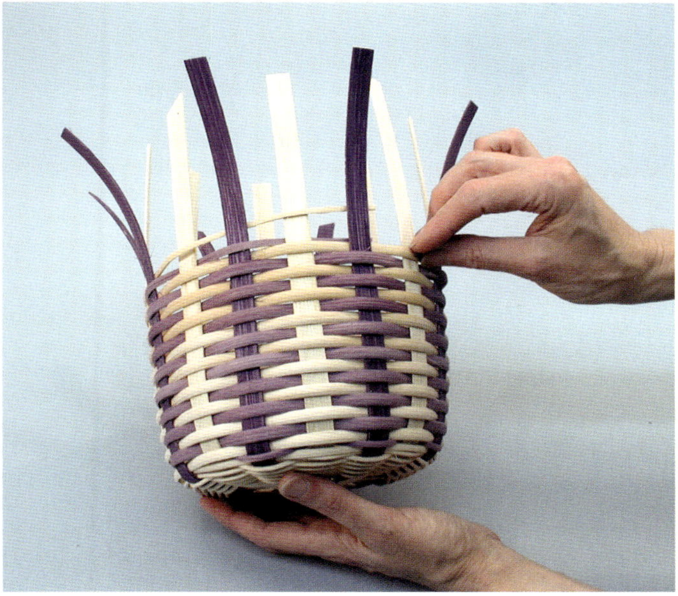

8. Wenn der Korbboden nicht flach ist, vorsichtig mit den Daumen zurechtdrücken.

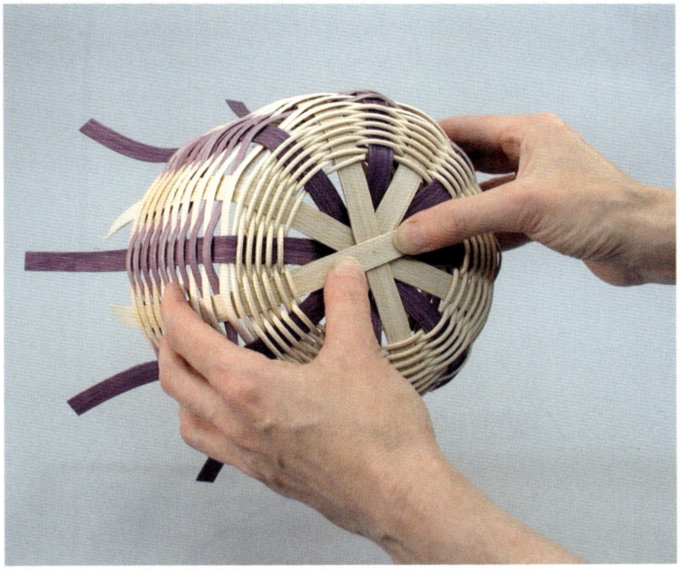

9. Jetzt folgt ein verschnürter Rand. Warum kein Faltrand? Weil man dann keinen Henkel einsetzen kann, und was wäre ein Osterkorb ohne Henkel? Zuerst flechten Sie den verborgenen Faden. Schneiden Sie die inneren Staken ab. Knicken Sie die äußeren Staken nach innen und stecken Sie sie in die Innenwand.

10. Setzen Sie den Henkel ein, schneiden Sie die Enden bei Bedarf spitz zu und stecken Sie ihn entlang naturfarbener Staken ein, sodass der Rand in zwei Hälften geteilt ist (der Griff ist von außen weniger sichtbar, wenn er bei naturfarbenen Staken anliegt).

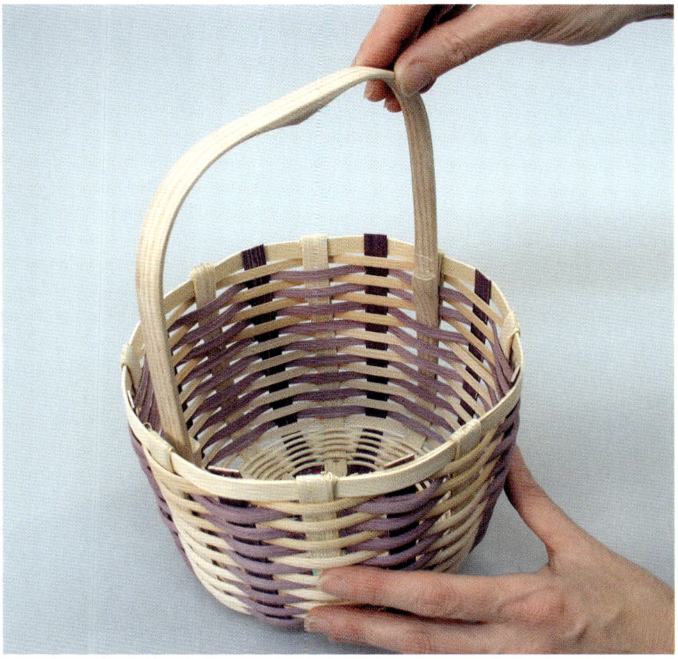

11. Verarbeiten Sie Randstücke und Füller, für die Verschnürung nehmen Sie flach-ovales Peddigrohr (6 mm) und formen bei jedem Henkelstück ein X. Verbergen Sie die Enden. Fügen Sie Süßigkeiten hinzu.

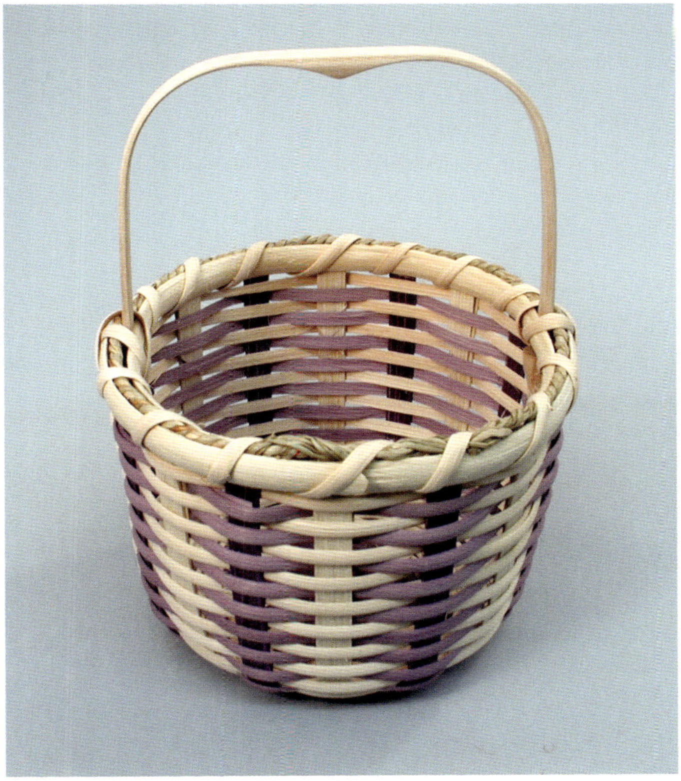

Spiralgeflecht-Korb

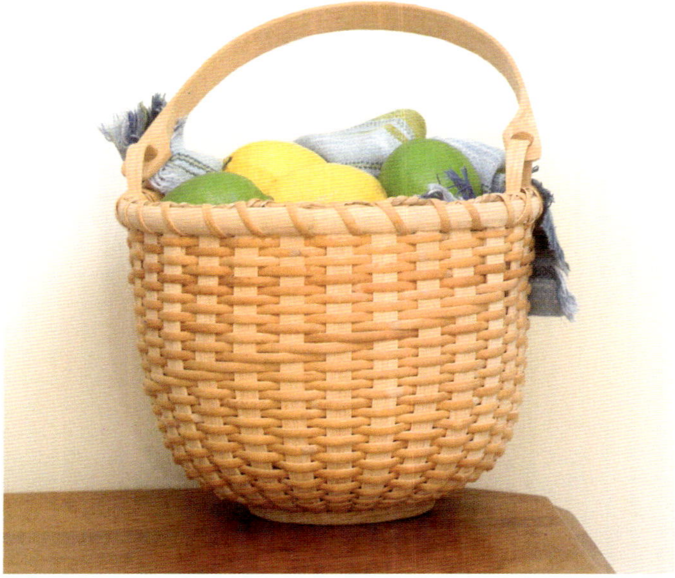

Nach der Grundlage des berühmten Nantucket-Feuerschiffkorbes hat dieser Korb einen im Rand gekerbten Holzboden. Damit hört die Ähnlichkeit auch schon wieder auf. Denn Sie arbeiten nicht mit einer festgefügten Form, die Staken sind aus Rohr, Rand und flexibler Henkel werden anders angebracht. Der Korb hat eine gerade Stakenanzahl, damit der Griff zentriert werden kann. Da Sie einen einzelnen Faden kontinuierlich im Einergeflecht in eine gerade Stakenanzahl verflechten, müssen Sie einen „Fehler" machen und bei jeder Runde einmal zwei Staken umflechten. So entsteht nach oben ein verrücktes Spiralgeflecht um den Korb. Doch wie sage ich immer zu meinen Schülern: Ein dreimal wiederholter Fehler wird zum Design-Element!

Benötigte Techniken

- Staken hochbiegen, Seite 25
- Rand hinzufügen, Seite 28
- Verschnüren, Seite 28
- Henkel hinzufügen, Seite 57

Weitere Materialien

- Besonders klebriger weißer Kraftkleber

Fertigmaß

- 20 cm x 20 cm x 18 cm ohne Henkel

Neu erlernte Techniken

- Verwendung eines gekerbten Holzbodens (Nantucket)
- Spiralgeflecht

Materials

Menge	Material/Maß	Länge	Funktion
28	1,3 cm flaches Peddigrohr	28 cm	Stakes
1	10 cm ø Nantucket-Korbboden aus Holz		Boden
variabel	5 mm ø Wickelrohr	26 cm	Fäden
1	20 cm flexibler Holzhenkel mit Kerben		Henkel
1	9,5 mm flaches Peddigrohr	74 cm	verborgener Faden
2	1,3 cm flach-ovales Peddigrohr	74 cm	Rand
1	3 mm ø Seegras	74 cm	Randfüller
1	5 mm ø Wickelrohr	2,4 m	Verschnürung

Anleitung

1. 5 cm von der Spitze beginnend, schneiden Sie ein Ende jeder Stake schräg auf 5 mm Breite zu. Mit einem Tropfen Kleber auf dem angeschnittenen Ende stecken Sie die 28 Staken in die Kerbe des Bodens ein, die richtige Seite nach oben. Verteilen Sie die Staken gleichmäßig um den Boden und lassen Sie den Kleber trocknen. Staken und Fäden zeigen mit der richtigen Seite nach oben.

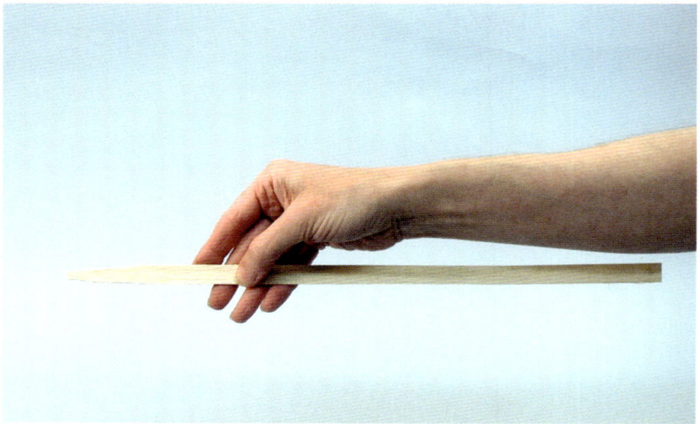

2. Mit einer Papierschere dünnen Sie die Breite eines 2,7 m langen Stückes Wickelrohr der Länge nach aus und schneiden es spitz zu.

3. Weichen Sie Staken und Fäden ein. Markieren Sie Ihre Anfangsstake, indem Sie ein Ende etwas abschneiden. Stecken Sie das Ende des Fadens in die Kerbe und biegen Sie ihn um, um mit Einergeflecht um die Staken zu flechten. Die glänzende Seite zeigt nach oben. Verdichten Sie den Faden so eng wie möglich. Wenn das Ende in die Kerbe gesteckt wird, hilft es beim Halten der Staken.

4. Wenn Sie bei der zweiten Runde weiter vor eins, hinter eins flechten, sieht sie genauso aus wie die vorige Runde, weil die Stakenanzahl gerade ist. Flechten Sie einfach einmal über zwei Staken, dann normal weiter, sodass die Reihe alterniert. Wenn der Faden bei der nächsten Reihe die erste Überspringstelle erreicht, überspringen Sie erneut und flechten normal weiter. Durch das Verschieben des Überspringens in jeder Reihe um eine Stake entsteht ein Spiralgeflecht um den Korb nach oben.

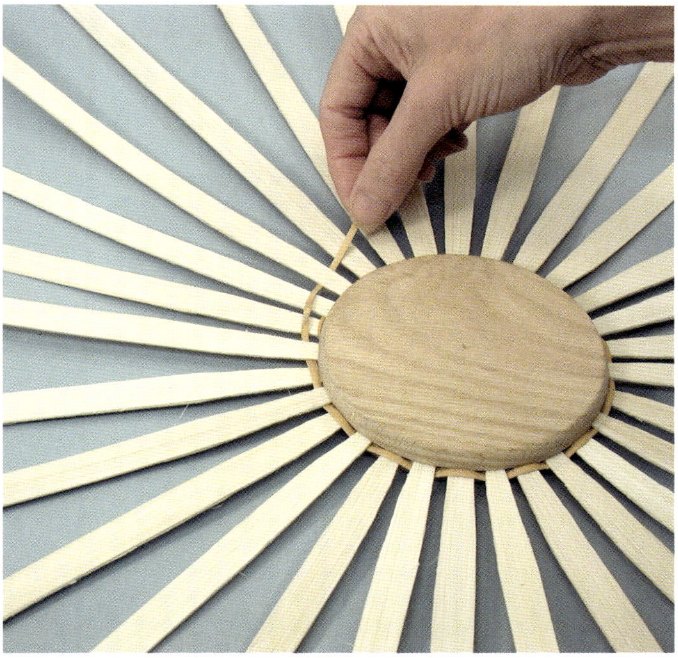

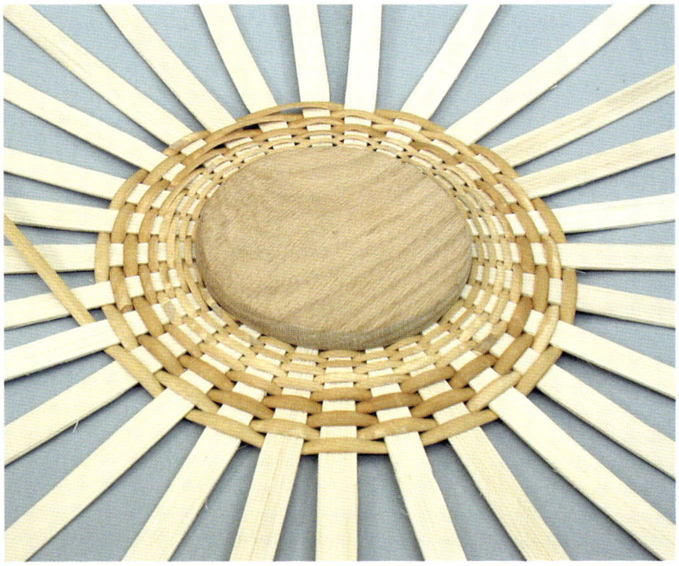

5. Flechten Sie den Boden flach weiter, bis er 18 cm Durchmesser hat. Schließen Sie Fäden nach Bedarf an, vermeiden Sie den Anschluss bei Überspringstellen.

6. Drehen Sie den Korb um. Weichen Sie die Staken ein und biegen Sie sie in einer sanften Kurve. Die glatten Oberflächen sind außen. Flechten Sie die Wände hoch, mit dem Henkel als Maßvorgabe, bis der Korb 16,5 cm hoch ist. Verdichten Sie die Wände regelmäßig. Wenn die gewünschte Höhe erreicht ist, noch einmal gut verdichten, bei Bedarf ein paar Reihen weiterflechten.

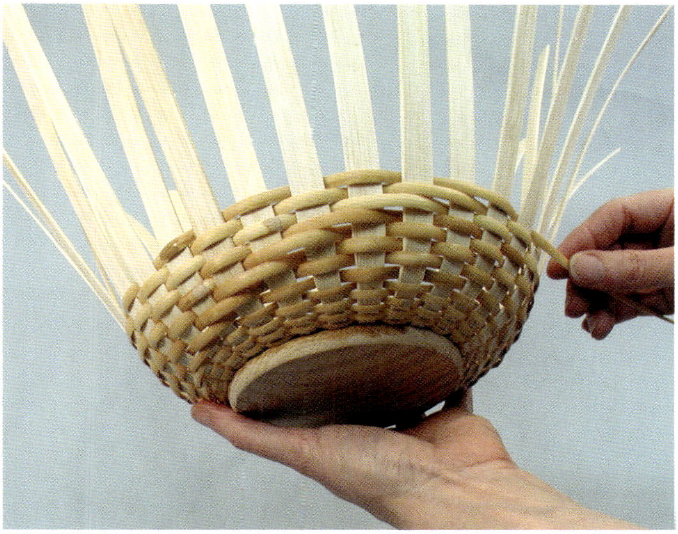

7. Schneiden Sie das Fadenende schräg ab und enden Sie über der Anfangsstake.

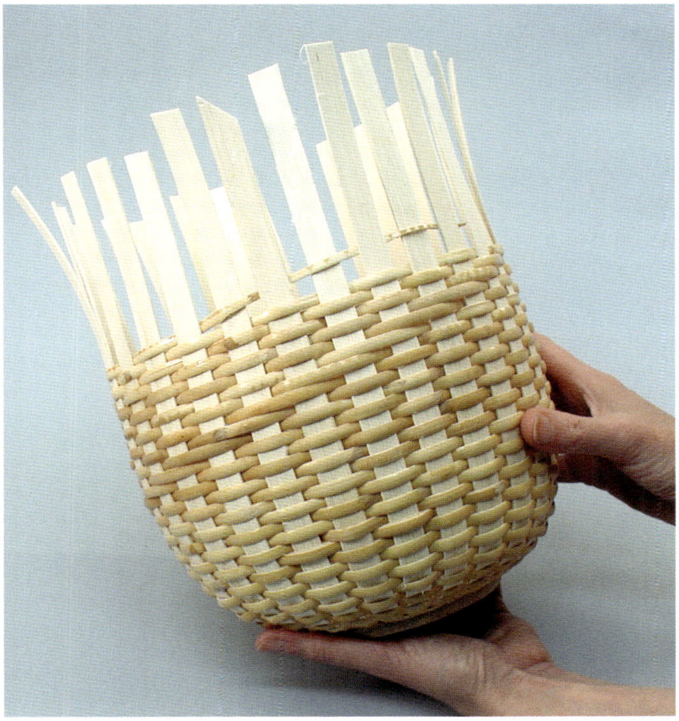

8. Flechten Sie den verborgenen Faden in Start-und-Stop-Technik, mit einer Überlappung von vier Staken. Beginnen Sie direkt rechts neben der letzten Übersprungstelle darunter, sodass die Reihe fast ganz alterniert.

9. Schneiden Sie die inneren Staken ab. Falten Sie die äußeren Staken und stecken Sie sie in die Innenwand.

10. Stecken Sie den Henkel ein, wobei Sie die Spirale beachten und die Staken gleichmäßig aufteilen.

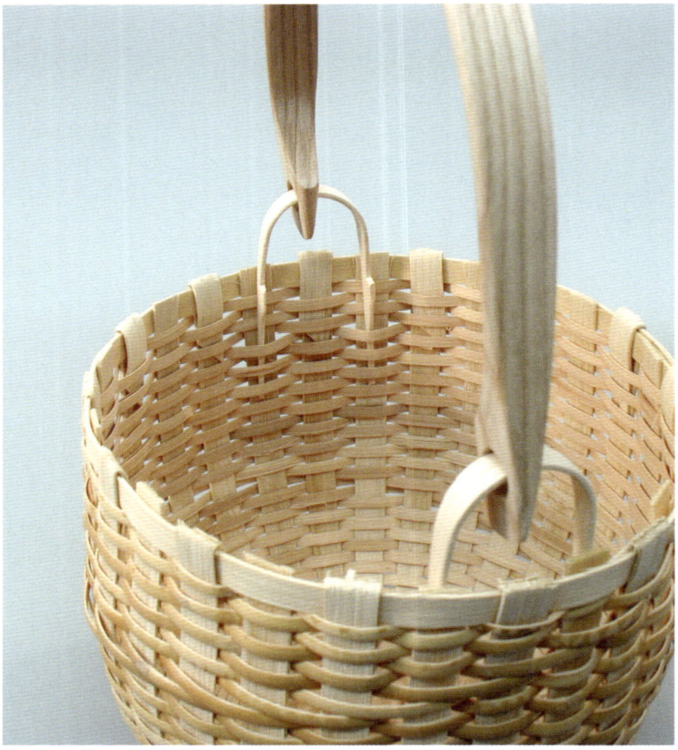

11. Bringen Sie die Randstücke an und verschnüren Sie sie mit dem Wickelrohr, wobei Sie bei jedem Henkelbügel ein X formen (insgesamt vier). Da der Nantucket-Boden die Sperrigkeit runder Böden vermeidet, sollte der Korb flach sein und nicht nachgeformt werden müssen.

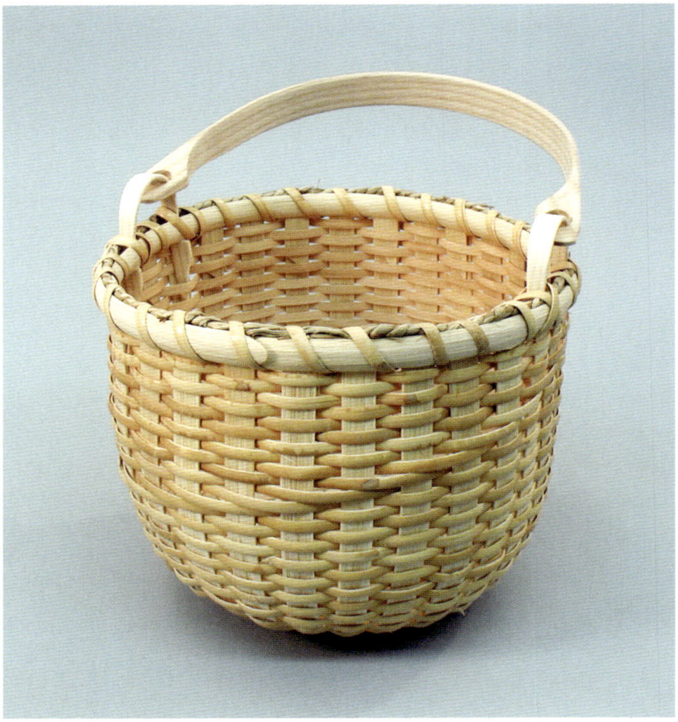

NEUE FLECHTTECHNIKEN

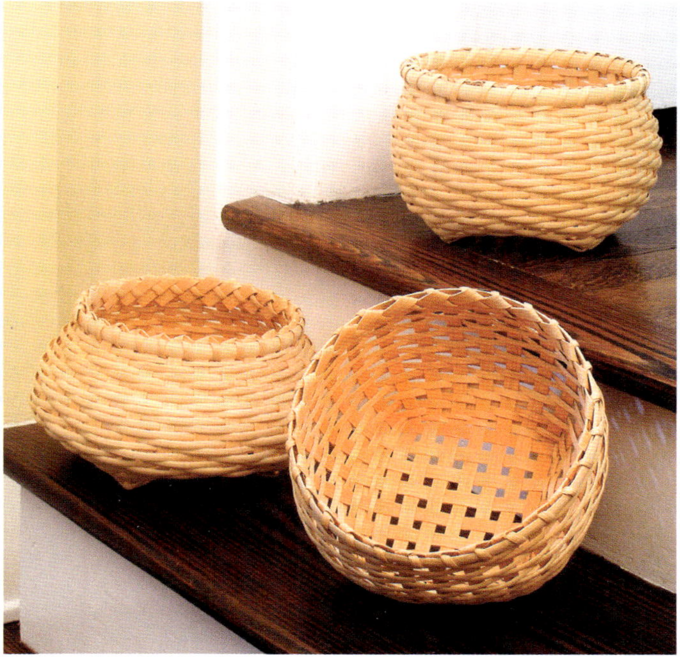

Die folgenden drei Körbe haben unterschiedliche Flecht-Strukturen. Die Katzenkopf-Schale wird im 2-1-Köpergeflecht geflochten, der Korb aus kurzen Reststücken hat einen Bereich mit Französischem Seitengeflecht, durch Kimmen (Dreiergeflecht) hervorgehoben. Der Badutensilien-Sammler hat 2-2-Köper-Bereiche, ebenfalls durch Kimmen hervorgehoben. Durch umgekehrtes Köperflechten können Sie Sammelkorb Nummer zwei ein völlig anderes Aussehen geben!

Katzenkopf-Schale

Der Korb entspricht dem traditionellen Shaker-Design. Mit dem Boden nach oben sieht die Silhouette aus wie ein Katzenkopf, die kleinen Füße des schalenförmigen Kopfes bilden die Ohren. Der Korb hat außerdem einen Rand im Sägezahnmuster und gefärbte Staken, um das Köpergeflecht hervorzuheben. Wenn Sie das nicht möchten, versuchen Sie es mit Schichtgeflecht. Flechten Sie die Wände einfach mit zwei Fäden statt mit einem.

Benötigte Techniken

- Boden anlegen, Seite 23
- Einergeflecht, Seite 13

Neu erlernte Techniken

- Kontinuierliches 2-1-Köperflechten
- Sägezahn-Rand
- Formen eines Katzenkopfes

Weitere Materialien

- Hellbraune Korbfarbe

Fertigmaß

- 25 cm x 25 cm x 15 cm

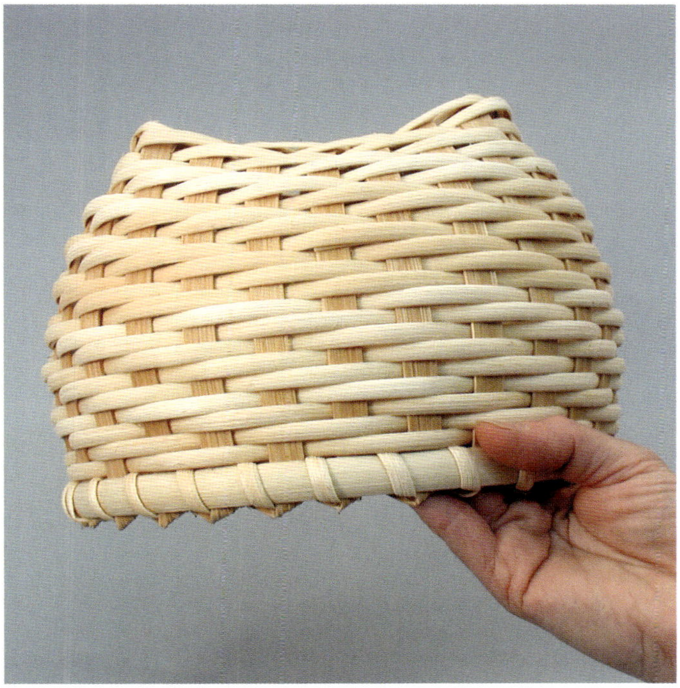

Materialien

Menge	Material/Maß	Länge	Funktion
14	9,5 mm flaches Peddigrohr	53 cm	Staken*
variabel	6 mm flach-ovales Peddigrohr	16,5 m	Fäden (viele Stücke)
1	1,3 cm flach-ovales Peddigrohr	86 cm	Rand
1	6 mm flach-ovales Peddigrohr	2,1 m	Verschnürung

*Alle hellbraun färben.

Anleitung

1. Markieren Sie die Mitte der vierzehn Staken auf der falschen Seite. Richten Sie sieben Staken in eine und sieben in die andere Richtung aus, die Mitte-Markierung passend, und zäunen Sie sie mit der falschen Seite nach oben. Weichen Sie die Materialien ein. Korrigieren Sie den Boden und richten Sie ihn auf 11 cm x 11 cm aus.

2. Mit einer Papierschere (möglichst lang) schneiden Sie den ersten Faden zu, hälftig der Länge nach für mindestens 2,1 m. Das andere Ende bleibt, wie es ist.

3. Drehen Sie den Korbboden, glatte Seite nach oben, sodass Sie außen daran arbeiten können. Stecken Sie das zugeschnittene Fadenende (3 mm) zwischen irgendeiner horizontalen und vertikalen Stake nach unten. Eine Runde Einergeflecht um den Korb, die ovale Fadenseite oben.

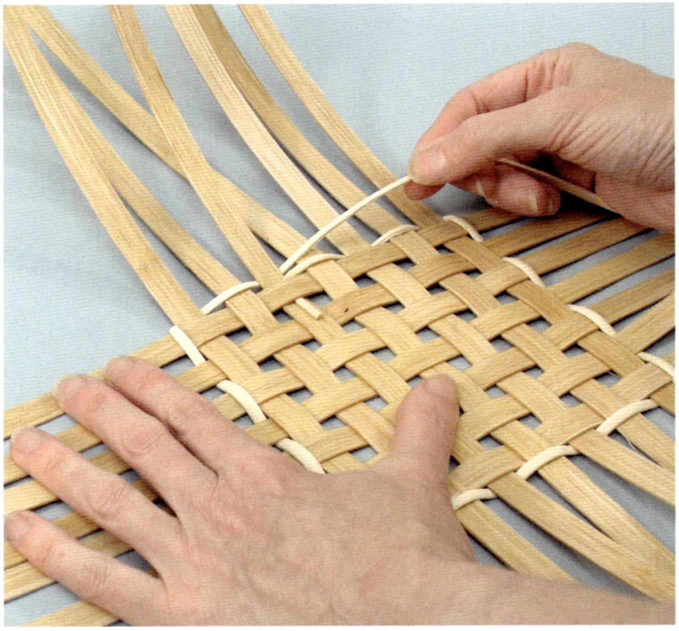

4. Nach der ersten Runde wechseln Sie zum 2-1-Köpergeflecht, sodass Sie vor zwei, hinter eins flechten. Weiter um den Boden herum flechten, ziehen Sie den Faden entspannt um die Ecken. Da die Zahl 28 nicht durch drei teilbar ist, bildet das Geflecht automatisch ein Spiralmuster.

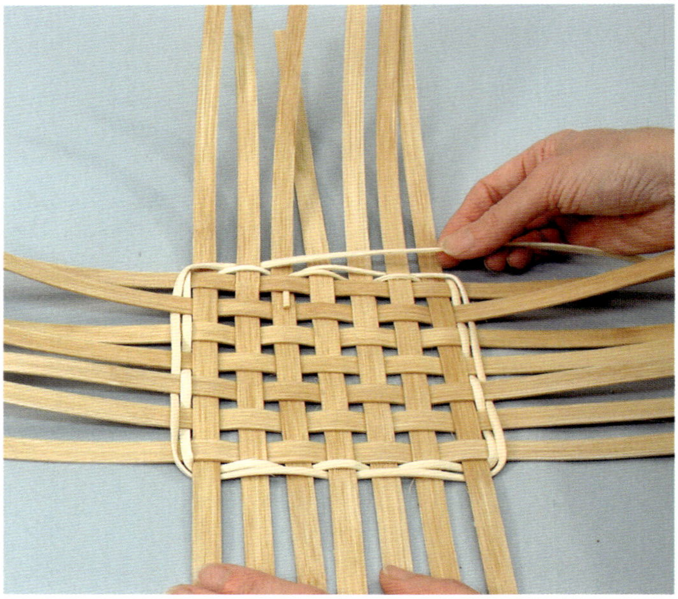

5. Nach zwei Reihen beginnen Sie, die Eckstaken zusammenzuziehen. Heben Sie jede Ecke sanft vom Tisch, wenn Sie darum herumflechten, sodass sich die Eckstaken zueinander neigen müssen. Pressen Sie die Staken mehr und mehr zu einer Sternenform. Weiter in 2-1-Technik flechten, die Staken mit regelmäßigen Abständen; die Ecken werden sich vom Tisch hoch zu „Ohren“ zusammenziehen.

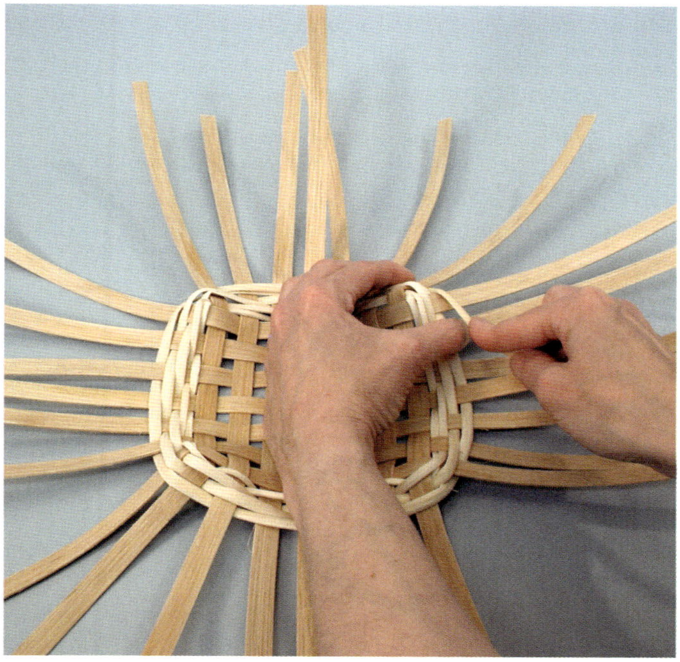

6. Flechten Sie weiter, bis Sie 20 cm Durchmesser haben. Schließen Sie nach Bedarf Fäden an, mit einer Überlappung von fünf Staken und die Enden verbergend.

7. Drehen Sie das Werkstück um, um die Schale zu formen. Zwingen Sie die Staken durch sanftes Biegen nach oben. Wenn die Schale 13 cm hoch ist oder 6,4 cm der Staken noch freistehen, schneiden Sie das Fadenende spitz zu. Beenden Sie das Geflecht auf der Seite, wo Sie es begonnen haben.

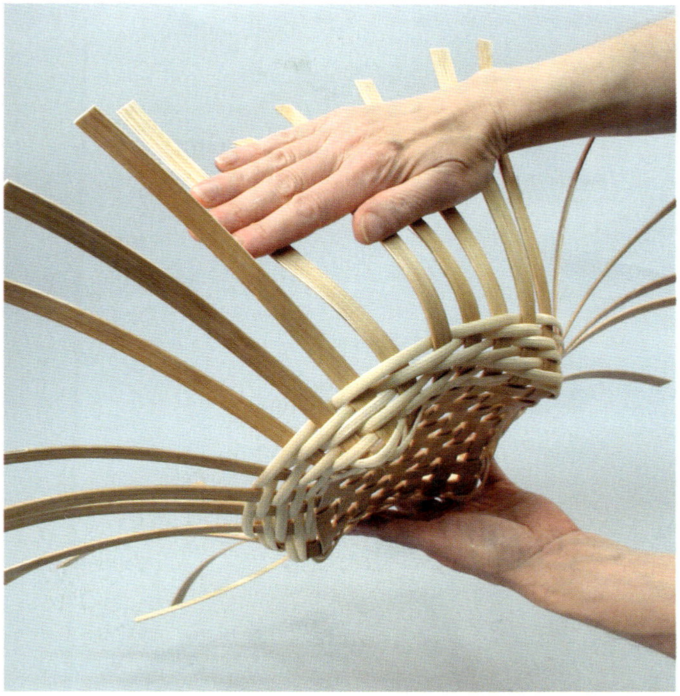

8. Formen Sie den Korb gleichmäßig aus. Für einen Sägezahn-Rand muss die obere Öffnung 20–25 cm haben. Hat die Öffnung mehr als 25 cm oder weniger als 20 cm Durchmesser, können Sie den Korb mit Verschnürungsrand fertigstellen. Gehen Sie dann auf Seite 28 (Grundmodell) und schneiden Sie alle Randstücke lang genug zu, plus Überlappung von 5 cm, Verschnürung nach Bedarf.

9. Für den Sägezahnrand weichen Sie die Staken ein. Schrägen Sie das Ende eines Stücks flach-ovalen Peddigrohrs (1,3 cm) ab und runden Sie die Spitze (dann kann es nach Fertigstellung vom anderen Ende überlappt werden). Platzieren Sie das bearbeitete Ende außerhalb der Staken um den Korb, gerundete Seite nach außen. Hinter der Stake rechts vom Ende des Stücks platzieren Sie die Verschnürung, mit 7,6 cm im Korbinneren überhängend. Halten Sie Rand und Verschnürung mit Klammern fest. Wickeln Sie die Verschnürung um den Rand, zwischen zwei Staken und nach innen.

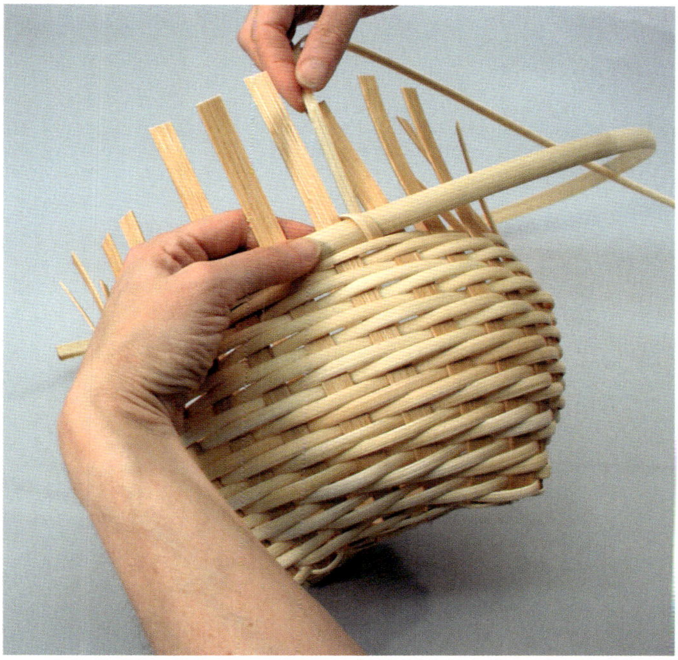

10. Knicken Sie die Anfangsstake nach unten schräg hinter die folgende Stake, in Wickelrichtung. Dann wickeln Sie die Verschnürung über die geknickte Stake zwischen den beiden nächsten Staken um den Rand herum.

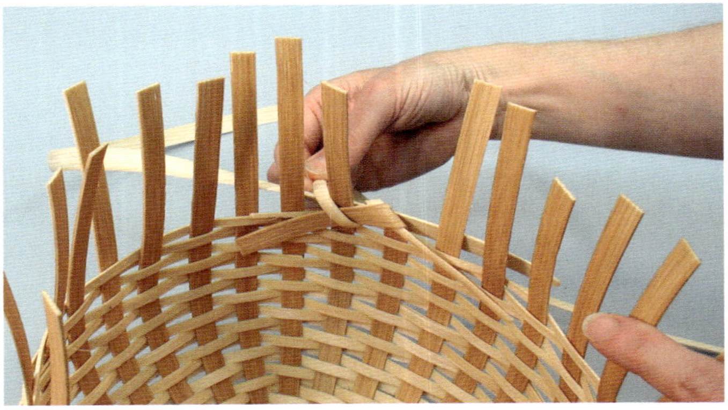

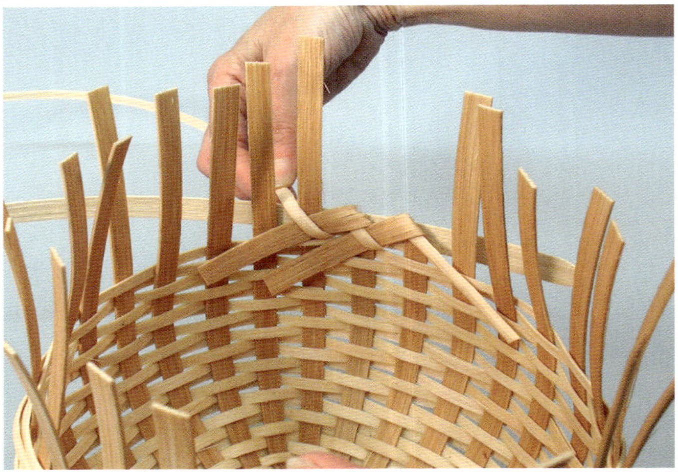

11. Knicken und wickeln Sie die Staken weiter. Halten Sie sie feucht und arbeiten Sie vorsichtig, damit nichts bricht.

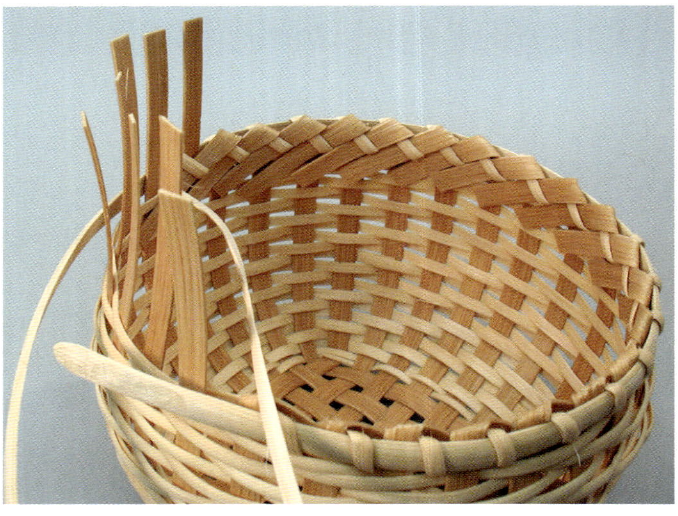

12. Wenn Sie die Runde beendet haben, verdünnen Sie das lose Ende des Randes, damit er gut an den Randbeginn passt. Um die letzte Stake festzumachen, fädeln Sie die Verschnürung unter der ersten geknickten Stake nach oben ein. Wickeln Sie noch ein wenig weiter, um den Startpunkt zu überlappen. Schneiden Sie den Rest der Verschnürung ab, damit man ihn nicht sieht. Wenn der Korb trocken ist, stutzen Sie die Stakenenden sauber im Korbinneren.

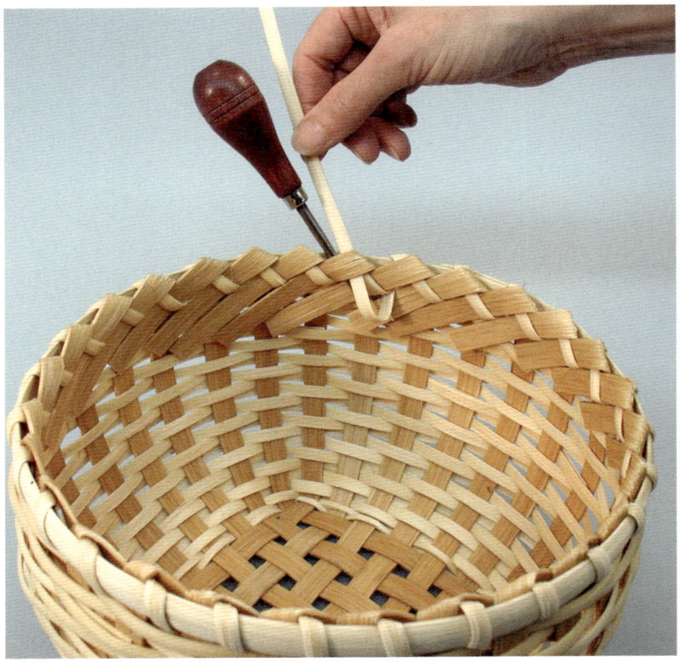

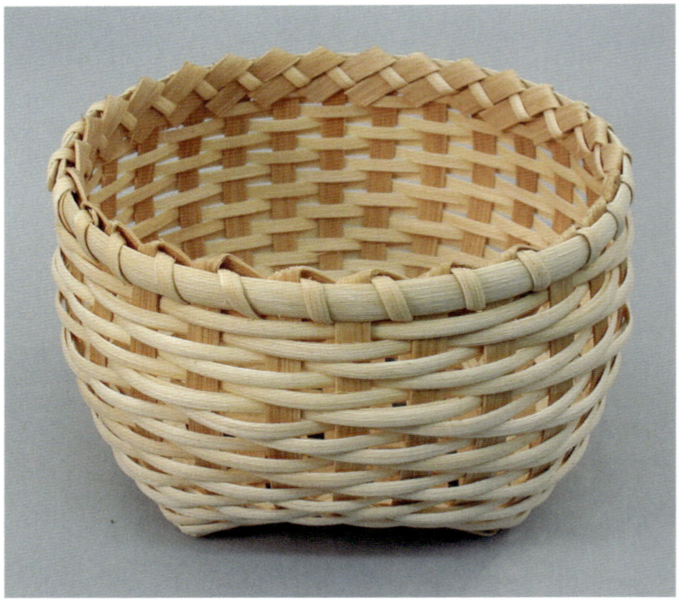

Korb aus Reststücken

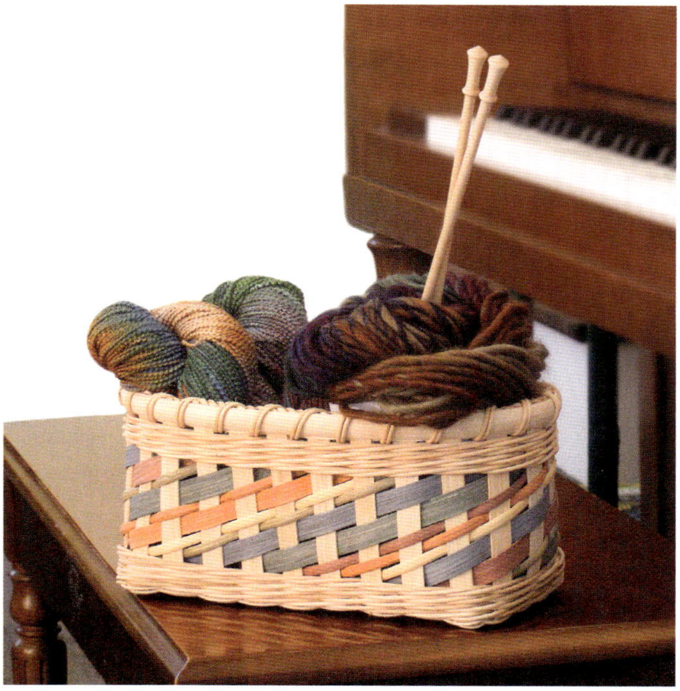

Dieses Design ist geeignet, wenn man kurze Reststücke von gefärbtem Peddigrohr aufbrauchen möchte. Dazu verwendet man eine Technik namens Französisches Seitengeflecht, die das Flechten eines langen Korbs ermöglicht, obwohl die Materialien kürzer sind als der Korbdurchmesser. Die Struktur des Korbes ist Dreiergeflecht.

Benötigte Techniken

- Boden anlegen, Seite 23
- Zweiergeflecht, Seite 23
- Staken hochbiegen, Seite 25
- Rand hinzufügen, Seite 28

Neu erlernte Techniken

- Französisches Seitengeflecht
- Dreiergeflecht

Fertigmaß

- 15 cm x 25 cm x 13 cm

Materialien

Menge	Matgerial/Maß	Länge	Funktion
4	1,3 cm flaches Peddigrohr	64 cm	Stakes
9	1,3 cm flaches Peddigrohr	48 cm	Stakes
3	1,3 cm flaches Peddigrohr	36 cm	Füller
1	1 mm ø rundes Peddigrohr	3 m	Zweiergeflecht
variabel	3 mm ø rundes Peddigrohr	39 m	Fäden
26	sortierte Breiten und Farben Peddigrohr	23 cm	Französisches Seitengeflecht*
1	9,5 flaches Peddigrohr	81 cm	verborgener Faden
2	1,3 cm flach-ovales Peddigrohr	81 cm	Rand
1	3 mm ø Seegras	81 cm	Randfüller
2	3 mm ø rundes Peddigrohr	24 m	Verschnürung

*Nehmen Sie Stücke zwischen 0,5 cm und 1,3 cm Breite, eine Hälfte breiter, die andere schmaler. Die schmaleren Maße können flach oder flach-oval sein. Wenn Sie nur schmale Fäden nehmen, schneiden Sie diese in Längen von 31–36 cm. Dann wird Ihr Korb so groß wie unser Modell auf dem Foto.

Anleitung

1. Markieren Sie die Mitte (auf der falschen Seite) der dreizehn Staken und drei Füllstreifen. Weichen Sie sie ein, bis sie biegsam sind, und verarbeiten Sie alle Materialien feucht.

2. Flechten Sie den Boden. Wechseln Sie die vier Staken mit den Füllern ab, eng verdichten. Die neun anderen Staken sollten etwa 1,3 cm auseinanderliegen. Die Mittelstake liegt auf den Füllern. Dann ist sichergestellt, dass die Füllstreifen unter den beiden äußeren Staken liegen.

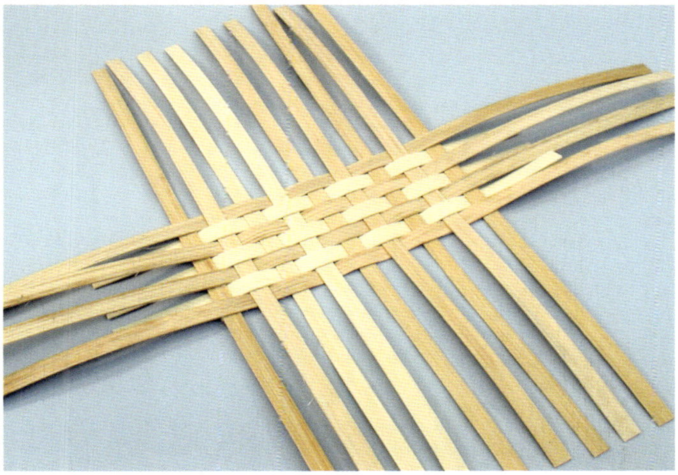

3. Richten Sie den Boden auf 22 cm x 9 cm Größe aus. Die Ecken rechteckig ausrichten und markieren.

4. Teilen Sie den Mittelfüllstreifen der Länge nach bis zur querliegenden Außenstake. Falten Sie ihn nach rechts und links über die Außenstake und stecken Sie ihn unter die Staken rechts und links neben dem Füller. Die anderen Füllstreifen werden nicht geteilt, falten Sie jeden Streifen um die danebenliegende Stake (wie auf dem Foto) und stecken Sie ihn unter dieselbe Stake wie den halben Mittelfüller.

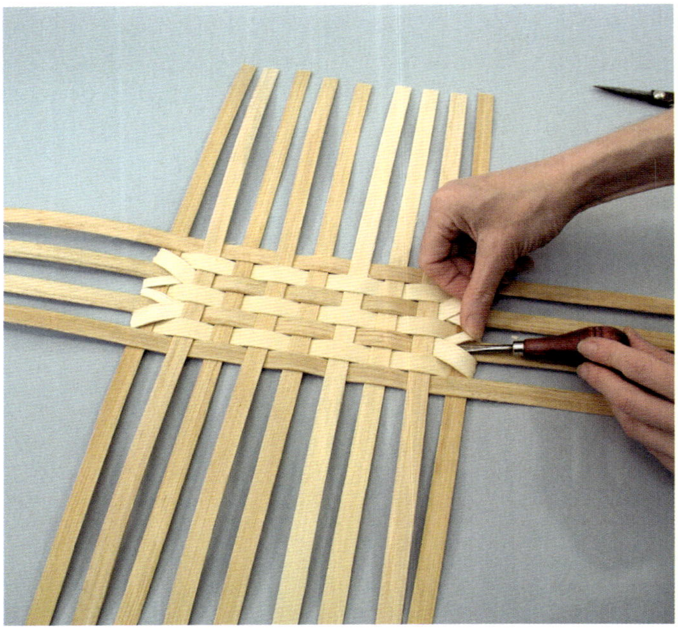

5. Dann fitzen Sie um den Boden. Weichen Sie das runde Peddigrohr (2 mm) ein, bis es leicht biegbar ist. Knicken Sie ein Stück bei der Hälfte, legen Sie es um eine Stake auf einer Längsseite des Bodens. Dann zwei Reihen um den Boden fitzen. Stecken Sie die Enden zwischen den Stakenschichten ein und schneiden Sie sie sauber ab.

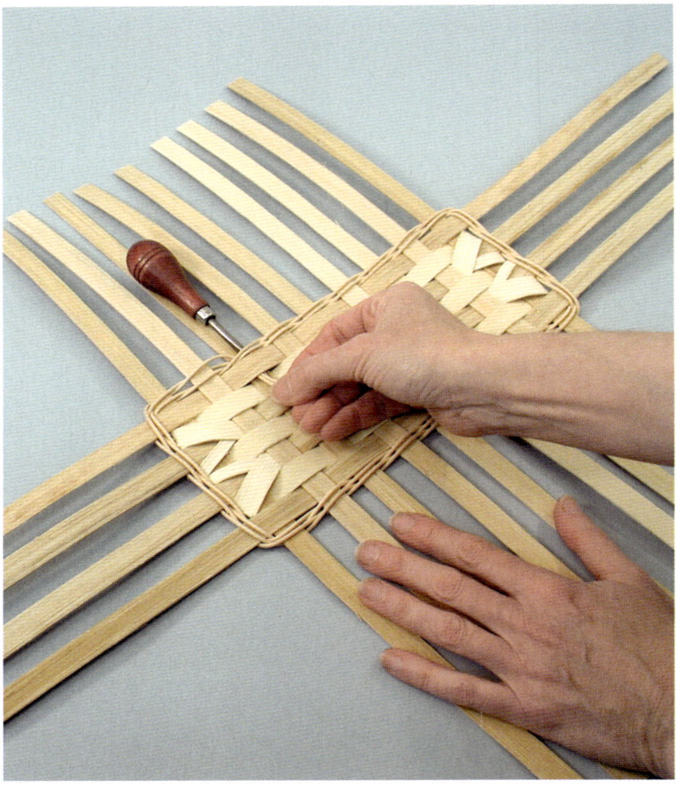

6. Stellen Sie die Staken aufrecht, indem Sie sie an der Kante des Korbbodens knicken und falten.

7. Dann flechten Sie im Dreiergeflecht vier Reihen um die Korbwände herum. Dies ist für Sie eine neue, sehr nützliche Technik. Starten Sie mit drei Stücken rundem Peddigrohr (3 mm ø) hinter drei aufeinanderfolgenden Staken, ein Faden pro Stake. Die links gelegene Stake ist unsere Anfangsstake. Während Sie die beiden anderen Fäden am Platz festhalten, flechten Sie den linken Faden vor zwei Staken, hinter die dritte und zurück an die Korbaußenseite. Dann den Faden lassen und dasselbe mit dem jetzt links sitzenden Faden tun. Sie nehmen immer den Faden ganz links und flechten über die anderen beiden. So flechten Sie um den Korb weiter, die Wände so gerade wie möglich und hin zu einer ovalen Korbform. Wenn Sie vier Reihen geflochten haben und bei der Anfangsstake sind, schneiden Sie den Faden hinter den ersten drei Staken ab.

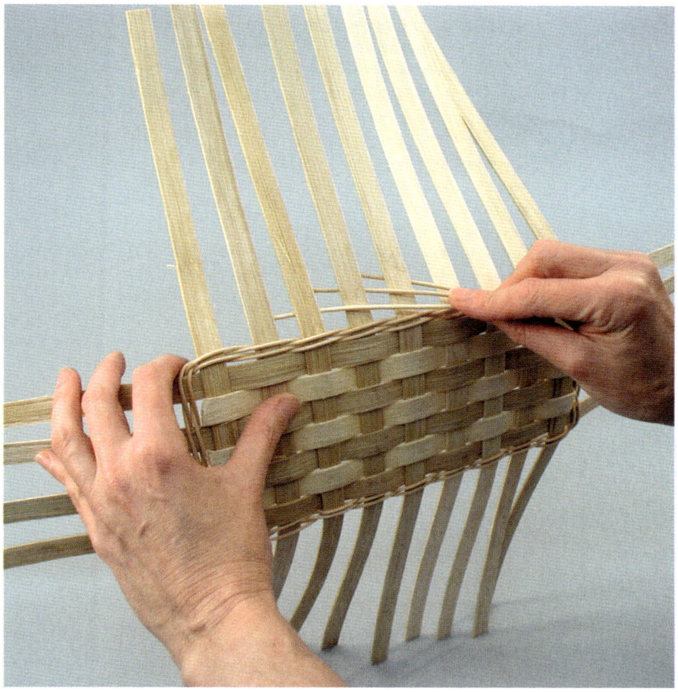

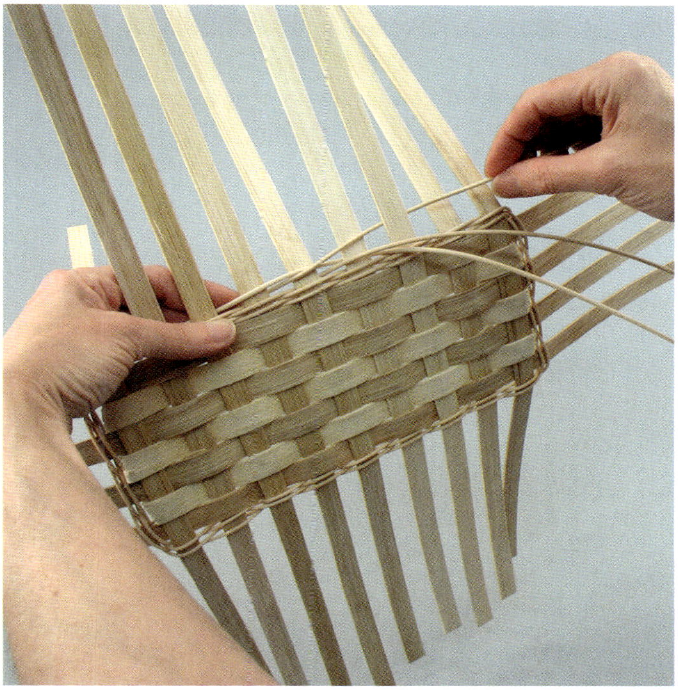

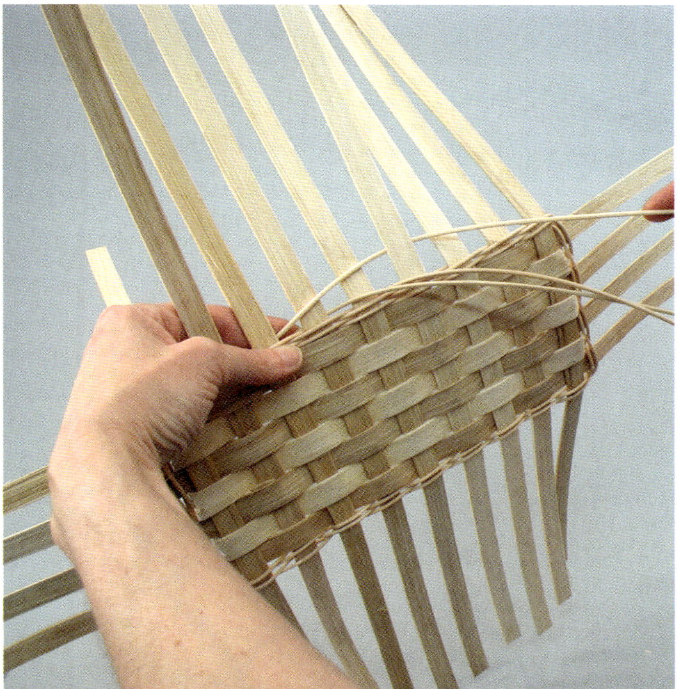

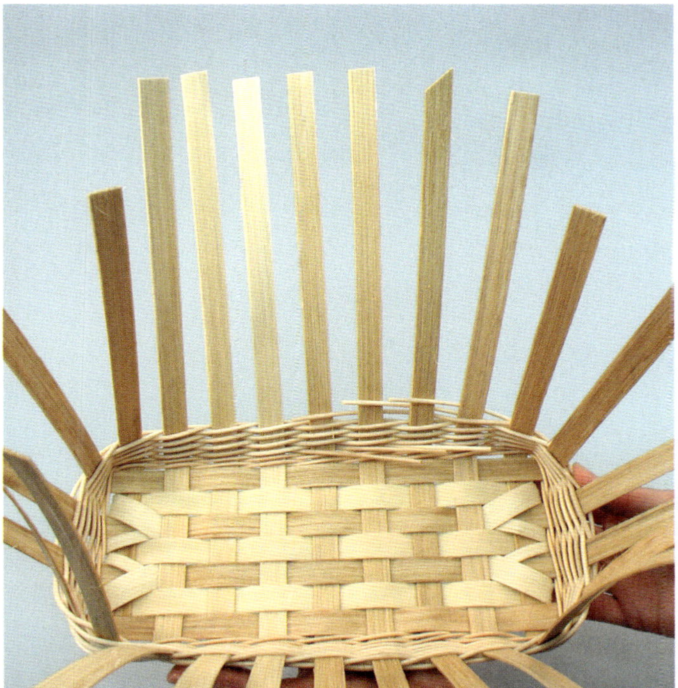

8. Französisches Seitengeflecht: Stecken Sie die 26 Stücke gefärbtes Peddigrohr (je 23 cm) in selbstgewählter Reihenfolge von Farben und Größen in die Korbwände. Jedes Stück beginnt hinter einer anderen Stake. Mit Einergeflecht arbeiten Sie sie diagonal die Korbwände hoch, so bauen sie aufeinander auf. Jedes Stück endet hinter einer anderen Stake. Schneiden Sie sie in sauberem Winkel ab, wenn sie außen liegen, führen Sie sie nach innen. Sie sollten jeweils hinter zwei oder drei Staken im Korbinneren enden. Die Enden können nicht im Korbinneren verborgen werden, also schneiden Sie sie so sauber wie möglich ab, auch diagonal, wenn nötig.

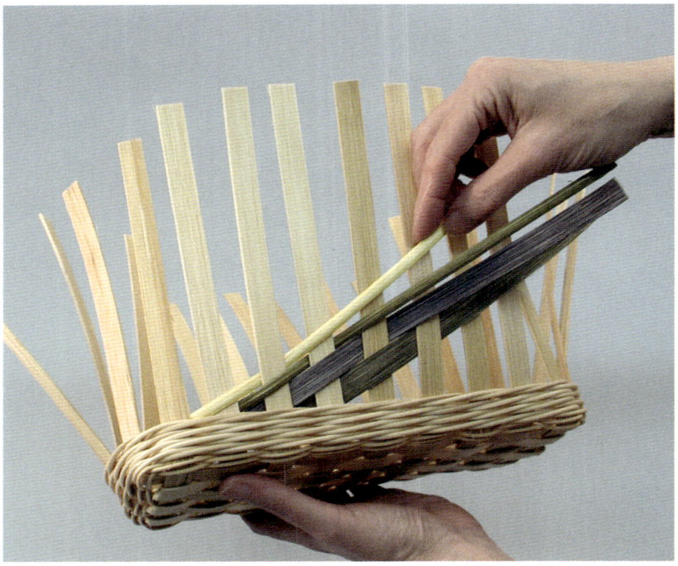

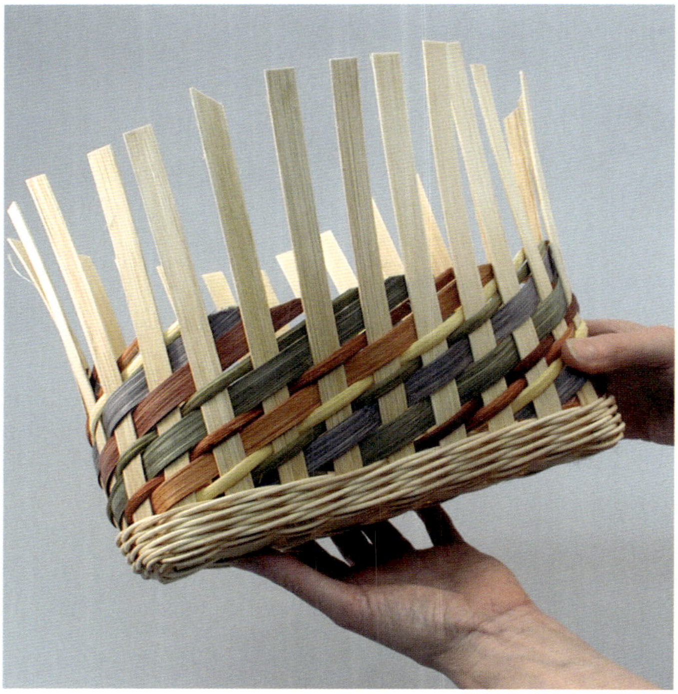

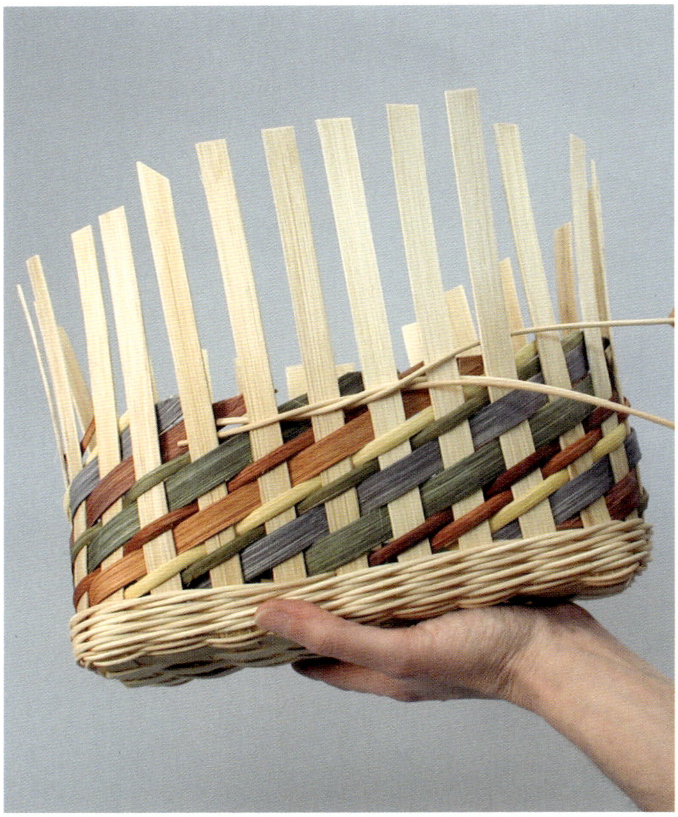

9. Mit dem übrigen runden Peddigrohr (3 mm) kimmen Sie vier Reihen, wie in Schritt 7 beschrieben. Stellen Sie sicher, dass die erste Reihe gleichmäßig gut verdichtet ist und beim Flechten um den Korb keine Wellen formt.

10. Zäunen Sie eine Runde in Start-und-Stop-Technik (verborgener Faden). Alles gut nach unten verdichten, die äußeren Staken knicken und in die Innenwand stecken, die inneren Staken abschneiden.

11. Der Korb hat einen normalen verschnürten Rand. Nehmen Sie dafür zwei flach-ovale Fäden (1,3 cm), das Seegras als Füller. Verarbeiten Sie die beiden runden Verschnürungsstücke, als ob der Faden flach wäre, achten Sie darauf, dass sich der Faden nicht verdreht.

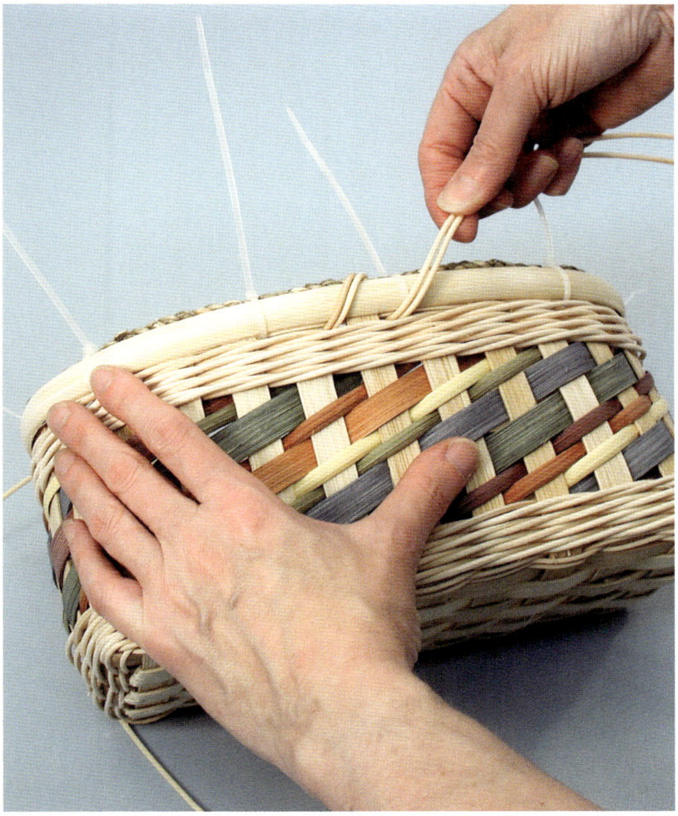

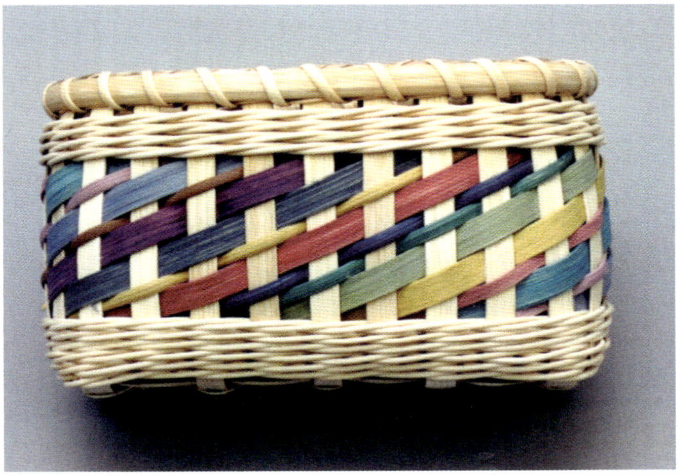

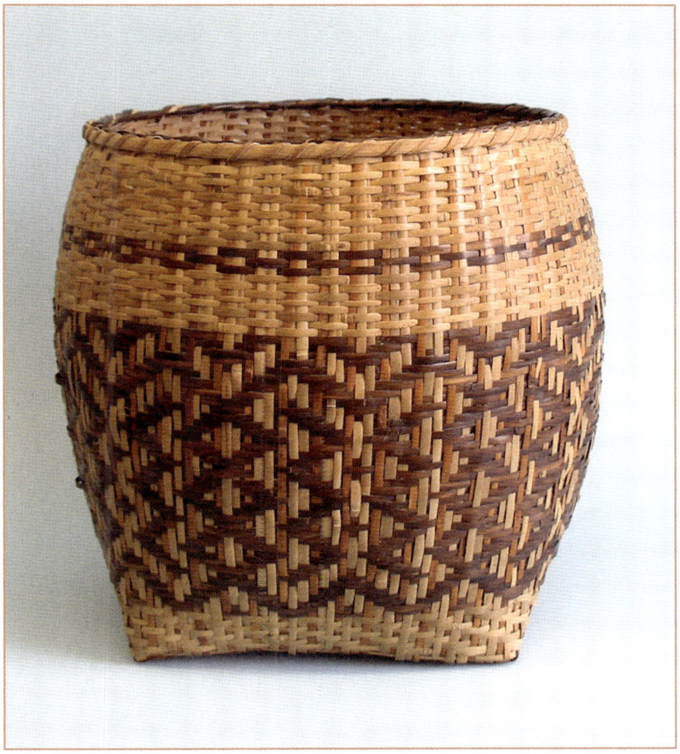

Emmoline Garret, *River Cane Twill Waste Basket*, ca. 1975.
36 cm x 38 cm. Schilfrohr, mit schwarzer Walnuss und Blutwurz aus eigenem Bestand gefärbt. Mit freundlicher Erlaubnis des Vorstands von Qualla Arts and Crafts.
Foto: Esther Holsen

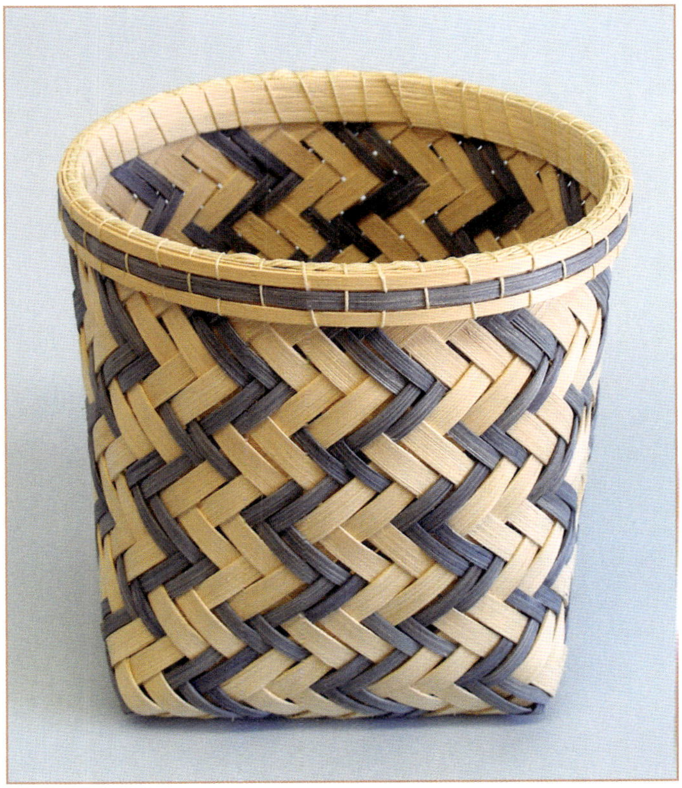

B. J. Crawford, *Bias Weave Twill*, 2010, 20 cm x 20 cm.
Flaches Peddigrohr und gewachstes Leinen.
Foto: Esther Holsen

Badutensilien-Sammler

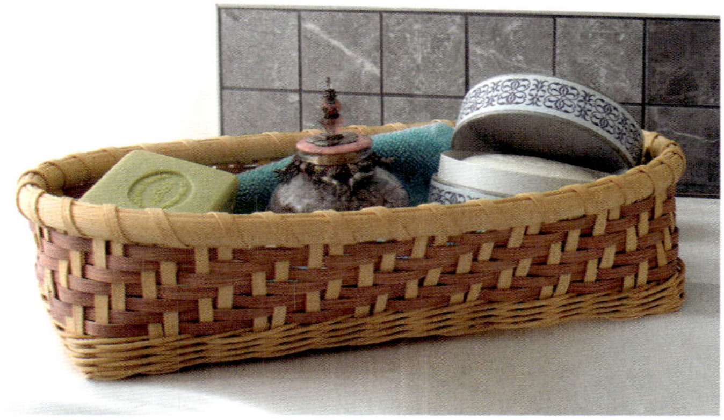

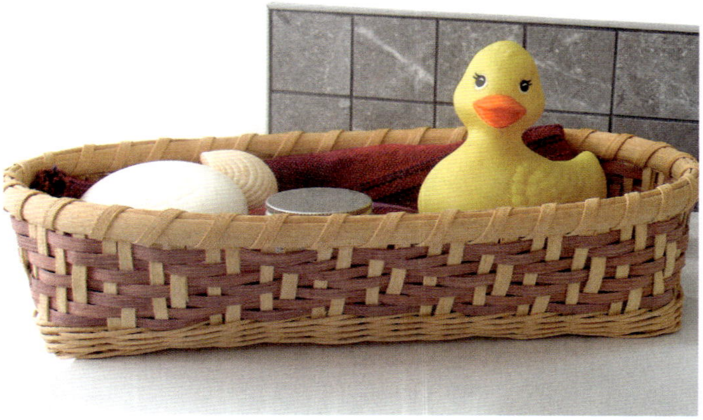

Diese Körbe sind durch das Geschenk eines Freundes für unser Badezimmer inspiriert. Sie passen auf den WC-Spülkasten und bieten Platz für ein Bad-Sammelsurium. Sie können auch auf der Ablage stehen und mit Seife oder kleinen Handtüchern gefüllt werden.

Benötigte Techniken

- Boden anlegen, Seite 23
- Zweiergeflecht, Seite 23
- Staken hochbiegen, Seite 25
- Dreiergeflecht, Seite 86
- Rand hinzufügen, Seite 28

Neu erlernte Techniken

- 2-2-Köpergeflecht in Start-und-Stop-Technik

Fertigmaß

- 13 cm x 33 cm x 8 cm

Weitere Materialien

- Violette/Mauve-Korbfarbe

Materialien

Menge	Material/Maß	Länge	Funktion
5	1,3 cm flaches Peddigrohr	61 cm	Stakes
13	1,3 cm flaches Peddigrohr	41 cm	Stakes
1	2 mm ø rundes Peddigrohr	2,4 m	Zweiergeflecht
3	3 mm ø rundes Peddigrohr	3,6 m	Dreiergeflecht
7	6 mm flaches Peddigrohr	109 cm	Fäden*
1	9,5 mm flaches Peddigrohr	109 cm	verborgener Faden
2	1,3 cm flach-ovales Peddigrohr	109 cm	Rand
1	6 mm ø rundes Peddigrohr	109 cm	Randfüller
1	6 mm flaches Peddigrohr	2,4 m	Verschnürung

*Diese Fäden sollten gefärbt sein.

Anleitung

1. Markieren Sie die Mitte der achtzehn Staken auf der falschen Seite.

2. Weichen Sie alle Materialien ein. Flechten Sie den Boden, fünf Staken in eine Richtung und dreizehn Staken in die andere, die falsche Seite oben. Markieren Sie die Mitte jeder Stake. Passen Sie den Boden auf 31 cm x 11 cm an. Rechteckig ausrichten und Ecken markieren.

3. Den runden Faden gut einweichen und zur Hälfte knicken. Um irgendeine untenliegende Stake auf der Längsseite falten. Eine Reihe um den Boden fitzen. Stecken Sie die Enden zwischen die Stakenschichten und schneiden Sie sie sauber ab.

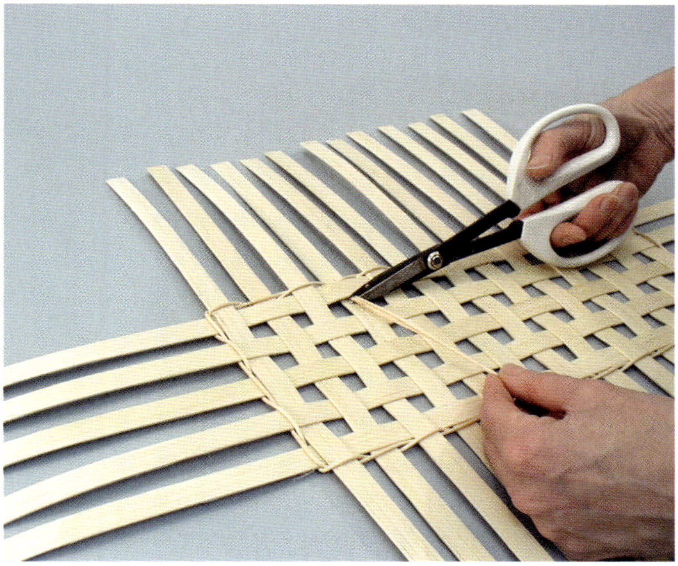

4. Richten Sie die Staken auf, indem Sie sie an der Bodenkante falten und knicken.

5. Mit drei Stücken rundem Peddigrohr (3 mm) kimmen Sie vier Reihen (Seite 86), um die Seiten hochzuflechten. Beginnen Sie auf einer Längsseite hinter der vierten, fünften und sechsten Stake. Markieren Sie Stake vier. Sie sollten an der Korbaußenseite arbeiten.

6. Sie haben den kleinen Kimm-Musterbruch am Anfang und Ende des Restekorbes (Seite 85) sicher bemerkt. Um das zu vermeiden, gibt es einen Trick. Wenn der führende Faden links der Anfangsstake ist, flechten Sie weiter vor zwei, hinter eins und nach außen, aber Sie nehmen den führenden Faden, nicht den hinterherhängenden. Dann machen Sie mit dem zweiten Faden weiter, dann mit dem letzten. Jetzt ist der Mustertrick fertig und Sie machen mit dem letzten Faden normal weiter. Bei jeder Runde wiederholen.

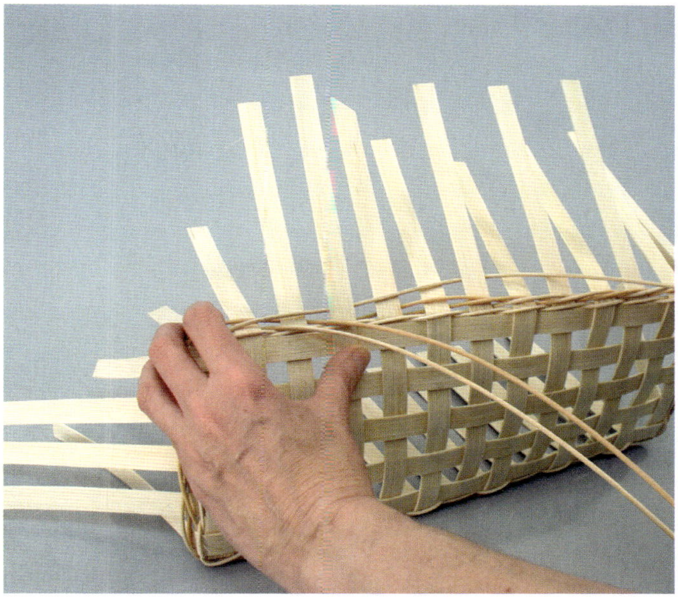

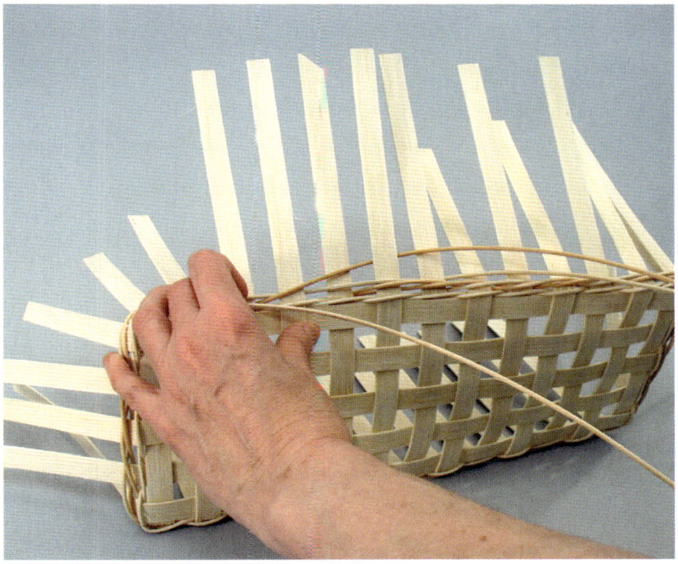

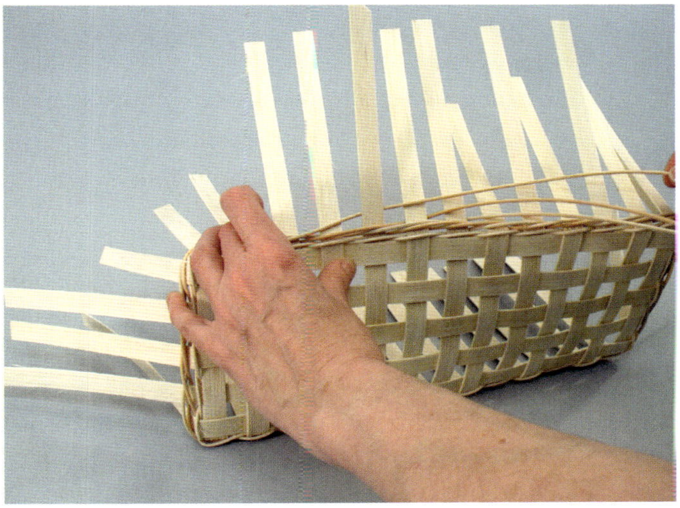

7. Zum Beenden des Kimmens hören Sie auf, wenn der Führungsfaden links von der Anfangsstake ist. Vor zwei und in den Korb, dort lassen. Dasselbe mit dem zweiten und dritten Faden wiederholen. Schneiden Sie die Fäden ab, sodass sie flach an aufeinanderfolgenden Staken anliegen.

8. Mit einer Papierschere spalten Sie alle Staken der Länge nach zur Hälfte.

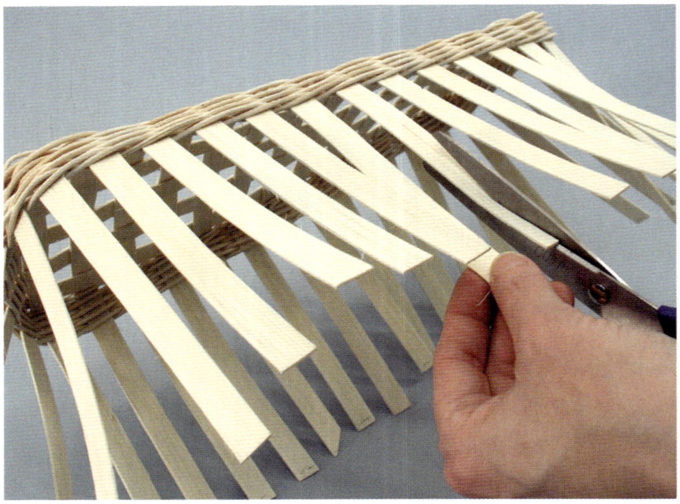

9. Jetzt nehmen Sie die sieben Stücke flaches Peddigrohr, um die Wände im Köpermuster zu flechten. Obwohl Sie 2-2 statt 1-1 flechten, ist es die Start-und-Stop-Technik. Jede gespaltete Stakenhälfte wird wie eine eigene Stake behandelt. Flechten Sie die erste Reihe vor und hinter jeweils ein Stakenpaar. Um die Enden zu verbergen, machen Sie eine Überlappung von acht Staken (vier Staken-Paare).

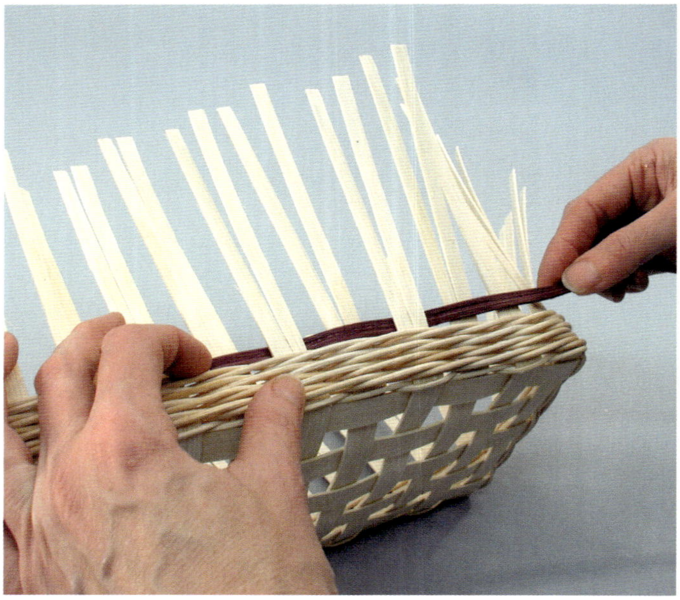

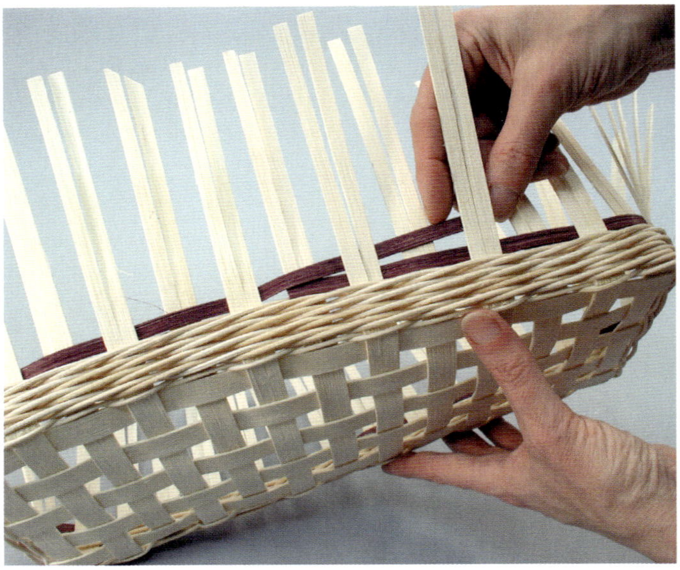

10. Flechten Sie die nächste 2-2-Reihe, aber beginnen Sie eine Stake weiter rechts. Biegen Sie die Staken-Paare vorsichtig auseinander, damit der Faden gut durchgeht.

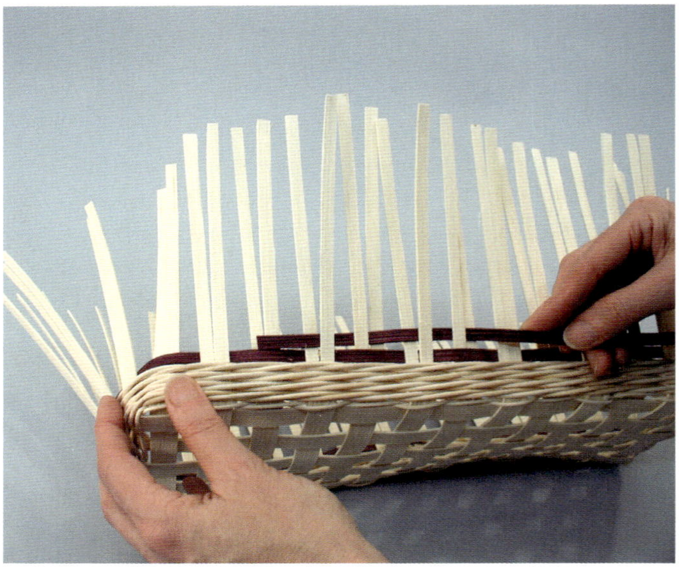

11. Jede Reihe eine Stake weiter rechts beginnen, um Stufen-Diagonalen zu kreieren. Sie können auf jeder Korbseite beginnen, achten Sie nur darauf, dass der Faden bei jeder Runde eine Stake weiter rechts anfängt. Wegen seiner langen, schmalen Form kann der Korb dazu neigen, sich zu verziehen, achten Sie darauf, dass der Boden flach bleibt.

12. Flechten Sie den verborgenen Faden mit 2-2, alternierend zur Reihe darunter.

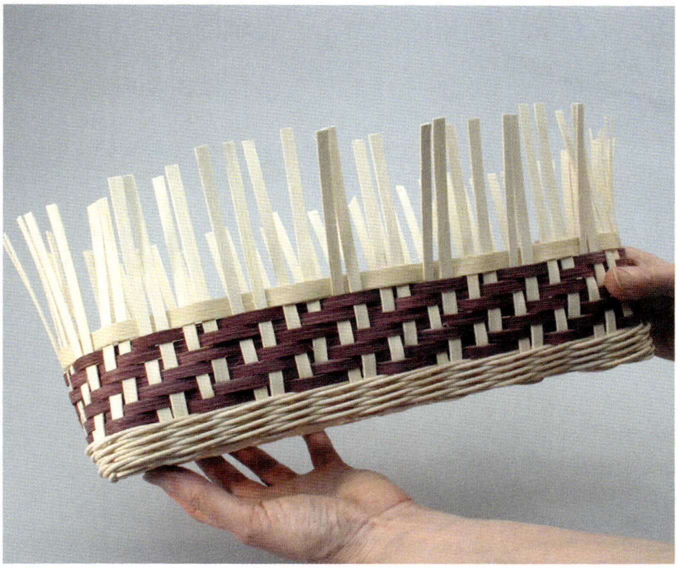

13. Schneiden Sie alle Staken ab, die innen am verborgenen Faden liegen, und eine Stake jedes Paares an seiner Außenseite. Die übrigen Staken knicken und einstecken (ein Viertel aller Staken reicht aus, um die Oberkante zu fixieren).

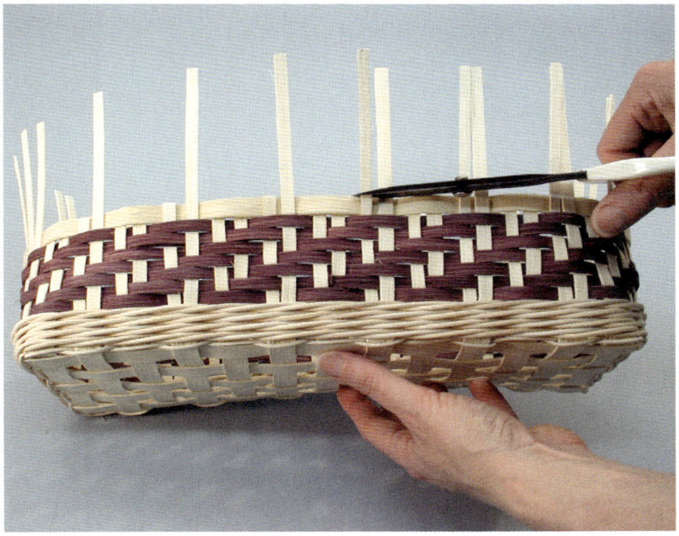

14. Nun fertigen Sie den Rand und den Randfüller. Verschnüren Sie um die Original-Staken herum (das heißt, Sie ignorieren die Staken-Spaltung).

15. Für die zweite Version dieses Korbes drehen Sie die Spiral-Richtung nach der vierten Runde um: Beginnen Sie in der fünften Runde eine Stake weiter links statt einer Stake weiter rechts. Sie erhalten ein Zickzack-Muster statt einer Diagonalen.

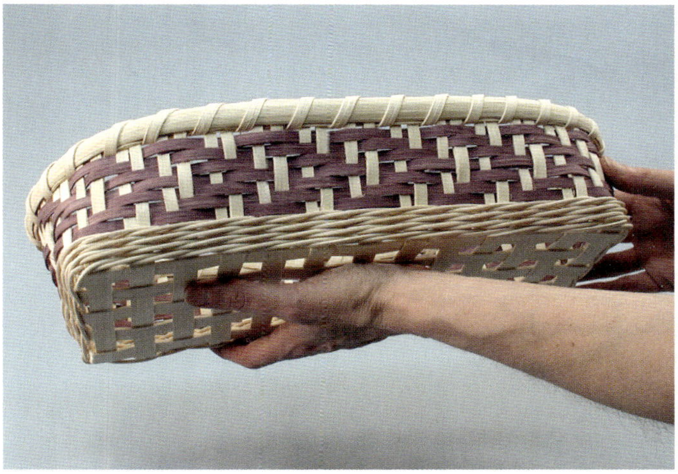

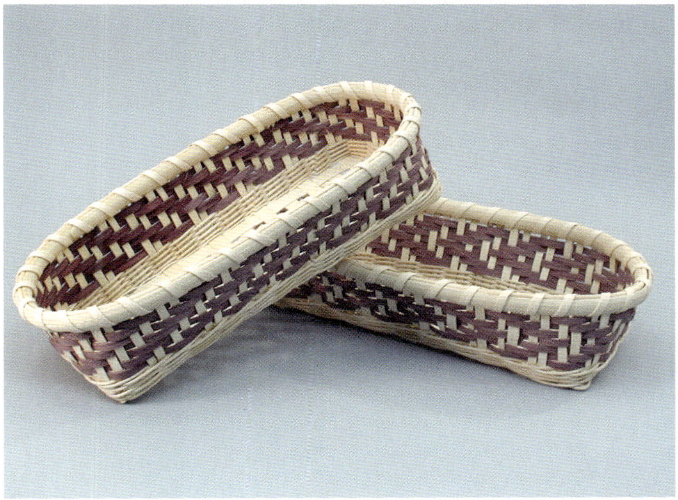

Zum Schluss

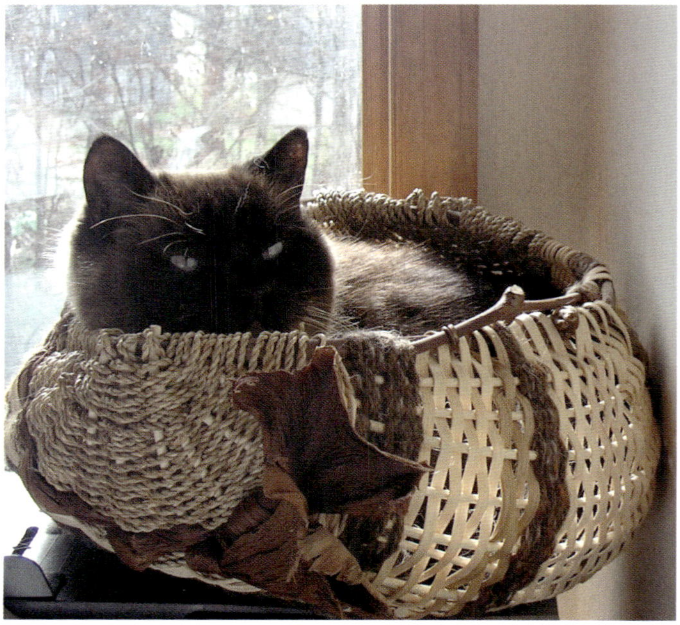

Wenn Sie sich durch alle hier vorgestellten Körbe gearbeitet haben: Herzlichen Glückwunsch! Sie sind kein Anfänger mehr und ab jetzt in der Lage, Ihre eigenen Körbe zu entwerfen. Sehen Sie sich in Ruhe andere geflochtene Körbe an und finden Sie heraus, wie sie konstruiert sind. Sie können Sie inspirieren und bereichern. Entscheiden Sie sich für Flechttechniken, die Ihnen liegen, und geben Sie Techniken auf, die Ihnen nicht liegen. Aber vor allem: Genießen Sie das Flechten!

Alma Lambert, *Mr. Berman´s Basket*, 2005. 25 cm x 25 cm. Rundes und flaches Peddigrohr, Seegras, Weinrebe, Philodendron. Perfekt für eine Katze mit 7,25 kg Gewicht oder zur Kartoffelernte. Mr. Berman zeigt, dass Körbe für jeden ein Genuss sind! Foto: Alma Lambert.

Stichwortverzeichnis

Noch mehr kreative Buchempfehlungen

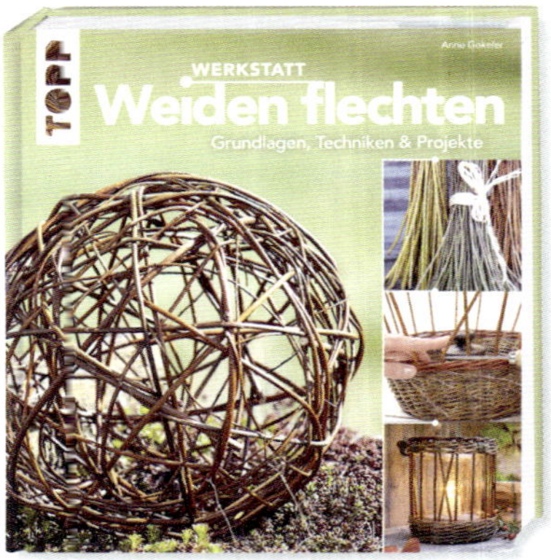

ISBN 978-3-7724-7812-3

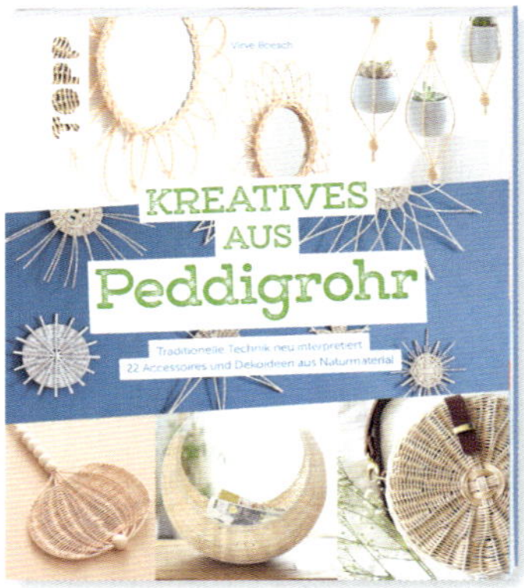

ISBN 978-3-7724-7198-8

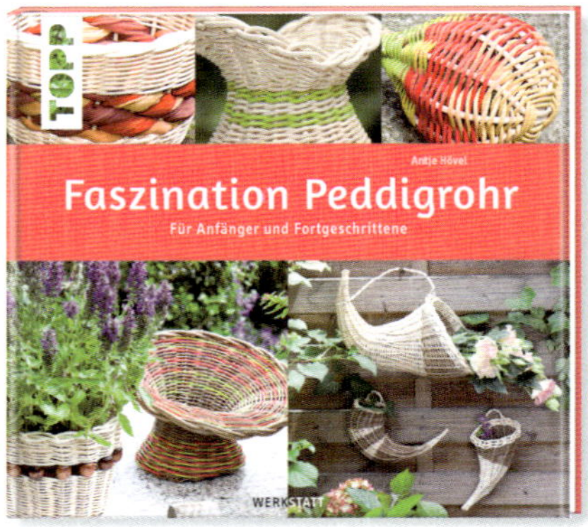

ISBN 978-3-7724-5510-0

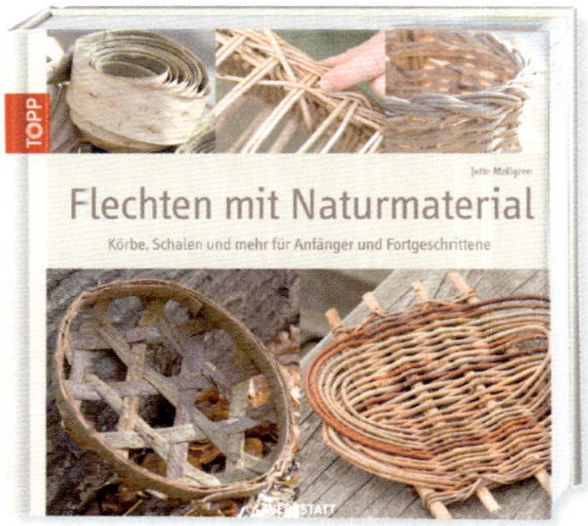

ISBN 978-3-7724-5533-9

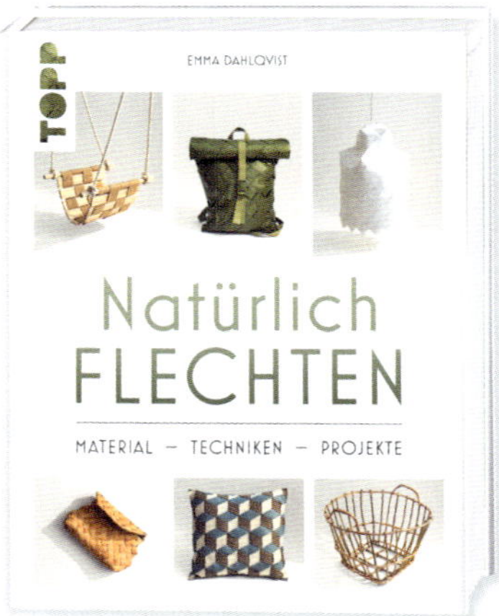

ISBN 978-3-7358-5160-4

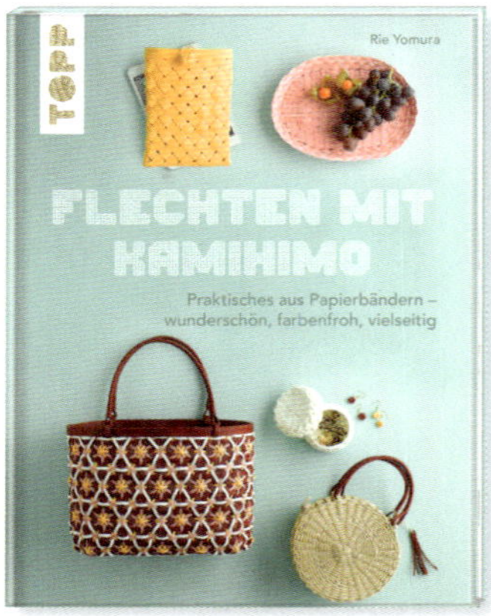

ISBN 978-3-7724-4527-9

Oder mal was Neues?

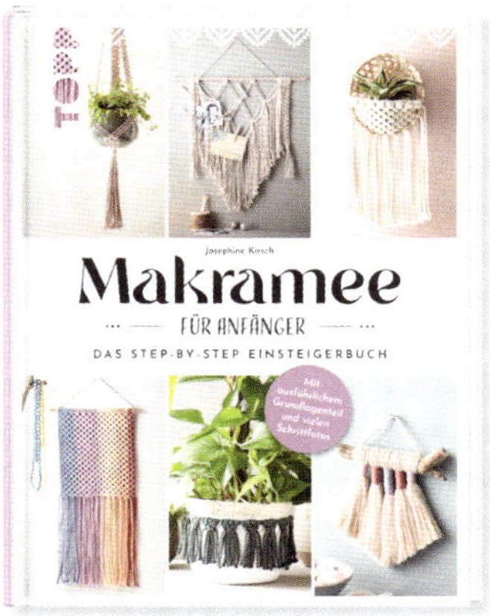

ISBN 978-3-7358-5119-2

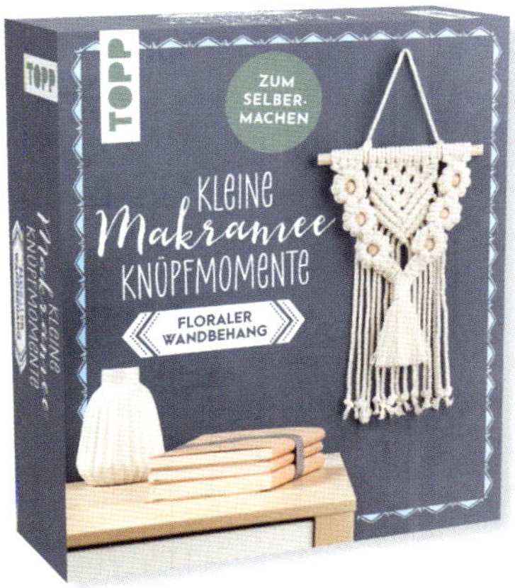

GTIN 4007742184216

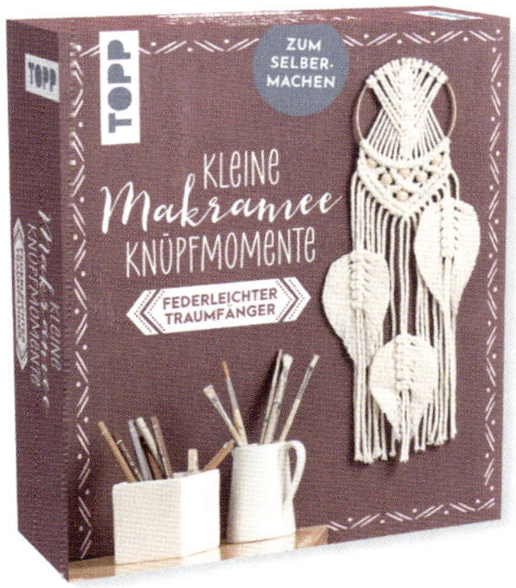

GTIN 4007742184223

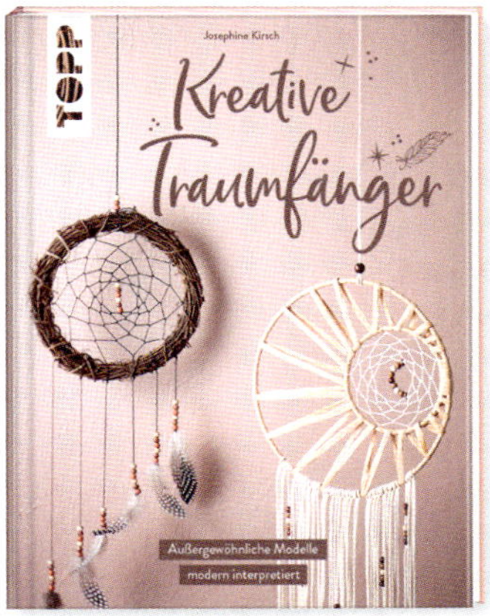

ISBN 978-3-7358-5124-6

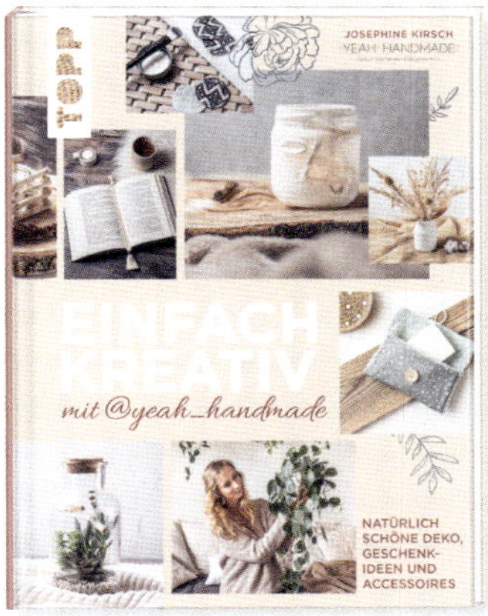

ISBN 978-3-7358-5125-3

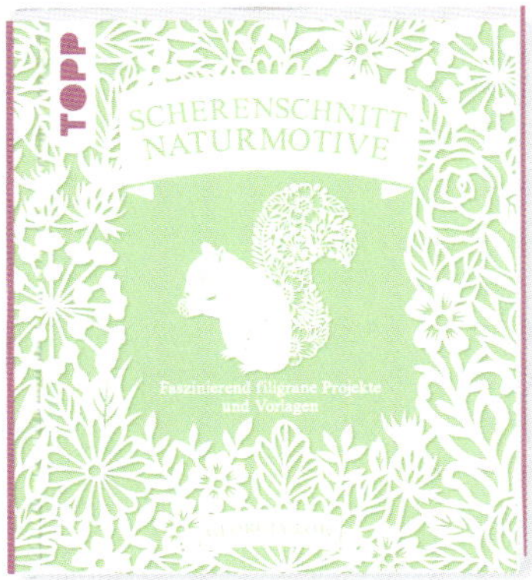

ISBN 978-3-7358-5032-4

Über die Korbflechtexperten

Margaret L. Calhoun, leider schon verstorben, hat traditionelle Cherokee-Körbe in Cherokee, North Carolina, geflochten und über die dortige Qualla Arts and Crafts Gallery verkauft.

Carla und Greg Filipelli besitzen ein Studio in Asheville, North Carolina. Als Mitglieder der Southern Highland Craft Guild und der Piemont Craftsmen lieben sie insbesondere die Herstellung von großen skulpturalen Körben und Kunst für Wände. In Zusammenarbeit mit Designern, Kunstberatern und Kunden fertigen sie für private Räume und Unternehmenssitze kundenspezifische Stücke an. So verwandeln die beiden Innenräume mit fließendem Design und organischen Formen, die von der Natur inspiriert sind. Außerdem geben sie ihr Korbflechtwissen in Schulen und in ihrem Studio in den Blue Ridge Mountains weiter.

Emmoline Garret, ebenfalls verstorben, hat traditionelle Cherokee-Körbe geflochten, die über die Qualla Arts and Crafts Gallery in Cherokee, North Carolina, vertrieben wurden.

Patti Quinn Hill ist Mitglied der Southern Highland Craft Guild und vieler weiterer Organisationen. Ihre Arbeiten erscheinen in Büchern über Kranzbinden, Perlenstickerei und Korbflechten. Sie vertreibt ihre Werke bei Blue Spiral 1 Gallery in Asheville, North Carolina, und lebt in Weaverville im selben Bundesstaat.

Dianne Kennedy liebt es, mit ihren Händen zu arbeiten, und erlebt, dass das Korbflechten sie nach einem stressigen Tag entspannt. Sie lebt in Asheville.

Alma Lambert stammt ebenfalls aus Asheville. Seit 1987 flicht sie Körbe und seit 1995 ist sie auch als Designerin tätig. Ihre Spezialität sind Köperdesign und eklektische Entwürfe, die Farben herausheben und Variationen verweben. Für über 100 Körbe hat sie den Entwurf vorgelegt. Erlernt hat sie ihre Fertigkeiten in der NCBA (North Carolina Basketmakers Association), der Indiana Conventions, dem Asheville-Buncombe Technical Community College, dem Brevard College, dem Greenville Hospital Craft Program und der Arrowmont Craft School. 14 Jahre lang war sie beim NCBA-Vorstand Herausgeberin von The Readers´ Report, 1998 war sie Kongress-Koordinatorin; seit 1996 ist sie Präsidentin der Blue Ridge Basketmakers und sie war Präsidentin der NCBA, die über 1.000 Mitglieder hat. Ihre größte Freude ist es, ihr Wissen über das Korbflechten mit anderen zu teilen.

Blair J. Logue ist professionelle Weberin edler Stoffe und lehrt auch das Korbflechten. Als Mitinhaberin von Earth Guild lebt sie auf einem Gelände von 300 Hektar Wald außerhalb von Asheville.

Mary Young Smith ist Korbflechterin, Strickerin und Weberin. Sie lebt ebenfalls in Asheville.

Nui Yavnai lebt mit zwei Töchtern, zehn Katzen und zwei Hunden in Israel. Sie lernte die faszinierende Welt des zeitgenössischen Korbflechtens in North Carolina kennen, als sie dort Kurse bei unseren Autorinnen belegte. Es wurde ihre Leidenschaft. Heute „lebt, atmet und flicht" sie Körbe in ihrem Studio in Pardes Hanna. Sie lehrt diese Kunst auch und stellt ihre Körbe in verschiedenen Galerien aus.

Über die Autorin

B. J. Crawford hat die Kunst des Korbflechtens in den gesamten USA auf Konferenzen, Festivals, in Schulen und Universitäten gelehrt. Sie hat über fünfzig Korbentwürfe gefertigt und ist Mitbegründerin von Earth Guild in Asheville, North Carolina, einem Unternehmen, das alle Werkzeuge und Materialien der professionellen Handwerkskunst verkauft. Crawford beherrscht eine Vielzahl an Handwerken: Färben, Textilweberei, Spinnen und (natürlich) Korbflechten. www.earthguild.com.

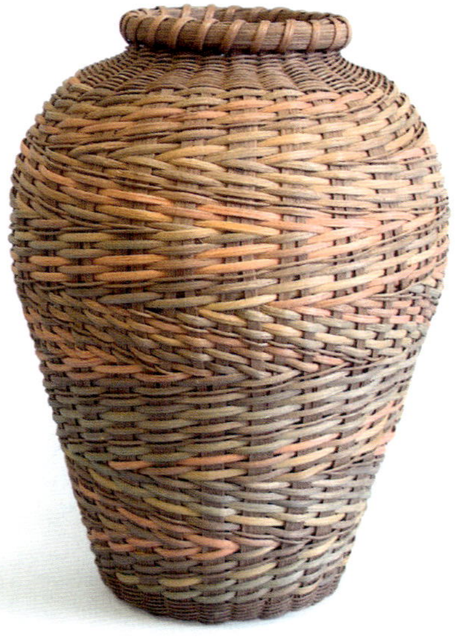